HENRY THOREAU
L'ÉVEILLÉ DU NOUVEAU MONDE

« *Espaces libres* »

DU MÊME AUTEUR

AUX ÉDITIONS ALBIN MICHEL

Thomas Merton, un trappiste face à l'Orient, préface de Marie-Madeleine Davy, coll. « Spiritualités vivantes », 1990.

CHEZ D'AUTRES ÉDITEURS

Arnaud Desjardins ou l'Aventure de la Sagesse, La Table Ronde, 1987.

Mémoire en miroir, entretiens avec Marc de Smedt, Dervy-Livres, 1989.

La Tricherie sacrée, entretiens avec Alexandro Jodorowsky, Dervy-Livres, 1989.

Le Défi d'Être, entretiens avec Denise Desjardins, Dervy-Livres, 1990.

GILLES FARCET

Henry Thoreau, l'éveillé du Nouveau Monde

Préface par Arnaud Desjardins

Postface : dialogue avec Kenneth White

Albin Michel

Collection « Espaces libres »
dirigée par Marc de Smedt

22, rue Huyghens, 75014 Paris

Première publication en 1986 aux Éditions Sang de la Terre

ISBN : 2-226-04847-2
ISSN : 1147-3762

SOMMAIRE

PRÉFACE

A en croire une affirmation plus souvent répétée que vérifiée, l'Orient serait contemplatif et l'Occident matérialiste. Massacreurs de bisons et d'Indiens avant de régner financièrement sur une partie de l'humanité, les Américains ne sont-ils pas entre tous représentatifs de cet Occident davantage préoccupé d'exploiter la nature que de communier avec elle ?

On trouvait certes encore tout récemment en Asie (et les chercheurs prêts à s'en donner la peine en rencontreront même aujourd'hui) d'admirables sages, représentants des traditions hindoues, bouddhistes (zen et tantrayana), soufies. Un seul regard de l'un de ces sages suffit parfois à changer une existence. C'est en leur présence que les expressions « éveil », « illumination », « vue pénétrante » prennent tout leur sens et leur force de conviction.

Mais comme il serait dommage de passer à côté, au nom des traditions millénaires de l'Asie, des trésors spirituels que l'Europe et l'Amérique ont également à nous offrir ! Mes pensées ne se tournent pas vers les seuls monastères chrétiens : je songe aussi à quelques hommes, quelques écrivains qui n'ont pas craint de suivre leur voie personnelle et ont eux aussi eu accès à la communion avec le Réel, à l'essence voilée ou révélée par l'apparence.

L'un de ces écrivains se nomme Henry Thoreau. Spécialiste de cet auteur auquel il a consacré une thèse de doctorat, Gilles Farcet nous invite à cheminer en sa compagnie, le temps d'un livre où la pensée et la tentative de vie de Thoreau se trouvent examinées à la lumière du Vedanta.

Rien n'est plus difficile que d'attribuer à un homme un diplôme de sagesse. Mais il est certain qu'un grand nombre, un très grand nombre des confessions de Thoreau ont le goût si particulier des paroles de ceux qui ont vu et savent.

« Il faut apprendre de ceux qui savent », dit-on en Inde. Il y a beaucoup à apprendre de Thoreau.

Arnaud Desjardins

Introduction à l'édition de poche

Le retour de la naïveté

Parti voilà plus d'un siècle pour ce que nous appelons frileusement « l'au-delà » et qu'il préférait nommer « l'intérieur du pays », Thoreau n'a guère à se soucier de demeurer d'actualité. Il sera toujours part de la plus brûlante actualité qui soit, celle de l'être... du moins tant que des humains s'évertueront à secouer le joug du sommeil ambiant et tenteront de « sucer la moelle de la vie », à rebours des conventions et de la sagesse factice qu'entretiennent ceux qui, prétendant « bâtir », ne cessent de détruire notre monde.

Il n'en est pas moins remarquable qu'à l'heure où reparaît le présent livre écrit voici quelques années, en un temps où nul en France (*) ne se référait à Thoreau, un film dont cet auteur est l'une des deux références majeures batte de par le monde tous les records d'entrée.

Au-delà du débat suscité par *Le Cercle des Poètes Disparus*, dont les membres brandissent tel un étendard quelques phrases extraites de *Walden*, le succès de cette œuvre souligne à quel point Thoreau, aujourd'hui, nous parle, fût-ce par la bouche de ses émules.

Je me suis évertué, dans ce livre, à donner la mesure de la

(*) Hormis un Écossais, Kenneth White...

dimension prophétique de Thoreau et à faire ressentir la pertinence de sa parole. J'espère y être pour une part parvenu.

Il est cependant un aspect sur lequel *Le Cercle* m'invite à méditer, à savoir le retour de l'esprit d'adolescence.

Les jeunes gens non rebelles m'inquiètent : une adolescence passive laisse augurer d'un âge adulte bardé d'indifférence. Toute adolescence saine se vit dans l'insurrection.

L'esprit d'adolescence se caractérise par une aptitude spontanée à mettre en question l'ordre adulte ; à ne pas prendre pour naturelle la logique de l'ennui et de la non-jouissance, la légitimation du « désespoir tranquille » (selon les mots de Thoreau) qui a tôt fait de déboucher sur l'injustice banalisée, voire l'infamie au quotidien, tant il est vrai que seuls les gens malheureux sont méchants.

Pour intransigeante et immature qu'elle soit, l'adolescence, souvent, n'en est pas moins pertinente dans son constat fondamental, à savoir l'échec et l'inanité de l'ordre dit « adulte ». Cet ordre où, par la malédiction de l'avidité érigée en valeur, on voit des humains s'user, sans souci du saccage de l'environnement, dans la poursuite égoïste du profit à tout prix et la production de biens inutiles, pour ensuite vieillir amers et bien nourris, cependant qu'une bonne part de la planète a faim. Cet ordre où la réalité se trouve rigidifiée, où le champ des possibles ne cesse d'être réduit, où chacun prend son parti de l'intolérable et ainsi le perpétue. Face à cet état de choses, certains recourent aux intégrismes et à leur cortège d'extrêmes ; d'autres cultivent le cynisme ; beaucoup s'enlisent dans l'apathie. Mais nombreux sont aussi ceux qui aspirent à retrouver un regard frais. Une fois consommée la faillite des idéologies, des credo institutionnels, et dans le climat de désaffection dont est victime la politique politicienne, nous nous redécouvrons l'âme adolescente.

Les grands hommes sont, à mon sens, ceux qui se sont octroyé les moyens d'y incarner dans le monde adulte leurs idéaux d'adolescence. Passé le stade primaire mais sans doute nécessaire de la rébellion émotionnelle, ils ont découvert la difficile évidence : la révolution se fomente en notre dedans et il est vain de prétendre mettre en cause l'ordre extérieur si l'on ne se soumet soi-même à l'examen.

S'étant lui-même passé au crible, Thoreau est de ceux qui ont gagné le droit de dénoncer. Rien d'étonnant à ce que divers réformateurs axés sur l'essentiel, tels Luther King, Tolstoï, Henry Miller, Gandhi ou Thomas Merton, se soient réclamés de lui. Il est un maître d'existence qui nous encourage à harmoniser la lucidité de l'âge adulte avec l'exigeante vision de l'adolescence. L'adolescence dont Thoreau a aussi la bienheureuse *naïveté*. Car il y a naïf et naïf : l'infantilisme n'est pas à confondre avec l'esprit d'enfance. Thoreau est naïf en ceci qu'il n'a rien perdu de son aptitude à l'émerveillement. Le corollaire de cette naïveté-là est l'audace avec laquelle il fait table rase et, sans a priori aucun, repose les questions éternelles — toute vie digne de ce nom n'étant autre chose qu'une inlassable tentative pour y répondre par soi-même, sans céder à la facilité des solutions pré-digérées.

Ceux qui se veulent « réalistes » n'osent ni ne songent à mettre en question les postulats fondateurs de l'ordre établi. Ils regorgent de savoir et manquent par trop de naïveté. Pourtant, les percées dans quelque domaine que ce soit, scientifique, poétique ou humanitaire, sont le produit d'esprits doués de cette sorte de naïveté, soudain capables de regarder en eux-mêmes et au-dehors non à partir d'un trop-plein mais depuis une vacuité. Cette naïveté commence peut-être lorsqu'un élève — ou un professeur proche de celui du *Cercle*, il en existe —,non content d'apprendre pour perpétuer le système, a le front de s'interroger : pourquoi et pour qui apprendre ?

Pourquoi ceci plutôt que cela ? A l'instar de tous les grands éducateurs, Thoreau est un professeur de naïveté. Il se remet et nous remet à l'école de la vie, cette vie si précieuse que, de toute évidence, nous pratiquons bien mal et qu'il ne faut pourtant pas remettre au lendemain.

L'une de ses premières leçons consiste à nous dire que « la véritable moisson de la vie quotidienne est en un sens aussi intangible et indestructible que les nuances du matin et du soir ». En d'autres termes, « l'homme ne vit pas seulement de pain ». La valeur d'une existence ne se mesure pas à ce qu'elle a produit, mais à de petits riens que l'on savoure au plus intime de soi. Dans le secret de nous-même, quelle que puisse être notre façade, nous connaissons notre réussite ou notre échec. Nous nous savons tout simplement heureux ou malheureux. Ecouter la voix de Thoreau, c'est réapprendre le bonheur, autre concept naïf. Non celui des magazines : simplement cette joie tranquille qui consiste, par exemple, à s'éprouver vivant en traversant une rue. Nul besoin d'aller chercher plus loin « la poésie ».

Pour accéder à cela, il y a bien sûr un prix à payer, chaque jour réévalué. Mais une fois franchi, avec quelque difficulté, le mur des visions figées, on se trouve libre d'« avancer dans la direction de ses rêves », et le réel se fait plus vaste et flexible qu'on ne l'aurait... rêvé. J'en témoigne : j'ai prêté l'oreille à Thoreau, et bien m'en a pris. Et je n'ai par périodes cessé de l'écouter que pour vérifier à mes dépens et par ma propre expérience — car il ne désire pas être cru sur parole — à quel point il voyait juste.

« Lorsque le dernier naïf mourra, l'équilibre de notre

planète ne sera plus assuré(*) » avertissait le poète Daniel Pons. La vigilance est plus que jamais de rigueur. Mais il est heureux qu'à la suite de Thoreau et de ses émules du *Cercle des Poètes Disparus* nous assistions au grand retour de la naïveté. Puisse ce livre y contribuer.

Gilles Farcet
Angles-Paris, mai 1990.

(*) *Aux Sources de la Présence*, Éd. Sève.

Je dédie ce livre

aux pierres

aux prés

aux arbres

aux oiseaux

et à la rivière

au paysage de mon village

à la maison où je demeure

Et à Isabelle
en souvenir
de nos années angloises

Remerciements à :

Mon père et ma mère, Arnaud Desjardins, Maurice Gonnaud, Kenneth White, Henriette Louis, Roland de Miller.

HENRY DAVID THOREAU

by

SAMUEL WORCESTER ROWSE

Concord Free Public Library

Monsieur Thoreau, je présume ?

Un jour de l'année 1853, un citoyen de la petite ville de Concord, dans le Massachusetts, se trouvait dans son grenier et contemplait pensivement les sept cent six invendus de son premier livre imprimé à ses frais à mille exemplaires. Contre toute attente, cet auteur méconnu ne se révoltait nullement de cet échec et paraissait même s'en trouver quelque peu soulagé, notant dans son journal avec un humour bien caractéristique :

Ma bibliothèque comprend donc à présent près de neuf cents volumes, dont plus de sept cents écrits par moi-même. N'est-il pas juste que l'auteur contemple les fruit de son travail ? Mes œuvres sont empilées dans un coin de ma chambre, presque aussi haut que ma tête — mes œuvres complètes... Et cependant, en dépit de ce résultat, assis à côté de la masse inerte de mes livres, je prends ce soir la plume pour noter mes pensées ou mes actions avec autant de satisfaction que jamais. En vérité, je crois que ce résultat est meilleur et plus stimulant pour moi que si mille personnes avaient acheté ma marchandise. Cela envahit moins et laisse plus libre (1).

Aux yeux du monde, M. Henry Thoreau, qui se définissait lui-même comme « un mystique, un transcendantaliste, et un philosophe de la nature par-dessus le marché » (2) passait sinon pour un bon à rien, du moins pour un « original ». Né à Concord en 1817, diplômé de l'Université de Harvard et ami intime du chef de file des « transcendantalistes », le célèbre philosophe Ralph Waldo Emerson, ce fils d'épicier ne craignait pas de vivre différemment de ses concitoyens. En 1837, il avait démissionné de son poste de professeur à l'école publique de Concord. Motif : refus de battre les élèves. Il persévéra quelque temps dans l'enseignement en fondant avec son frère aîné John une école privée où ils appliqueront des principes d'éducation nouvelle révolutionnaires pour l'époque : pas de châtiments corporels, promenades dans les bois alternant avec les cours, etc. La maladie puis la mort de John Thoreau, survenue en 1842, devait mettre un terme à cette expérience réussie. Ce fut le dernier emploi réellement stable occupé par Henry. Après avoir fait office d'homme à tout faire chez Emerson, il sert brièvement de précepteur aux enfants du frère de ce dernier, juge établi à Staten Island, aux alentours de New York. Mais la vie en ville lui pèse, et il écrit à Emerson : « Plus je vois la ville, moins je l'aime. J'ai honte de mes yeux qui la contemplent. Elle est mille fois plus vile que je l'aurais pu imaginer. Les cochons dans la rue sont la portion la plus respectable de la population. Quand le monde apprendra-t-il qu'un million d'hommes n'ont aucune importance comparés à un seul homme » (3) ?

Bientôt de retour à Concord, qu'il ne quittera plus, il travaille pour un temps dans la fabrique de crayons montée par son père et y réussit fort bien. A ce propos, laissons donc Emerson lui-même nous donner son témoignage : « Son père était fabricant de crayons et Henry se livra quelque temps à ce métier en croyant qu'il pourrait fabriquer un crayon supérieur à ceux alors en usage. Après avoir achevé ses expériences, il les soumit à des chimistes et à des artistes de Boston. Ayant reçu des certificats qui témoignaient de leur excellence et attestaient que ses crayons valaient les meilleurs crayons anglais, il retourna chez lui satisfait. Ses amis le félicitaient de s'être ouvert le chemin de la fortune, sur quoi il répliqua qu'il ne fabriquerait plus de crayons. "A quoi bon ? déclara-t-il, puisque je ne ferais plus ce que j'ai fait." Il reprit ses promenades sans fin et ses études de toute sorte » (4)...

Soucieux de se garder intérieurement disponible pour la poursuite de l'essentiel qu'il entrevoit parfois, seul dans les bois, Thoreau refuse toutes les chaînes que lui propose le destin. Il assurera désormais sa subsistance par de menus travaux que son habileté manuelle lui procurera sans peine. S'il contribue à la revue transcendantaliste *The Dial*, y publiant ses premiers poèmes et des traductions de textes orientaux, jamais il n'envisage de se joindre aux communautés qui naissent alors aux alentours. Bien que très lié avec Emerson, il garde ses distances, veille à demeurer lui-même et suit sa propre voie.

C'est en 1845 qu'il décide de se retirer dans les bois afin de se repaître de la substantifique moëlle de l'univers. Il célèbre le 4 juillet, jour anniversaire de la déclaration d'indépendance, en emménageant dans une cabane en bois de pin construite de ses propres mains, sur la rive de l'étang de Walden. Il y demeurera deux ans, à l'écoute de lui-même et de la nature. Cette expérience lui fournira la matière du deuxième et dernier ouvrage publié de son vivant et intitulé *Walden*, en hommage à l'étang sur les bords duquel il se trouva lui-même. C'est grâce à ce livre où se mêlent les comptes, la botanique, les réflexions métaphysiques et les considérations éthiques, le tout lié par un verbe magique, que Thoreau est aujourd'hui considéré comme l'un des fondateurs de la littérature américaine. Sans quitter l'ombre des bois, il voyage jusqu'au centre de lui-même.

Et cependant, aussi heureux qu'il soit sur les rives de l'étang, Thoreau prend bien garde de ne pas s'y noyer. Aux questions d'un étranger à propos des sociétés religieuses de Concord, un villageois répondit un jour qu'elles étaient au nombre de trois : les Unitaires, les Orthodoxes, et *la Société de l'Étang de Walden* (5). Peu enclin à faire de son havre de paix une église de plus et de son mode de vie un dogme, Thoreau lève le camp et jette le vêtement de l'ermite avant qu'il ne lui colle trop à la peau :

Je quittai les bois pour une aussi bonne raison que quand j'y étais venu. Peut-être me semblait-il que j'avais plusieurs autres vies à vivre, et je ne pouvais passer plus de temps dans celle-ci. C'est remarquable comme nous tombons aisément et insensiblement dans une routine, et comme nous nous traçons nous-mêmes un sentier battu. Je n'avais pas vécu là une semaine que mes pieds avaient tracé un sentier de ma porte jusqu'à l'étang (6).

Homme et écrivain *en recherche*, il lui importe que sa route demeure toujours ouverte, quelque puisse être l'attrait des auberges de passage. Il souscrit pleinement à la vigoureuse invitation au voyage de son contemporain Walt Whitman qui s'exclame dans le « Chant de la Grand'Route » :

« Allons ! il ne faut pas nous arrêter ici ;
Quelque délicieuses que soient ces provisions amassées, quelque agréable
que soit cette demeure, nous ne pouvons pas rester ici,
Quelque abrité que soit ce port et quelque calmes que soient ces eaux,
nous n'avons pas le droit de jeter l'ancre ici,

Quelque accueillante que soit l'hospitalité qui nous entoure, il ne nous
est permis d'en jouir que pendant un peu de temps » (7).

Travaillant sans cesse à accroître sa capacité de vie, en quête de l'éveil et non des lendemains qui chantent, l'auteur de *Walden* se tient à l'écart du mirage de la politique et met parfois un point d'honneur à ne pas ouvrir un journal :

Je n'ai pas le temps de lire les journaux. Pour ceux qui vivent et bougent et existent sur cette mince couche de terre où naissent les événements dont on annonce les nouvelles — couche plus mince que le papier sur lequel on les imprime — tout cela remplit le monde ; mais pour ceux qui s'élèvent au-dessus de cette sphère ou qui plongent au-dessous, tout disparaît sans laisser de souvenir (8).

Ainsi que le dirait Kenneth White, Thoreau voit en l'homme un animal « bio-cosmo-poétique » plus qu'un animal politique. Ce qui ne l'empêche pas de prendre concrètement position lorsque les circonstances lui paraissent l'exiger. Les lois favorisant l'esclavage le touchent au plus profond de lui-même, car il n'y voit pas seulement une affaire politique mais une violation des lois de l'être, un crime contre la vie. En 1854, un esclave en fuite nommé Anthony Burns est arrêté à Boston et renvoyé dans le Sud, en vertu de la « Loi sur les esclaves fugitifs » (« Fugitive Slave Law »). Cette nouvelle bouleverse Thoreau, ainsi qu'en témoigne son journal :

Le résultat d'un bon gouvernement est de donner plus de prix à la vie, quand, au contraire, un mauvais en diminue le prix... Tous ceux qui dans la Nouvelle-Angleterre sont accessibles au patriotisme doivent avoir passé ces trois dernières semaines avec le sentiment de souffrir une perte immense, sans limites. Je n'ai jamais respecté le gouvernement, mais je croyais naïvement que je pourrais m'arranger pour vivre en vaquant à mes affaires personnelles, et en l'oubliant. Pour ma part, mes occupations les plus chères et les plus élevées ont perdu je ne sais combien de leur attrait et je sens que mon placement dans la vie vaut tant de moins pour cent, depuis que le Massachusetts, sciemment et brutalement, a rendu un homme innocent, Anthony Burns, à l'esclavage (9).

Il estime donc nécessaire de se désolidariser d'un gouvernement complice de telles pratiques : « A l'État, je donne ce conseil : rompre avec les propriétaires d'esclaves sur le champ. Il n'y a pas de loi, ni de précédent respectable qui sanctionne le maintien de cette union. Et à tous les habitants du Massachusetts, je conseille de rompre avec l'État tant qu'il hésitera à faire son devoir » (10).

Rassemblant ses notes, il prononce peu de temps après lors d'un meeting abolitionniste une conférence intitulée *L'esclavage au Massachusets* dans laquelle il se montre particulièrement virulent : « Jamais la loi ne libèrera les hommes ; ce sont les hommes qui doivent libérer la loi. Les amoureux de la loi et de l'ordre sont ceux qui observent la loi lorsque le gouvernement la viole » (11).

Mais s'il sympathise avec les abolitionnistes et assiste des esclaves dans leur fuite au Canada, jamais il n'adhère au moindre mouvement. Son indépendance lui est plus chère que tout et il a sans doute trop peur de devenir l'esclave de l'anti-esclavagisme.

En 1849, il avait déjà exprimé la révolte de l'homme juste contre le gouvernement scélérat en un court essai publié dans les pages d'une éphémère revue. Intitulé *La désobéissance civile* (12) ce texte, le plus célèbre des écrits de Thoreau après *Walden*, inspirera le Mahatma Gandhi et constituera l'un des fondements de son action politico-spirituelle. Les circonstances qui donnèrent naissance à cet essai sont aujourd'hui entrées dans la légende américaine. En 1846, durant son séjour à Walden Pond, Thoreau se voit mis en demeure de payer ses impôts. Mais pour l'auteur de *Walden*, un gouvernement en désaccord avec les lois supérieures inscrites en lettres d'or au plus intime de notre être perd du même coup sa légitimité. Dès lors, le devoir du citoyen digne de ce nom consiste à désobéir. Aussi refuse-t-il tout net de donner le moindre *cent* à un état qui admet l'esclavage et fait la guerre au Mexique. Il se tient donc à la disposition du geôlier de Concord, Sam Staples, et finit effectivement par être écroué. Loin de l'affliger, cette mésaventure le ravit car elle lui donne l'occasion d'incarner pleinement ses convictions profondes.

La légende veut qu'Emerson, outré de le savoir derrière les barreaux, lui ait rendu visite et se soit écrié sur un ton de reproche : « Henry ! Que faites-vous donc là-dedans ? » Ce à quoi l'inflexible Thoreau se serait empressé de répliquer : « Et vous, que faites-vous donc dehors ? » Libéré dès le lendemain grâce à la caution versée par une inconnue (probablement sa tante), il manifeste sa déception. Staples, éberlué de voir son prisonnier « diablement furieux » à l'idée d'être relâché, se voit contraint d'insister pour que Thoreau s'en aille. Constatant que l'on semble bien décidé à le mettre dehors, ce dernier finit par capituler et s'en va cueillir des myrtilles.

Ainsi que le mentionne Micheline Flak dans son introduction à la traduction française de *Civil Disobedience*, le texte né de cette courte résistance à l'État inspirera non seulement l'action de Gandhi mais également celle du Pasteur Martin Luther King qui, dans son autobiographie, fait état de cette influence : « En 1944, alors que je commençais mes études à l'Université d'Atlanta, je pris connaissance de l'essai de

Thoreau *La désobéissance civile*. Fasciné par la notion du refus de coopérer avec le mal organisé, je fus si profondément remué que je me mis à relire l'ouvrage à plusieurs reprises. Ce fut mon premier contact intellectuel avec le thème de la non-violence » (13). Si la politique tint somme toute fort peu de place dans l'existence de Thoreau, dominée par ses contacts avec la nature et la recherche d'une expérience plus dense et lumineuse du monde, il est d'autant plus remarquable de constater le retentissement posthume qu'eurent ses incursions en ce domaine. « Je crois que nous devrions être hommes d'abord et sujets ensuite », écrit-il ; « Il n'est pas souhaitable de cultiver le même respect pour la loi et pour le bien. La seule obligation qui m'incombe est de faire à toute heure ce que je crois être bien » (14). La portée de tels propos réside justement dans le fait qu'ils n'émanent pas d'un politicien mais d'un homme isolé et fondamentalement situé *en dehors* du théâtre politique. Comme l'a souligné Kenneth White, Thoreau est avant tout un « homme du dehors » (15). La condamnation à mort de l'abolitionniste John Brown lui donnera une dernière fois, en 1859, l'occasion d'exprimer son opposition à l'État en un vibrant hommage intitulé *Plaidoyer pour John Brown* (16). Dans la mesure où le présent essai laissera volontairement de côté la dimension politique de la pensée de Thoreau, cet aspect méritait d'être amplement signalé à la faveur de ces premières pages.

S'il a le sens de la justice, Thoreau n'a donc rien d'un militant. Il abhorre l'idée d'un parti, certain que la seule révolution réussie et durable est celle qui s'effectue au plus intime de l'être. Il se méfie de tous les réformateurs alors très en vogue qui font souvent les frais de sa lucidité et de son humour corrosif :

Je crois que ce qui attriste tant le réformateur n'est pas sa sympathie envers ses semblables en détresse, mais, bien qu'il soit le plus béni d'entre les fils de Dieu, c'est sa douleur personnelle. Que cela s'arrange, que le printemps vienne à lui, que le matin se lève au-dessus de sa couche, et il abandonnera ses généreux compagnons sans apologie. Mon excuse pour ne pas sermonner contre l'usage du tabac est que je n'en ai jamais chiqué (17).

Aux mirobolants projets de société idéale, il préfère la plénitude de l'instant, la joie d'être ici et maintenant parmi les arbres et les oiseaux. Si Thoreau aime les enfants, entretient quelques solides amitiés et possède, d'une certaine manière, le sens de la communauté (18), il est avant tout un joyeux misanthrope qui aspire à *sortir de l'humain* pour aller vers un espace plus limpide, moins encombré : « Je ne fais aucun cas des philosophies de l'univers dans lesquelles l'homme et les institutions occupent trop de place et absorbent trop l'attention » note-t-il dans son journal en 1852, ajoutant plus loin : « L'homme, pour le philosophe, est un fait dépassé. L'univers est plus vaste qu'il ne faut pour servir de demeure à l'homme » (19). D'où son regard critique sur le christianisme et son attirance pour les écritures orientales ou le mode de pensée et de vie des Amérindiens pour lesquels l'homme n'est jamais qu'une parcelle de l'ensemble *vivant* de la création : la présence d'une alouette, d'un ruisseau ou d'une pierre lui importe souvent plus que celle des humains bavards et creux. L'intérêt soutenu qu'il porte aux Indiens manifeste sa volonté de se déciviliser, afin de retrouver une pensée apte à faire croître la sensation de vie. « En littérature, ce qui est sauvage seul nous attire » (20), observe-t-il ; il n'a en effet que faire de la « culture » de salon qui représente, hélas, la plus grande part de ce qui se publie. Les poèmes et les textes qu'il aime ressemblent au chant du rouge-gorge car « toutes les belles et grandes choses gardent cet air sauvage que la véritable culture ne détruit pas » (21). Il ne s'agit donc pas de transformer la société mais de s'ouvrir au monde en laissant la vie nous pénétrer et circuler en nous. Thoreau est un homme cosmico-sensuel qui, nous y reviendrons au chapitre VII, prend appui sur ses sens pour sortir du moi et devenir énergie. Pour l'auteur de *Walden*, « ce qu'on appelle le génie, c'est une abondance de vie ou de santé qui fait que tout ce qui s'adresse aux sens... tous les objets, les sons, les odeurs, les saveurs grisent d'une ivresse salutaire. Le fleuve de la vie déborde ses berges élevées, envahit et fertilise de larges étendues où les peuples trouvent leur subsistance » (22).

Avide de vie sauvage, Thoreau *sort* donc beaucoup. Mais il voyage peu, par crainte de se dissiper.

Quand on me propose d'aller à l'étranger, de me débrouiller un peu, d'améliorer mon sort comme le monde l'entend, ce que je crains le plus de perdre, c'est ce que ma vie a d'intime et de bien à moi. Si mes champs, mes ruisseaux, mes bois, la Nature autour de moi, les simples travaux des habitants, cessaient de m'inspirer et de m'intéresser, aucune culture, aucune richesse ne réparerait cette perte (23).

Bien que célibataire et libre de toute attache, il demeure obstinément rivé à sa terre natale (« s'il y a un lieu où l'on soit riche et fort, c'est bien le sol natal ») (24) dont il connaît tous les recoins. S'il se laisse tenter par quelques excursions (notamment à Cape Cod et au Canada) qui lui fournissent le prétexte à quelques livres du voyage, ce n'est que pour mieux retrouver Concord et ses environs. « Nous n'avons besoin de voyage que juste assez pour faire prendre l'air à nos pensées » (25). Le plus clair de son temps, il le passe seul, en pleine nature. Que fait-il ainsi dans les bois ? Il marche, respire, cueille des fleurs sauvages, s'arrêtant de temps à autre afin de consigner ses observations sur un carnet. En s'aventurant dehors, Thoreau ne recherche nullement une distraction mais plutôt une re-création : « Être dehors assez longtemps pour que le contact avec une saine réalité serve de lest à la pensée et au sentiment » (26). A travers champs et ruisseaux, c'est le paysage premier de son être qu'il travaille à appréhender. Sa fréquentation assidue des bois fait de lui, en passant, un naturaliste expert ainsi qu'un arpenteur de tout premier ordre auquel ses concitoyens ne manquent pas de faire appel. Emerson rapporte que « Sa puissance d'observation semblait trahir chez lui des sens en surnombre. Il voyait comme un microscope, il entendait comme avec un cornet acoustique et sa mémoire photographiait tout ce qu'il voyait ou entendait » (27). Mais Thoreau n'a rien d'un savant soucieux d'accumuler détail sur détail, aussi Emerson s'empresse-t-il d'ajouter :

« Et cependant, nul ne savait mieux que lui que ce n'est pas le fait en lui-même qui importe mais l'impression ou l'effet produit par le fait sur l'esprit. Chaque fait prenait place dans son esprit dans une sorte de gloire, comme une illustration de l'ordre et de la beauté du tout. La profondeur de ses perceptions lui avait fait découvrir l'identité des lois à travers toute la nature et je ne connais pas de génie qui ait su induire comme lui d'un simple fait la loi universelle » (28).

« Voir un monde dans un grain de sable
Et le paradis en une fleur sauvage
Tenir l'infini dans la paume de sa main
Et l'éternité en une heure » (29).

Ces très beaux vers de William Blake me semblent correspondre à l'expérience de Thoreau qui fait de ses promenades une technique de déconditionnement. « Promenez-vous si doucement que vous puissiez entendre les sons les plus subtils, en gardant vos facultés au repos », conseille-t-il (30)... Chaque jour, il se rue dans les bois et s'emplit de lumière, de sons, de couleurs. Après s'en être littéralement grisé, il les transpose en une prose subtile et vigoureuse dont voici un exemple :

Il règne dans l'air une musique subtile pareille au chant des harpes éoliennes. J'entends des cors mélodieux qui résonnent sous les voûtes lointaines des hautes régions de l'air, musique à donner aux hommes une folie divine, musique qui, du haut du ciel, vient mourir à nos oreilles. Pour des oreilles attentives, quelle harpe splendide est le monde ! L'homme absorbé croit qu'au-delà du chant du grillon rien ne peut être perçu, mais il existe une mélodie immortelle, que peuvent saisir le matin, à midi, la nuit, les oreilles qui savent ouïr, et parfois, tantôt un homme, tantôt un autre l'entend, parce qu'il a des oreilles faites pour la musique. Vers ce chant la spirée et la reine-des-prés se tendent. Elles sont peintes si merveilleusement, parce qu'elles plongent dans la couche la plus profonde de cette harmonie (31).

Parfois, par-delà toute musique, Thoreau fait le grand plongeon et festoie de silence :

Le Silence seul est digne d'être entendu. Le Silence a des profondeurs et une fécondité qui varient comme celle du sol. Tantôt un Sahara où les hommes périssent de faim et de soif, tantôt de riches alluvions, une prairie fertile de l'Ouest. Quand je quitte les villages et m'approche des bois, j'écoute, de temps à autre, pour entendre les chiens du Silence hurler à la lune, et savoir s'ils sont sur la piste d'une proie. Si Diane n'est pas dans la nuit, qu'est la nuit ? J'écoute Diane, la déesse. Le silence résonne ; musical, il me transporte. Nuit de silence perceptible ! J'entends l'inaudible (32).

Se promenant pour sortir momentanément de l'humain, il

préfère marcher seul, de crainte que la présence d'une tierce personne ne le rende sourd aux murmures des bois : « Je suis sûr que si je cherche un compagnon de promenade, je renonce à une certaine intimité de communion avec la Nature. Ma promenade en sera certainement plus banale. Le goût de la société prouve l'éloignement de la Nature. Adieu ce quelque chose de profond et de mystérieux que je trouve en me promenant » (33).

Ce contact avec l'ineffable, Thoreau ne peut vivre sans le cristalliser, sans le fixer sur la page blanche. Rentré de ses promenades, il s'adonne avec ferveur au yoga de l'écriture. C'est en 1837, sur la suggestion d'Emerson, qu'il avait commencé à tenir un journal. Ce journal qu'il appelait « le calendrier des marées de l'âme » est sans doute le seul travail auquel il se consacra régulièrement, presque tous les jours de sa vie, et ces quelque deux millions de mots constituent son œuvre la plus passionnante, la plus profonde. *Walden* est un grand livre, un livre de vie où Thoreau a voulu concentrer l'essentiel de son expérience ; mais ce sont les pages du *Journal*, retrouvées et publiées après sa mort, qui permettent de le suivre pas à pas dans son cheminement intérieur. « Mon journal », disait-il, « contient de moi ce qui autrement déborderait et se perdrait ; glane du champ que, dans l'action, je moissonne. Je ne dois pas vivre pour lui, mais en lui, pour les dieux. Ils sont mes correspondants à qui j'envoie, chaque jour, cette page, port payé. Je suis comptable dans leurs bureaux et, le soir, reporte le bilan du jour sur le grand livre » (34). De tous les écrits de Thoreau, le *Journal* demeure le plus sauvage et le plus vivifiant, malgré sa longueur et son aspect hétéroclite. « Le corbeau, l'oie, l'aigle tiennent ma plume, et le vent emporte ces pages aussi loin que je vais » (35). Et il va très loin, justement, porté par un souffle qui n'est pas celui des salons. Fou d'écriture, il désire cependant vivre avant d'écrire et chacun de ses mots porte son poids de vie : « Vous n'écrivez pas mieux que vous ne valez. Chaque phrase est le résultat d'une longue probation. Le caractère de l'écrivain se lit depuis le titre jusqu'à la dernière ligne. En cela pas de correction d'épreuves. On le saisit comme on saisit le caractère principal d'une écriture, en laissant de côté les fioritures » (36). Emerson remarquait que « la longueur de sa promenade marquait régulièrement la longueur de ses écrits » (37). Cloîtré chez lui, Thoreau ne saurait créer ; il lui faut d'abord s'aventurer dehors, respirer, s'ouvrir...

Mais s'il ne peut écrire sans vivre, peut-il vivre sans écrire ? Il se donne à l'écriture, n'écrivant pas du bout des doigts mais de tout son être. Il plonge sur la page à cœur et à corps perdu :

Impossible d'écrire bien et sincèrement si on ne le fait pas dans la joie. Le corps, les sens doivent travailler avec l'esprit ; l'expression est l'acte du corps tout entier. Que notre parole soit parcourue de vaisseaux : l'intelligence est impuissante à exprimer la pensée sans l'aide du cœur, du foie et de tous les membres. Je sens souvent que ma tête se dresse, trop sèche, alors qu'elle devrait être immergée. Un écrivain, un homme en train d'écrire, est le scribe de toute la Nature ; il est le blé et l'herbe et l'atmosphère en train d'écrire (38).

Fidèle à l'écriture, il refuse cependant de lui vendre son âme. Il traque avant tout l'indicible et peut difficilement se contenter de mots. Or, l'écriture marque l'absence. L'indicible s'enfuit au fil de l'écriture qui paradoxalement nous le laisse entrevoir. Thoreau sait n'avoir pu saisir que l'ombre de sa vision : « La véritable moisson de ma vie quotidienne est à peu près aussi intangible et indescriptible que les teintes du matin ou du soir. C'est un peu de poussière d'étoiles de pris, un morceau de l'arc-en-ciel que j'ai saisi » (39). Ses textes restent frémissants d'une insaisissable unité. De tous les écrits conservés dans les bibliothèques du monde, peu sont autant chargés d'énergie que ces pages fulgurantes où tout se fait prétexte à basculer en un espace limpide, dans la plénitude de l'instant : « Comme je passais sous les fils du télégraphe nouvellement installé, je les ai entendu vibrer comme une harpe dans le ciel. C'est le son d'une vie lointaine et splendide, d'une vie surnaturelle qui descend en nous et fait vibrer les fils de notre vie » (40). Cette langue forte, à l'écoute du monde, est le résidu d'une expérience de vie, d'un cheminement vers une existence totale, à la recherche du paysage premier de l'âme. En s'aventurant seul en direction de la prairie intérieure, Thoreau va aussi jusqu'au bout du rêve américain. Pionnier, son Ouest à lui est infini. Emerson ne s'y était pas trompé qui déclara : « Nul ne fut plus authentiquement américain que Thoreau » (41).

Cette vie, dont il disait qu'elle avait été le poème qu'il aurait aimé écrire, fut intense mais courte. Ce promeneur invétéré ne fumait ni ne buvait, ne mangeait pratiquement pas de viande, avait adopté le célibat et même renoncé au thé et au café, préférant s'enivrer d'air pur. (« De toutes les ébriétés, qui ne préfère pas être enivré par l'air qu'il respire ? ») (42). Pourtant, le 6 mai 1862 il meurt, victime de la tuberculose, dans sa maison de Concord. A la fin de l'oraison funèbre composée pour son ami, Emerson remarque qu'« en sa courte existence, il avait épuisé tout ce que le monde peut donner » (43). Une vie réellement pleine, vécue dans la profondeur, ne peut qu'aboutir à ce que l'on nommait autrefois une « bonne mort ». « Qu'elle soit vie ou mort, nous implorons seulement la réalité. Si nous sommes vraiment moribonds, écoutons le râle dans nos gorges et sentons le froid gagner nos extrémités » avait-il écrit dans *Walden* (44). Cette ultime promenade, Thoreau s'efforce de la vivre comme à son habitude, aussi doucement, aussi consciemment que possible. De nombreux amis viennent à son chevet et le trouvent serein, égal à lui-même, quoique physiquement très affaibli. « Vous avez patiné sur la rivière » dit-il à H.G.O. Blake, qui plus tard publiera certains de ses manuscrits ; « peut-être vais-je aller patiner sur quelque autre rivière ». Et il ajoute : « Il se peut que je m'en aille vers l'intérieur du pays » (45). Dans une lettre à un lecteur s'enquérant de sa santé, il observe : « Je suppose qu'il ne me reste que peu de mois à vivre ; mais bien sûr, je n'en sais rien. J'ajoute que je jouis de l'existence autant que jamais et ne regrette rien » (46). Le 23 mars, son geôlier d'une nuit, Sam Staples, lui rend visite et dit plus tard à Emerson : « Je n'ai jamais passé une heure avec autant de satisfaction, jamais vu un homme mourir avec un tel plaisir et une telle paix » (47). A Ellery Channing, l'un des rares privilégiés autorisés à le suivre dans ses promenades, il remarque qu'« il vaut mieux que finissent certaines choses » (48). Lorsque sa tante lui demande s'il a fait la paix avec Dieu, il réplique : « Nous ne nous sommes jamais querellés, que je sache » (49). Un autre visiteur mentionnant l'autre monde, il lui répond : « Un monde à la fois » (50). Le matin du 6 mai, sa respiration faiblit. Il murmure les mots « Orignal » et « Indien » et expire à neuf heures, sans la moindre résistance (51).

Bien qu'enterré religieusement, Thoreau n'aimait guère les Églises. En 1840, sommé de payer le « denier du culte », alors prélevé par les trésoriers de la ville en même temps que les impôts, il ne fait ni une ni deux et se rend chez les notables afin d'exiger que son nom, automatiquement ajouté à la liste des membres en soit rayé séance tenante. Après avoir rédigé une déclaration à cet effet (« Que tous sachent par la présente que moi, Henry Thoreau, ne souhaite pas être tenu pour membre de toute société à laquelle je n'ai pas adhéré ») il demande aux autorités de lui fournir une liste de toutes les sociétés auxquelles il ne s'est pas inscrit afin qu'il puisse pour chacune d'entre elles certifier son refus d'en être considéré comme membre (52)... En l'Église il ne voit qu'une institution parmi d'autres, c'est-à-dire l'un des piliers de ce conformisme dont il aspire à se libérer. « L'Église ! institution timide entre toutes et dont la tête et les piliers sont, par essence et par principe, le ramassis des plus lâches d'entre nous. La voix qui s'élève de leur concert ne vaut pas, en bravoure et en joie, celle des grenouilles dans le marais » (53). Anarchiste hostile, par principe, à toute organisation parlant à la place de l'individu, il est cependant loin de nier l'existence d'un principe créateur, d'une puissance de synthèse. De tous les Concordiens, sans doute est-il même le plus authentiquement *religieux* en ceci qu'il travaille sans cesse à se *relier* à une énergie plus vaste que celle du moi. Il ne répugne d'ailleurs pas à employer le mot Dieu, observant par exemple en 1851 : « Mon métier est d'être toujours en alerte pour trouver Dieu dans la Nature » (54) ou méditant ainsi dix ans auparavant : « Ces mouvements partout dans la Nature sont certainement la pulsation divine. La voile qui s'enfle, le ruisseau qui court, l'arbre qui ondule, le vent qui erre..., d'où leur viendraient autrement cette excellence et cette liberté infinies » (55) ? Mais le côté mielleux, sur-civilisé, « humain trop humain » de ceux qui se proclament chrétiens l'exaspère. Il n'a que faire de leurs discours et fuit les sermons en tout genre. Le sacré est pour lui lié au silence et à la solitude. « Qu'est-ce que la religion ? », note-t-il en 1858 : « Ce qui ne parle jamais » (56). Ils trouvent les Églises bavardes et elles sentent trop le renfermé. S'il y sent une quelconque présence, c'est bien celle des hommes et de leurs institutions. Il leur préfère donc les bois où il aime à s'ébattre loin du « péché » et de la morale. Le « Grand Esprit » lui est assurément plus sympathique que le Dieu jaloux et capricieux de la Bible. Les théologiens et ceux qui aiment les « ismes » s'empresseront bien entendu de le ranger dans la catégorie des panthéistes ; toujours est-il qu'Henry Thoreau se juge comblé et entretient de fort bon rapports avec les instances supérieures de l'univers, quel que soit le nom qu'il leur donne : « Je suis stupéfait que Dieu puisse me rendre si riche avec mes pauvres biens » note-t-il en 1842 (57). Et huit ans plus tard il observe : « Bien que j'éprouve le sentiment de mon indignité, bien que je me considère, en beaucoup de choses, comme un fripon, l'esprit de l'univers est cependant pour moi d'une mansuétude inexplicable, et j'ai peut-être plus que ma part de bonheur » (58). Cette joie profonde n'est-elle pas le critère d'une existence réussie ?

Une telle plénitude ne s'obtient qu'en demeurant fidèle à ses exigences essentielles. Les pages de *Walden* et du *Journal* ont ce goût précieux et rare d'une expérience authentique qui se livre avec vigueur mais non sans pudeur. « Camerado, ceci n'est pas un livre. Qui touche ceci, touche un homme » s'exclamait Whitman à propos de ses *Feuilles d'herbe* (59). L'auteur de *Walden* aurait pu reprendre ce propos à son compte. Si les concitoyens de Thoreau s'étaient souvent trouvés déroutés par sa nature farouche, son intransigeance et son refus de pactiser avec le mensonge quotidien, beaucoup s'avouèrent affligés de sa disparition et lui rendirent hommage. Selon Emerson, « ses concitoyens, qui n'avaient d'abord voulu voir en lui qu'un original, finirent par le révérer et l'admirer » (60). Le président de la banque de Concord, homme dont les idées et le mode de vie étaient aux antipodes du transcendantalisme, écrivit à un ami : « M. Thoreau était un homme qui ne conforma jamais ses opinions à celles des autres ; elles étaient bien à lui et étranges. Qui dira qu'elles n'étaient pas justes ? Il comptait de nombreux admirateurs, et ce n'était que justice ; car quelle que puisse être la vérité de ses opinions, il mena une vie singulièrement pure et bonne » (61).

Si son exigence ne lui valut guère, de son vivant, les faveurs du monde littéraire (« Voyez la littérature. Combien pauvre, chétive, obstinée à mendier de la sympathie ! ») (62) elle lui attira cependant des « disciples », dont certains écrivirent ensuite sa biographie ou publièrent une partie de son œuvre posthume. Une rencontre avec Henry Thoreau était susceptible de marquer à jamais l'interlocuteur réceptif. Nul doute que certains cherchèrent en Thoreau un gourou. « Il m'est arrivé à plusieurs reprises », rapporte Emerson, « de voir des jeunes gens, tout à fait censés, gagnés en un instant à la conviction qu'ils se trouvaient en présence de l'homme qu'ils cherchaient, de l'homme entre tous, qui pourrait les instruire de tout ce qu'ils devraient faire » (63). Semblable à celui de tous les êtres en contact avec leur profondeur, le regard de Thoreau arrachait les masques et sondait les replis de l'âme. On n'échappe pas à un tel regard :

« Il mesurait ses compagnons d'un coup d'œil net, et bien qu'aveugle à certains beaux traits de culture, il savait bien en juger et le calibre et le poids. C'est cela qui produisait cette impression de génie que sa conversation donnait parfois. Il lui suffisait d'un coup d'œil pour saisir de quoi il était question, et percevoir les limites et la pauvreté de ses interlocuteurs, si bien que rien ne semblait pouvoir se dérober à ses yeux redoutables » (64).

C'est une rencontre avec Henry Thoreau que je souhaite proposer à travers ce livre. Éclipsé de son vivant par l'immense renommée de son ami Emerson, l'auteur de *Walden* est aujourd'hui tenu pour l'un des fondateurs de la littérature américaine. Américain, il l'est effectivement, par sa recherche d'un « Nouveau Monde ». Mais encore une fois, ce monde neuf qu'il pressent n'est sur aucune carte, sinon celle de l'être. D'une certaine manière, ainsi que le dit Kenneth White (qui, parmi les écrivains vivants, est sans doute avec Gary Snyder le plus proche de Thoreau) il « se moque éperdument des États-Unis. Il s'occupe de ses états et de son unité à lui. Unité cosmobiologique, biocosmopoétique » (65). S'il m'intéresse aujourd'hui, c'est en tant que « vieux fou », homme extra-vagant, individualiste cosmique, maillon capital de ce réseau des « figures du dehors » dont l'émergence nous amènera — peut-être — à un nouvel espace de pensée et de vie, au-delà de tout le fatras « culturel ».

En Henry Thoreau, sous l'Américain du XIXe siècle quelque peu puritain, Kenneth White voit un Amérindien, et plus encore un Chinois, un homme du Tao. Retravaillant aujourd'hui en vue du présent livre les matériaux assemblés pour une thèse sur la dimension védique, ou védantique, de *Walden*, il me faut lui donner raison : une lecture taoïste de Thoreau s'imposerait davantage qu'une lecture hindouiste. Mais qu'importe. Encore au-delà du Chinois, White voit en notre promeneur extra-vagant « un être qui n'avait pas de nom » (66). Fondamentalement, Thoreau se passe du taoïsme, de l'hindouisme, de tous les « ismes », comme il se passe des États-Unis. Il évolue à l'intérieur d'un « espace blanc », d'un vide-plein aussi intrinsèquement simple que difficile à appréhender à travers la pensée discursive. Une approche védantique peut, je le crois, aider à pénétrer en cette simplicité.

Chapitre 1

Pour une lecture védique de Walden

« Aussi libres en ce monde que les oiseaux dans l'air, dégagés de toutes les chaînes, ceux qui ont pratiqué le Yoga trouvent en Brahma le fruit certain de leurs efforts. »

Vous pouvez être sûr qu'en dépit de ma négligence et de ma grossièreté, je pratiquerais volontiers le Yoga avec assiduité.

« Absorbé en contemplation, le Yogi apporte sa contribution à la création. Il respire un parfum divin, il entend des choses merveilleuses. Des formes divines le traversent sans le déchirer et il va et vient, conformément à sa nature propre, comme s'il donnait vie à la matière originelle. »

Dans une certaine mesure, et de temps en temps seulement, moi aussi je suis un Yogi (1).

Ainsi que le montre cette lettre adressée par Thoreau à son ami H.G.O. Blake, l'auteur de *Walden* s'intéressait au yoga. Mais il s'agit là d'un terme mille fois galvaudé, souvent identifié à une quelconque gymnastique pour Occidentaux sur les nerfs ou encore associé à des pratiques spectaculaires mais bien éloignées de l'esprit du Yoga. Arthur Christy n'écrivait-il pas le plus sérieusement du monde, en 1932, dans un livre traitant des rapports entre l'Orient et le transcendantalisme américain : « Bien sûr le terme Yogi évoque certaines pratiques bien précises auxquelles Thoreau n'avait jamais songé... La mortification par l'ascèse, la planche à clous, l'habitude de fixer le soleil, les membres atrophiés à force d'immobilité » (2). Malgré tout le respect dû au premier ouvrage consacré à cette vaste question, nous sommes ici en plein folklore. Le terme yoga signifie tout simplement union ; un yoga est avant tout une voie, un chemin, permettant de passer d'une conscience morcelée à un état d'être unifié, une méthode (mais pas une recette) susceptible d'aider l'homme aspirant à vivre plus profondément à retrouver sa nature essentielle. Thoreau n'avait que faire des prouesses ascétiques et des planches à clous.

Ceci dit, quelques lettres, des remarques glanées dans son journal et des références au fil de ses essais indiquent que Thoreau s'intéressait effectivement à ce que l'on nomme l'hindouisme. De fait, tout lecteur de *Walden* un tant soit peu familiarisé avec les écritures hindoues ne peut qu'être frappé des similitudes souvent saisissantes entre ce que l'on pourrait appeler la philosophie de Thoreau, telle qu'elle transparaît dans ces pages, et celle véhiculée par les textes sacrés de l'Inde, ou par les représentants contemporains de la tradition hindoue.

Il est d'ailleurs significatif que nombre d'Hindous, tels Shreekrishna Sarma, auteur d'un article sur les influences orientales de Thoreau (3), Kamala Bhatia, à qui nous devons un ouvrage sur le mysticisme de Thoreau (4), le Mahatma Gandhi et Indira Gandhi aient reconnu et salué en l'auteur de *Walden* un esprit proche du leur. J'aimerais à ce propos donner ici le texte du court poème dédié à Thoreau par Madame Gandhi :

« Quiconque lit Thoreau
est frappé
par la force morale
de ses idées
et par la limpidité
de son style.

Chacun sait à quel point
Thoreau influença le Mahatma Gandhi.
Ses paroles
résonnent longuement en nous.

Ceux qui vivent
dans la tempête de la vie politique
ont besoin pour survivre
de contacter le lac paisible
au-dedans d'eux-mêmes.
C'est au bord d'un tel lac que vivait Thoreau » (5).

Dans quelle mesure Thoreau eut-il accès aux textes sacrés de l'Inde ? Il est probable que ce fut en 1841, lorsqu'il vivait chez son ami Emerson, que Thoreau rencontra avec émerveillement la littérature védique. Jouissant d'un libre accès à la bibliothèque de son hôte, il lisait avec voracité, non par souci d'érudition gratuite mais afin de trouver dans ces pages une confirmation de sa propre expérience intérieure. En ceci, la littérature hindoue le comblait davantage que toute autre littérature et ces livres « qui circulent autour du monde, dont les phrases furent d'abord écrites sur l'écorce, et qui ne sont maintenant que copiées de temps en temps sur du papier blanc » (6) devaient pour toujours demeurer en son cœur. Comme l'explique Walter Harding :

« Dans la bibliothèquè d'Emerson, il fut particulièrement attiré par les ouvrages orientaux et lut en profondeur des volumes tels que... les lois de Manou. Ce fut son premier contact avec la littérature orientale et il y découvrit une philosophie de la vie bien plus proche de la sienne que toutes celles qu'il avait pu trouver dans la littérature occidentale. Pendant de nombreuses années, il allait lire tous les ouvrages de ce genre qui lui tomberaient sous la main, allant parfois jusqu'à les traduire lui-même du français ou de l'allemand lorsqu'ils n'étaient pas disponibles en anglais » (7).

Ce fut Thoreau qui se chargea de sélectionner des extraits des *Lois de Manou* pour la rubrique du *Dial* (l'éphémère revue des transcendantalistes) intitulée « Ethnical Scriptures », dans le numéro paru en janvier 1843.

A l'automne de l'année 1849, il établit une liste de livres de littérature orientale qu'il ne pouvait se procurer à Concord afin de les emprunter à la bibliothèque de Harvard. Ayant été autorisé à retirer deux ouvrages, il choisit le *Harivansa ou histoire de la famille*, traduit du sanscrit en français par Alexandre Langlois, éminent orientaliste auteur d'une traduction du Rig Veda, et l'*Histoire de la littérature hindoui et hindoustani* de Garcin de Tassy. Il découvrit dans le volume de Langlois une courte histoire, qu'il traduisit en anglais. Retrouvée dans ses manuscrits après sa mort, « The Transmigration of the Seven Brahmans » fut publiée en 1931 par Arthur Christy (8). Et il est significatif qu'en 1855, lorsque l'Anglais Thomas Cholmondeley, rencontré un an auparavant à Concord, désira lui faire un cadeau en témoignage de son amitié, il choisit de lui envoyer un assortiment de littérature védique dont Walter Harding nous donne la description :

... quarante-quatre livres orientaux, parmi lesquels des traductions du *Rig Veda Sanhita*, de la Mandukya Upanishad, du *Nala* et du *Damyanta*, du *Vishnu Purana*, des *Préceptes de Manou*, du *Sankya Karita*, des *Aphorismes du Mimansa* et du *Nayaya*, de la *Bhagavad Gita*, du *Sakoontala* et du *Bhagavita Purana*, ainsi qu'un grand nombre de volumes d'histoire et de critique de la littérature indienne (9)...

Thoreau fut si heureux de cet envoi qu'il construisit spécialement une petite bibliothèque destinée à abriter ce précieux cadeau et remercia Cholmondeley en ces termes :

Après avoir soigneusement examiné mes trésors répandus sur le tapis, plongé jusqu'aux genoux dans la philosophie et la poésie hindoue tandis que mes yeux regardaient alentour avec avidité, prêts à en admirer ne serait-ce que les splendides reliures et les illustrations, je les retirai sans attendre d'un monceau de papiers pour les ranger dans la boîte que j'avais préparée à cet effet, puis allai me coucher à une heure tardive en rêvant de ce qui s'était passé. En fait, c'était exactement comme si certains de mes rêves s'étaient réalisés ; mais le matin, à mon réveil, je ne fus convaincu de ne pas avoir rêvé qu'après avoir jeté un coup d'œil sur leurs resplendissantes couvertures (10).

Dans une lettre à son ami et admirateur Daniel Ricketson, il mentionna ce « royal cadeau » et alla jusqu'à écrire : « Je vous fais part de cette nouvelle comme de la naissance d'un enfant » (11).

Nous imaginons donc Thoreau fier de posséder ce qui était sans doute une collection privée unique aux États-Unis à cette époque, lisant et relisant ses « trésors ». Et pourtant, selon Walter Harding, il semble qu'il ait surtout attaché à ces volumes une valeur symbolique et n'ait guère passé de temps à les consulter :

« Bien que Thoreau fut incontestablement ravi du cadeau de Cholmondeley qui faisait de lui le propriétaire de ce que l'on a estimé être, pour l'époque, la plus grande collection privée américaine d'ouvrages orientaux, les livres étaient en fait arrivés quelques années trop tard pour l'influencer en profondeur. Au début des années 1840, lorsqu'il avait pour la première fois découvert les ouvrages orientaux dans la bibliothèque d'Emerson, il avait été profondément impressionné. Vers la fin des années quarante, quand il avait commencé à puiser dans les ressources de la bibliothèque de Harvard, cette philosophie tellement proche de la sienne l'avait stimulé. Mais avec les années, sa voie lui apparut de plus en plus clairement et il n'éprouva plus autant le besoin d'aller chercher ailleurs une confirmation de ses propres idées. Il n'est aucunement certain qu'il ait jamais fini de lire tous les ouvrages envoyés par Cholmondeley. Quatre ans plus tard, il montra fièrement sa collection à Madame Caroline Dall, de passage à Concord. Elle examina certains des volumes en sanscrit et lui demanda s'il était capable de les lire. "Oh, non !" dit-il. "N'allez-vous pas apprendre ?" "A quoi bon ?" répondit-il. "Aujourd'hui, cette boîte contient tout ; mais si j'apprenais le sanscrit, peut-être me paraîtrait-elle alors bien vide" » (12).

Ceci nous amène au centre de cet essai : après avoir indubitablement trouvé confirmation de son expérience intérieure dans la littérature védique, Thoreau ne ressentait plus guère le besoin d'explorer ces livres. Le *Veda* était dans sa conscience et non plus sur la page imprimée. Remarquons en effet qu'en sanscrit, connaissance se dit *Veda* et que le Rig Veda proclame que les hymnes du *Veda* (et donc, la connaissance) sont structurées dans la conscience.

C'est sur ce dernier axiome que va se fonder cet essai. Un travail préliminaire consistait à vérifier si Thoreau avait bien eu accès à ces textes et à prendre connaissance des quelques travaux consacrés aux rapports de l'auteur de *Walden* avec l'hindouisme. De ce travail se sont dégagées deux orientations possibles :

— soit se situer dans la lignée d'ouvrages comme celui, déjà ancien, d'Arthur Christy et aboutir ainsi à une étude universitaire tout à fait classique s'attachant à déterminer en quelle mesure Thoreau fut influencé par les écritures hindoues ;

— soit proposer une lecture quelque peu différente, fondée sur les principes mêmes des écritures hindoues.

Cette deuxième possibilité m'est apparue comme étant de loin la plus intéressante. Un examen des raisons pour lesquelles la première n'a pas été retenue devrait montrer pourquoi et par la même occasion fixer les limites de la présente étude. Un tel travail universitaire « classique » se serait fondé sur un méticuleux labeur d'érudition consistant à déterminer les textes auxquels Thoreau eut accès et à en repérer l'empreinte dans son œuvre. Cette approche se serait certainement révélée instructive mais n'aurait pu être menée à bien par quelqu'un d'aussi ignorant que l'auteur de ces lignes.

Je ne saurais en effet prétendre être un orientaliste ou un spécialiste des écritures hindoues en tant que textes religieux ouverts à l'exégèse et à la critique. L'Université française possède plusieurs sanscritistes et orientalistes éminents auxquels je serais bien incapable de me substituer. Si j'ai acquis quelque connaissance de ce que l'Occident a baptisé l'« hindouisme », cette connaissance ne se situe pas sur le plan de l'érudition mais de la pratique. Il m'a en effet été donné de m'imprégner progressivement de l'esprit plutôt que de la lettre de ces enseignements. Si cette imprégnation s'est appuyée sur un certain nombre de lectures, elle est surtout le fruit de contacts avec quelques Maîtres et disciples contemporains à l'écoute d'une tradition vivante. Aujourd'hui situé sur un certain chemin et bénéficiant de l'expérience d'un guide qualifié, j'ose me considérer comme le très jeune élève d'un très ancien enseignement. Je n'ai cependant jamais procédé à une étude purement intellectuelle et systématique de ce que l'on nomme parfois « la philosophie hindoue », et il me serait donc difficile de m'engager dans un travail principalement fondé sur une connaissance précise des textes.

D'autre part, et tout en rendant hommage à la science des orientalistes sans lesquels les textes nous seraient inaccessibles, une telle approche, purement intellectuelle et érudite, ne me semble pas souhaitable pour faire le lien avec Thoreau, ni même suffisante pour aborder ces enseignements « de l'intérieur ».

Le mot sanscrit *Veda* signifie « connaissance ». Selon Maharishi Mahesh Yogi, auteur d'un commentaire de la Bhagavad-Gita et d'un « Cours d'études védiques », on désigne par le mot *Veda* « la connaissance complète et toute englobante de la vie : vie individuelle et vie universelle » (13). Le *Veda* ne doit pas être confondu avec les Vedas, c'est-à-dire les livres où furent consignés certains rapports d'expérience du *Veda*. Il existe en tant que tels quatre Vedas : *Rig, Sama, Yajur* et *Atharva*, qui ne constituent qu'une partie de l'immense édifice de la littérature védique dans laquelle figurent la Bhagavad-Gita, les Upanishads, les six systèmes de philosophie indienne, etc. La littérature védique constitue l'expression de cette conscience pure, laquelle n'est autre que l'expérience du *Veda*. Notons que si l'on parle aujourd'hui de « littérature védique », les textes qui la composent n'ont en fait été transcrits que longtemps après s'être transmis de père en fils par voie orale dans les familles de *pandits* (14).

Selon la tradition, les Vedas nous viennent des *Rishis*, explorateurs de la conscience vivant aux « temps védiques » (15), et dont Thoreau retrouvait sans doute la devise lorsqu'il écrivit :

Si tu veux apprendre à parler toutes les langues et te

conformer aux coutumes de toutes les nations, si tu veux voyager plus loin que tous les voyageurs, être acclimaté à tous les pays, pousser le Sphinx à se frapper la tête contre une pierre, suis quand même le précepte du vieux philosophe, et explores-toi toi-même (16).

La formule « Explore Thyself » employée par Thoreau sonne d'ailleurs beaucoup plus védique que le vieil adage socratique.

Les *Rishis* védiques étaient ceux qui, établis dans la conscience béatifique absolue *Sat-Chit-Ananda* et vivant en forêt dans un environnement extrêmement pur, parvenaient à percevoir en eux-mêmes les fluctuations de leur propre conscience élargie à la dimension de l'univers, ces fluctuations étant en fait les impulsions créatrices structurant la manifestation. Ce qu'ils percevaient donc n'était autre que le *Veda* se connaissant lui-même, l'intelligence devenant intelligente et donc créatrice, créatrice des différents mondes. Ces fluctuations s'exprimaient simultanément sous forme de chants en sanscrit, le sanscrit étant considéré comme la langue parfaite, le langage des Dieux, le plus proche d'une correspondance exacte entre nom et forme. Le *Rishi* enseignait ensuite les hymnes qu'il avait perçus à son fils afin que les chercheurs de vérité puissent vérifier la validité et l'authenticité de leur expérience, et il est remarquable que cette tradition se soit maintenue jusqu'à aujourd'hui. En effet, malgré la perte ou la dégradation de la dimension vécue et expérimentale de cette connaissance, les textes de la littérature védique nous sont parvenus sous une forme relativement pure et continuent de nos jours à être chantés et transmis par les différentes familles de *pandits*, chaque famille étant chargée de transmettre et de conserver une certaine partie des Vedas.

Ajoutons que ce serait faire injure au *Veda* que de le

considérer comme hindou. En effet, selon nombre de Maîtres issus de cette tradition, le *Veda*, la Connaissance en tant que telle, est universelle et dépouvue d'attributs ; elle ne saurait par conséquent être liée à un pays plutôt qu'à un autre, chaque être humain étant à même de retrouver cette connaissance immuable et identique sous toutes les latitudes, toujours présente en chacun de nous. Si l'Inde se reconnaît comme la terre des Vedas, le pays où les Vedas ont été formulés et conservés, le *Veda*, lui, est universel, omniprésent, et les Hindous sont en général prêts à reconnaître en tel ou tel saint ou Maître spirituel occidental une incarnation de la Connaissance. Un portrait du Christ figure bien souvent en bonne place à côté de représentations de Krishna ou de photographies de grands Gourous. Les écrits de Parahamsa Yogananda et de son Maître Shri Yukteswar, ou encore ceux de Swami Ramdas, sont d'excellents témoignages de cette remarquable ouverture (17).

Universel, le *Veda* ne saurait être contenu dans un livre. Les Hindous (et avec eux la plupart des Orientaux) distinguent très nettement le savoir de la Connaissance. Le savoir est une chose que l'on acquiert et il se situe donc sur le plan de l'avoir ; le savant, l'érudit, est celui qui possède un certain nombre de données. Le Sage, lui, l'homme « réalisé » ou « libéré dans cette vie » *(jîvan mukta) est* la Connaissance. Il peut d'ailleurs être également un savant, l'un n'excluant pas l'autre, mais à la différence du savoir, la Connaissance se situe sur le plan de l'être. Pour être reconnu en tant que Gourou, guide capable de conduire de l'irréel au réel ou de l'ignorance à la Connaissance, il ne suffit pas d'être un expert en écritures saintes. Ne peut être Gourou que celui en qui s'est opérée une transformation radicale, celui qui est mort à lui-même et est devenu l'homme nouveau, établi en un point de conscience invariable et indépendant des circonstances extérieures. Si de surcroît le Gourou connaît bien les écritures, et tel est souvent le cas, sa culture lui sera une aide pédagogique, mais l'important demeure l'expérience intérieure. Cette expérience ne peut s'obtenir par la seule lecture, c'est pourquoi personne ne connaîtra jamais le *Veda* en se contentant d'étudier la littérature védique. Voilà une notion que nous, Occidentaux, aurions tendance à oublier, tant nous sommes habitués à tout mettre en paragraphes. Pour l'esprit occidental, la connaissance se confond souvent avec la page imprimée. La Mundaka Upanishad dénonce cette tentation de l'érudition stérile :

> « Les sciences védiques, en effet,
> ne sont jamais que le savoir.
> Quant à ces ignorants
> qui vénèrent les Vedas
> comme la connaissance suprême,
> ils sombrent une fois de plus
> dans la vieillesse et dans la mort.
>
> Bien qu'ils s'estiment sages et savants,
> ils ne sont que des insensés,
> noyés dans leur propre ignorance,
> à la merci de la souffrance,
> errant de ci de là sans but,
> aveugles guidés par des aveugles » (18).

Le degré de la connaissance ne se mesure donc pas au nombre de livres lus mais à la qualité de la vie quotidienne. Le seul but de la connaissance est de rendre l'homme heureux en lui enseignant à vivre en accord avec les lois de la nature et à voir *le* monde plutôt que *son* monde.

Il me semble que Thoreau abordait la connaissance d'une manière similaire. Il n'aspirait pas seulement au savoir mais à la Connaissance au sens où l'entendent les Orientaux : une communion avec l'essence de l'univers. Il le confie d'ailleurs à son journal : « Mon désir de savoir est intermittent, mais mon désir de communion avec l'esprit de l'univers, mon besoin d'être enivré par les vapeurs, si je peux dire, de ce nectar divin, de porter ma tête dans une atmosphère et à des hauteurs inconnues de mes pieds, est vivace et constant » (19). Pour lui, la pensée ne saurait être dissociée de la vie et doit produire des résultats concrets dans l'expérience quotidienne. Il s'interroge avec humour :

Comment un homme peut-il être sage s'il ne sait pas mieux vivre que les autres, s'il se contente simplement d'être plus malin et... d'avoir un esprit plus rusé ?... Platon gagnait-il mieux sa vie, et par de meilleurs moyens, que ses contemporains ? Ne leur était-il supérieur que par son indifférence ou en prenant de grands airs ? Était-ce parce que sa tante ne l'avait pas oublié dans son testament qu'il trouvait la vie plus facile (20) ?

Sa conception de la lecture et de l'utilisation des livres rejoint en tous points celle de la tradition hindoue. Selon celle-ci, nous ne trouverons dans les écritures que ce que notre niveau de conscience nous autorisera à y voir. On sait que pour Thoreau, la lecture n'était pas une distraction passive, mais un exercice d'éveil exigeant un rigoureux entraînement :

Bien lire, c'est-à-dire, pour lire de véritables livres dans un véritable esprit, est un noble exercice, celui qui mettra le lecteur à l'épreuve plus qu'aucun exercice au goût du jour. Cela exige une discipline semblable à celle qu'enduraient les athlètes, une orientation continue de presque la vie entière vers cet objet. Les livres doivent être lus avec autant de réflexion et de réserve qu'ils ont été écrits (21).

Autrement dit, le lecteur devrait être établi à un niveau de conscience au moins égal à celui de l'écrivain, faute de quoi sa lecture ne sera guère profitable. Dans le même chapitre, l'auteur de *Walden*, qui ne reculait pas devant la provocation, formule ce principe de manière extrémiste : « Les œuvres des grands poètes n'ont encore jamais été lues par l'humanité, car seuls de grands poètes peuvent les lire » (22). De même, selon la tradition védique, si les *richas* (hymnes du *Veda*) sont l'expression de la conscience pure, seul l'homme ayant une expérience de cette conscience est à même de saisir le sens profond des écritures. Ainsi que le déclare la Shvetashvatara Upanishad :

> « Que peuvent apporter les Vedas
> à ceux qui n'ont pas
> ressenti en eux-mêmes
> la présence de cet Être
> suprême et éternel,
> origine des Vedas
> et demeure des Devas » (23) ?

Par conséquent, les écritures ne sauraient être en elles-mêmes un moyen d'acquérir la Connaissance. Elles n'existent que pour permettre aux chercheurs de tous les temps de vérifier leur niveau de conscience. En découvrant dans les écritures une description de sa propre expérience, le chercheur spirituel s'en trouve renforcé et y voit une confirmation de ses progrès. Ce ne sont pas les livres et les mots de la littérature védique qui sont éternels et universels, mais le grand Soi à partir duquel ont jailli ces expressions limitées, le grand Soi présent à l'intérieur de tous les êtres. Pour celui qui la considère comme le produit d'un certain lieu et d'une certaine époque (dont nous ne savons d'ailleurs pratiquement rien), la littérature védique n'a guère de sens ; mais elle se révèle précieuse pour celui qui y lit un rapport de sa propre expérience.

Il me semble que Thoreau, ainsi d'ailleurs que tous les transcendantalistes, abordait non seulement la littérature védique, mais tous les livres de cette manière. Ceci explique d'ailleurs qu'Emerson et ses amis se soient si peu souciés de références historiques et bibliographiques dans leurs lectures. Comme le remarquait Thoreau dans son journal :

Qu'il est hors de toute proportion avec la valeur d'une idée — dans la littérature hindoue par exemple — le fait historique qui la concerne, la question de savoir quand et où cette idée fut exprimée, le sens qu'elle eut pour telle secte de fidèles. Toute l'histoire de l'Inde, l'histoire du monde, perd son importance devant la vraie poésie, la pensée inspirée qui, elle, est sans date (24).

Et la page du journal consacrée au poète perse Saadi est très révélatrice de l'état d'esprit dans lequel Thoreau communiait avec un autre à travers le temps et l'espace :

Une seule pensée élevée unit tous les hommes d'une même religion. C'est toujours quelque bas alliage qui crée la distinction des sectes. La pensée reconnaît la pensée, par-dessus les gouffres du temps les plus immenses, à des signes aussi certains que ceux d'une franc-maçonnerie. Je sais, par exemple, que Saadi eut autrefois identiquement la même pensée que moi ; je ne puis donc trouver aucune différence essentielle entre Saadi et moi. Ce n'est pas un Persan, ce n'est pas un ancien, il ne m'est pas étranger. Il survit en moi par l'identité de la pensée. Qu'importe la différence de nos atomes ? Saadi ne jouissait pas de plus d'intimité, de plus d'individualité que moi. Son moi n'était pas plus profond, plus essentiel et plus sacré que celui qui s'offre nu à ma pensée en ce moment. Le vrai, un homme vrai, sont des choses essentiellement publiques et non privées. Si Saadi revenait pour réclamer son identité personnelle avec le Saadi historique, il trouverait qu'il y a trop de Saadis. Il ne pourrait trouver un corps pour les contenir tous. Le symbole d'une identité personnelle, c'est la momie des catacombes — une peau intacte, peut-être, mais sans vie au-dedans. Vécue, la vie d'un homme devient le bien de tous. En sympathisant avec Saadi, je me suis assimilé à lui. Sa pensée est un échantillon que j'ai de lui, une tranche de son cœur, qui rend bien négligeable le lieu où gisent les os dont le penseur autrefois se servit, mais cette possession me donne un goût égal au sien. La différence entre un homme et la postérité au sein de laquelle il est célèbre est trop peu de choses pour qu'il vaille la peine que cet homme soit rétabli, distinct des autres, dans un monde quelconque. Je crois pouvoir m'identifier avec l'essence d'un grand homme d'autrefois, aussi bien qu'il s'identifia, si l'on peut dire, avec lui-même (25).

Dans ce très beau passage, Thoreau montre bien qu'il communie avec le poète à travers ses écrits dans la mesure où ceux-ci ne sont pas l'expression d'une personne limitée mais d'une conscience transpersonnelle. On peut effectivement dire que Thoreau fut influencé par les Vedas si l'on considère qu'une influence n'est jamais qu'une révélation. Nous sommes influencés par un texte lorsque celui-ci nous semble formuler une part de nous-mêmes jusqu'alors indicible. Comme l'explique Emerson dans son essai consacré au poète :

« Le jeune homme vénère les génies car, en vérité, ils sont plus lui-même que lui » (26).

En nous donnant accès à nous-mêmes, le texte littéraire opère comme un révélateur et contribue à la création d'un autre texte, qu'il s'agisse d'une œuvre écrite ou du texte de notre vie. Sa vérité lui ayant été précisée, le lecteur peut alors écrire, s'écrire lui-même, et ainsi se découvrir tout en se formulant, grâce à cette formulation même. Ainsi, Thoreau a vérifié dans ces textes son expérience, puis après l'avoir suffisamment validée, ne s'est plus guère préoccupé de vérification et a continué son exploration, tout en conservant pour ces écritures un respect et un amour tout particuliers.

On retrouve dans ses écrits, et plus particulièrement dans son premier livre, *A Week on the Concord and Merrimack Rivers*, des références à la *Bhagavad-Gita*, aux *Lois de Manou*, ou à d'autres textes védiques, mais ces références ne sont là que pour nous montrer le chemin, pour nous lancer sur une piste. Nombre de chapitres ou de passages où nulle référence n'est faite à cette culture frapperont n'importe quel lecteur familier des écritures védiques par les échos qu'ils éveillent. Au fil de ce livre, je voudrais précisément dégager, extraire d'un texte, en l'occurrence celui de *Walden*, sa dimension védique, c'est-à-dire tout ce qui dans cette œuvre retrouve le souffle, la respiration du *Veda*. Il s'agit donc de mettre en lumière ce qui m'apparaît clairement à la lecture de *Walden* comme issu de la même expérience, ou du moins du même type d'expérience, cette réalisation intérieure possible en tous temps et tous lieux. De ce rapport d'expérience que constitue *Walden*, je désire extraire tous les éléments qui me semblent avoir été dictés par ce même contact avec la demeure des lois de la nature, au-delà du problème des influences subies par Thoreau ou de son adhésion à tel ou tel concept philosophique.

C'est le propre d'une œuvre importante que de se prêter à de nombreuses lectures. La tâche des critiques se borne à donner vie à la page imprimée en proposant leur lecture. J'offre donc ici une lecture qui pourrait être qualifiée de « védique » et me semble fidèle à l'esprit dans lequel

Thoreau lisait et écrivait lui-même. L'auteur de *Walden* cherchait à vivre sans hâte, à partir d'un état d'éveil de la conscience, persuadé que « tous les poètes et les héros, comme Mémnon, sont les enfants de l'Aurore, et émettent leur musique au lever du soleil » (27). De même, j'aimerais jeter ici les bases d'une lecture de *Walden* fondée sur cette expérience, cette sensation d'éveil à partir de laquelle Thoreau écrivit.

Toute écriture réellement poétique (c'est-à-dire une écriture vive, chargée d'énergie et d'émerveillement) ne peut jaillir que d'une expérience vécue, ressentie, respirée, par l'auteur. La profondeur de ce que l'on a à dire ou à écrire dépend de l'intensité et de l'intégration de l'expérience, l'écriture pouvant justement être en elle-même un moyen, une technique pour intégrer cette expérience. La logique du *Veda* veut que jamais on ne découvre ou trouve quelque chose ; nous ne faisons que retrouver, redécouvrir à partir des profondeurs de notre conscience.

Pourquoi ne pas mentionner une anecdote fort significative à ce propos ? Lorsque Thoreau, accompagné de Bronson Alcott, alla frapper à la porte de Whitman à New York, il s'empressa de lui demander s'il avait lu les écritures orientales, en ayant décelé bien des échos dans les *Feuilles d'herbe*, et Whitman lui répondit : « Non, parlez m'en » (28). Et pourtant, certains vers du poète hirsute de Brooklyn paraissent tout droit jaillis des Upanishads. Emerson y voyait, non sans humour, « un singulier mélange de Bhagavad-Gita et de New York Herald » ; quant à Vivekananda, célèbre disciple de Ramakrishna et l'un des premiers swamis venus apporter le yoga en Occident, il qualifia Whitman, après avoir lu *Feuilles d'herbe*, de « Sannyasin américain » (29).

Walden n'est d'ailleurs pas un roman et Thoreau le présente lui-même comme un rapport d'expérience, toute littérature digne d'intérêt n'étant pour lui rien d'autre que cela : « ... pour ma part, je réclame tôt ou tard de chaque écrivain un récit simple et sincère de sa propre vie, et non tout bonnement ce qu'il a entendu dire de la vie des autres hommes » (30). L'expérience que Thoreau a cherchée et certainement approchée à l'étang de Walden est une sensation d'être, une expansion de la conscience proche de celle des Rishis védiques et des yogis. C'est ce que je voudrais montrer, ou plutôt donner à sentir, aux lecteurs de cet essai, espérant leur transmettre un peu de cette jubilation tranquille.

Une lecture fondée avant tout sur l'expérience vivante ne doit pas être pour autant une projection délirante du lecteur sur l'œuvre lue, sous peine de relever davantage de la confession informe que de l'exploration. Je n'éprouve guère de sympathie pour toutes ces études pseudo-ésotériques qui voudraient faire de Rimbaud ou de Nerval de grands initiés alchimiques et voient des mandalas et des initiations partout. C'est pourquoi j'ai choisi de rester aussi près que possible du texte lui-même, sans hésiter à avoir abondamment recours aux citations. J'ai saisi toutes les occasions de confronter deux textes : celui de *Walden*, et les paroles de Maîtres vivant le *Veda*.

Le choix de *Walden* parmi les écrits de Thoreau s'est imposé de lui-même. Si le *Journal* tenu par l'écrivain au fil des années demeure essentiel pour tout lecteur désireux de cheminer avec Thoreau, il ne couvre pas moins de quatorze volumes (dans l'édition Houghton Mifflin) et seuls quelques extraits ont à ce jour été traduits en français. Œuvre achevée et condensée, *Walden* renferme l'essentiel de la pensée et de l'énergie qui animaient son auteur.

En m'en tenant volontairement à *Walden*, j'ai également cherché à éviter le piège qui consisterait à faire ce cet essai une mosaïque des remarques de Thoreau sur l'Orient et ses écritures. Comme je l'ai observé plus haut, *Walden* est un rapport d'expérience et l'auteur n'y mentionne somme toute que rarement les textes védiques. Ceci devrait me permettre de m'en tenir à mon projet, qui est d'extraire la dimension védique du texte en tant que compte rendu poétique de l'expérience, au-delà des références et des influences. Je ne me suis pas interdit d'avoir ici et là recours à des extraits du *Journal*, ou encore à des poèmes, lorsque ceux-ci m'ont paru venir à point. J'ai également tenu à relier parfois Thoreau aux autres transcendantalistes, notamment Emerson et Whitman.

En ce qui concerne les textes dits « védiques » ou « hindouistes », un problème s'est posé : fallait-il m'en tenir aux seules « écritures » ou au contraire élargir le champ des références et utiliser des textes et des paroles de Maîtres contemporains ? La réponse m'est vite apparue évidente. Mon objectif étant de déceler l'esprit plutôt que la lettre du *Veda* dans l'œuvre de Thoreau, rien ne s'opposait à ce que, par-delà les *Upanishads*, la *Bhagavad-Gita* ou les hymnes du *Rig Veda*, je puise abondamment dans les paroles de Maîtres contemporains. Ces derniers exposent l'essence des écritures en un langage clair et familier. Leurs ouvrages, qui sont le plus souvent des transcriptions d'un enseignement oral, conformément à la tradition, constituent une excellente introduction à la sagesse de l'Inde, pour qui désire l'aborder comme une connaissance vivante et pratiquement utilisable ici et maintenant. L'Inde qui nous intéresse (et qui mobilisait Thoreau) n'est pas celle des philologues, ni d'ailleurs celle des touristes en route pour le circuit des temples et des Gourous à dix dollars l'heure ; notre Inde est intérieure. Elle ne dépend ni d'un temps ni d'un lieu.

Je voudrais maintenant préciser mon utilisation des termes

Veda et « védique ». Comme l'explique Jean Herbert, les indianistes d'Occident « sont arrivés à séparer trois grandes périodes, ignorées de la tradition indienne, auxquelles ils ont donné les noms de "védisme", "brahmanisme" et "hindouisme" » (31). Dans leur terminologie, les termes *Veda* et « védique » s'appliquent donc à la période de l'histoire indienne la plus éloignée dans le temps et « pour l'étude de laquelle le document capital dont nous disposons est les quatre vedas » (32).

C'est ainsi que, selon cette classification, la *Bhagavad-Gita*, par exemple, ne saurait être considérée comme un texte proprement « védique ». Quant aux paroles de Maîtres contemporains que je citerai fréquemment, elles ne seraient pas classées comme appartenant au « védisme », mais à l'« hindouisme »...

Jean Herbert a bien démontré le caractère artificiel d'une telle chronologie établie selon les normes occidentales au mépris de toute la tradition hindoue (33). En effet, s'attacher à cette classification, c'est oublier que pour la tradition, entre les Rishis et les Maîtres de notre temps, il n'existe aucune rupture. Qu'elle soit vécue par le Rishi Vasishta ou par la grande mystique contemporaine Ma Ananda Moyi, l'expérience du Soi demeure identique. Seules les manières d'exprimer cette expérience se modifient au fil des siècles. Selon Jean Herbert, il s'agit toujours de

« Ces mêmes vérités fondamentales *vues* par les grands sages *(Rishis)* et toujours *vécues* par les Maîtres. Du mythe des textes védiques à l'aphorisme cryptique des textes upanishadiques et aux exposés philosophiques de Shankara ou de Shri Aurobindo, seule la technique de leur transmission (s'est) adaptée aux besoins nouveaux, et l'on ferait une lourde erreur en voyant là une transformation de substance » (34).

C'est pourquoi l'auteur de *Spiritualité hindoue* ne tient pas compte de cette division et n'utilise par commodité que le terme « hindouisme ».

Pour ma part, j'utiliserai les mots *Veda* et « védique » dans la mesure où, comme je l'ai déjà observé, *Veda* signifie simplement « Connaissance ». Je considèrerai donc un texte de Swami Ramdas, de Ramana Maharshi, de Ma Ananda Moyi ou même d'Arnaud Desjardins comme tout aussi « védique » qu'un hymne du *Rig Veda*, puisque tous expriment la même Connaissance fondamentale. Mon critère sera tout simplement le suivant : est « védique » la parole issue de la bouche ou de la plume d'un Maître *vivant* l'expérience du *Veda*.

Mon utilisation fréquente des textes d'Arnaud Desjardins ne devrait pas surprendre. Familier de certaines des plus grandes figures spirituelles de notre temps, disciple d'un Brahmane Bengali et aujourd'hui à son tour porte-parole de la sagesse, Arnaud Desjardins démontre par son existence même que le *Veda* n'est pas hindou.

Enfin, j'avoue être parfaitement conscient du caractère inhabituel de cette approche védique. Bien qu'ayant reçu la caution de l'université (ce livre a d'abord vu le jour sous forme de thèse), ma lecture se veut résolument extra-vagante, au sens où l'entendait Thoreau, hors des systèmes et des catégories intellectuelles. Née de l'expérience intérieure, cette approche ne s'est pas construite à la manière d'une forteresse idéologique. Je ne prétends pas détenir la vérité sur *Walden* et refuse d'oublier que ce texte sera encore lu sous bien des angles, la critique n'étant jamais que « la vision d'une vision », selon le mot de Ramon Fernandez. Pour ma part, je n'ai pas hésité à prendre Thoreau au mot et à m'appuyer sur le texte pour analyser l'expérience de l'auteur plutôt que le texte lui-même, tout en me souvenant avoir à faire à une œuvre littéraire. Je reste convaincu que la plus haute littérature nous invite à sortir de ce qui, justement, n'est *que* littérature pour cheminer vers autre chose.

En exergue à sa très belle anthologie de textes transcendantalistes, Perry Miller avait choisi une citation de George Ripley, le fondateur de la communauté expérimentale de Brook Farm évoquée par le romancier Hawthorne dans *The Blithedale Romance.* C'est cette citation que j'aimerai reprendre pour clore cette introduction, car malgré le romantisme de son expression elle me semble indiquer la direction du présent essai :

« Il existe une petite catégorie d'intellectuels dont les buts et les objectifs sont d'une nature autre. Pour eux, la littérature n'est pas un but en soi, mais un instrument susceptible d'aider à résoudre les problèmes qui hantent et agitent l'âme. Ils désirent contempler la vérité des choses. Par sa mystérieuse et terrible grandeur, l'univers les a touchés. Ils ne considèrent plus la vie comme une parade ou un rêve ; ils la regardent s'écouler dans toute sa redoutable et solennelle beauté ; la pensée revitalisée jaillit des profondeurs ; sans qu'ils en aient conscience, Dieu devient leur sujet d'étude ; et c'est par une intime communion avec la divine présence qu'ils se préparent à étudier les livres et à exprimer leurs propres convictions. Aussi leurs écrits seront-ils vivants, quelle que soit l'époque de leur parution. Sans doute seront-ils ressentis comme une insulte ou une blessure par tous ceux qui font de leur propre état d'esprit l'étalon de la vérité ; mais en même temps, leur venue sera célébrée par d'autres qui y trouveront la parole tant attendue » (35).

Chapitre 2

Un apprenti-yogi en Nouvelle Angleterre

Beaucoup d'Américains qui ne connaissent Thoreau que par ouï-dire comme étant l'auteur d'un classique de leur littérature et un transcendantaliste notoire se montrent extrêmement surpris, voire déçus, lorsqu'on mentionne le fait que ce personnage excentrique ne demeura jamais que deux ans dans la forêt. Pour le grand public, Thoreau fut un homme des bois, un reclus volontaire et obstiné qui demeura toute sa vie dans une cabane au bord d'un étang et y écrivit un livre aujourd'hui célèbre. Il est également quelques esprits prétendument avisés selon lesquels l'auteur de *Walden* ne fut jamais qu'un imposteur, un ermite du dimanche attendant avec impatience les plats cuisinés par sa mère et ses sœurs.

Sans doute ne prête-t-on pas suffisamment attention aux propos de Thoreau lui-même qui, dans *Walden*, met d'emblée les choses au point et ne fait pas mystère de la durée de son expérience (« j'ai vécu là deux ans et deux mois. A présent, je suis de nouveau l'hôte de la vie civilisée » (1)) ni de ses fréquentes visites au village, consacrant même un chapitre à ses promenades en ville (« Chaque jour ou tous les deux jours j'allais faire un tour au village... De même que je me promenais dans les bois pour voir les oiseaux et les écureuils, je me promenais dans le village pour voir les hommes et les jeunes gens... ») (2).

L'auteur de *Walden* ne s'est jamais prétendu ermite (« Je crois que j'aime la société autant que la plupart des gens... Je ne suis pas un ermite par nature... » (3)) et considérait son séjour en forêt comme une étape de sa recherche et non comme un aboutissement (« Je quittai les bois pour une aussi bonne raison que quand j'y étais venu. Peut-être me semblait-il que j'avais plusieurs autres vies à vivre, et je ne pouvais plus passer de temps dans celle-ci ») (4).

Faire un absolu du mode de vie adopté par Thoreau sur la rive de l'étang serait donc une lourde erreur. Ceci dit, même si l'auteur de *Walden* ne fut pas un anachorète cloîtré sa vie durant au cœur d'une épaisse forêt, le retrait du monde n'en constitue pas moins un aspect essentiel de son expérience. Ce retrait est intérieur : Thoreau désire avant tout sortir d'un certain état de choses, s'extraire de l'agitation et des « entreprises désespérées » afin de rentrer en lui-même. L'installation au bord de l'étang implique néanmoins une solitude extérieure qui, si elle n'est pas définitive et se trouve périodiquement tempérée par des visites et des promenades au village, est cependant bien réelle : « ... Je vivais seul dans les bois, à un mile de tout voisin » (5)... Thoreau distingue d'ailleurs son existence en forêt de la vie civilisée à laquelle il est retourné au moment où il met en forme le livre issu de cette expérience. *Walden* constitue finalement bien plus qu'un simple compte rendu d'un séjour s'étendant sur deux années. Il s'agit en fait d'une sorte de concentré des expériences vécues par l'auteur avant, après et pendant sa retraite (6). Il y a réparti des observations recueillies dans son journal, glanées à l'occasion de ses longues marches quotidiennes, au détour d'une rue de Concord aussi bien que près de l'étang. Le séjour à Walden Pond opère en tant que prétexte et a permis à l'écrivain de bâtir son livre autour d'une certaine temporalité qui confère au lecteur un sentiment d'unité et relie entre elles des considérations qui, sans ce facteur, pourraient sembler fort disparates. *Walden* n'a pas été écrit tel quel au bord de l'étang mais plus tard, sur une période de plusieurs années.

Les Occidentaux voient en ce retrait du monde temporairement pratiqué par Thoreau l'une des caractéristiques majeures de l'hindouisme et des spiritualités orientales en général ; quelle était l'importance réelle de la réclusion volontaire dans la société hindoue traditionnelle ?

L'éloignement du monde y était avant tout une préparation à autre chose, une étape, et non un but en soi. Selon la division traditionnelle de l'existence en quatre périodes ou *ashramas*, le jeune Hindou quittait sa famille pour aller vivre et étudier auprès d'un Maître ou Gourou, lequel résidait généralement en forêt. Cette phase de retrait studieux, nommée *bramacharya*, était censée préparer l'élève à mener dans le monde une existence épanouie. De même, après avoir été chef de famille *(gârhasthya)*, l'Hindou se retirait dans un ermitage en forêt, non pour y finir ses jours, mais pour retourner sur les chemins du monde avec une conscience différente : la vie érémitique *(vânaprastha)* précédait en effet le stade du *sannyâsa*, c'est-à-dire de l'errance en tant que moine mendiant sur les routes de l'Inde. Le sannyasin ne demeurait donc pas dans les bois, il traversait villes et villages, présent et accepté au sein de la société tout en étant en dehors d'elle. Dans les deux cas *(bramacharya* et *vânaprastha)*, l'éloignement physique de la société était donc une maturation, une préparation pour une vie en mouvement.

Sa retraite, Thoreau, me semble-t-il, l'aborde de manière similaire. Il se rend dans les bois afin d'y acquérir une réelle éducation. La solitude en pleine nature s'impose comme une stratégie de réorientation : afin de discerner sa voie, il lui faut s'écarter des dédales dans lesquels errent ses concitoyens prisonniers de leurs habitudes et se créer son propre espace. Le séjour à Walden Pond n'est donc aucunement un aboutissement mais plutôt un point de départ, un tremplin pour d'autres vies plus dignes de ce nom. Le temps de son apprentissage terminé, il retournera à la vie « civilisée » afin d'y vivre ces autres vies qui l'y attendent.

Dans un passage célèbre extrait du chapitre « Où je vivais et pour quoi je vivais », Thoreau entreprend d'expliquer brièvement les raisons de son exil volontaire au bord de l'étang :

Je m'en allai dans les bois parce que je souhaitais vivre délibérément, ne faire face qu'aux faits essentiels de la vie, et voir si je ne pouvais pas apprendre ce qu'elle avait à enseigner, et non découvrir, quand je viendrais à mourir, que je n'avais pas vécu. Je ne souhaitais pas vivre ce qui n'était pas la vie, l'existence est tellement précieuse ; ni ne souhaitais pratiquer la résignation, à moins que ce ne fût tout à fait nécessaire. Je voulais vivre profondément et sucer toute la moelle de la vie, vivre assez hardiment et à la spartiate pour mettre en déroute tout ce qui n'était pas la vie, couper un large andain, tondre à ras, acculer la vie, et la réduire à sa plus simple expression, et, si elle se révélait médiocre, eh bien ! attraper toute son authentique médiocrité, et publier au monde sa médiocrité ; ou si elle était sublime, l'apprendre par l'expérience, et être à même d'en rendre véritablement compte lors de ma prochaine excursion (7).

Il commence donc par nous dire qu'il désire vivre « délibérément », autrement dit, consciemment, et non comme un automate dont les joies et les peines sont d'avance programmées. Il est remarquable de constater que le Maître d'Arnaud Desjardins, Swami Prajnanpad, insistait lui aussi sur cette nécessité de « vivre délibérément » et encourageait ses élèves à mettre en question tous les éléments de leur existence quotidienne (8). Ce souci d'une vie consciente jusque dans ses moindres détails explique d'ailleurs la rigueur avec laquelle Thoreau décrit sa cabane et en donne, au chapitre « Économie », le coût exact et détaillé, dressant même la liste des matériaux utilisés, précisant à ce propos : « je donne les détails parce que très peu sont capables de dire précisément ce que coûtent leurs maisons, et moins nombreux encore, s'il y en a, le prix de chacun des divers matériaux qui les composent » (9).

Libéré de tous les conditionnements, il veut désormais être à même de tirer pleinement profit de la vie. On remarque dans ces lignes un souci répété de dénuement et la volonté de parvenir à l'essence des choses. Ce passage fonctionne en fait sur une opposition entre la réalité, la vie authentique, et l'illusion qui nous contraint à vivre « ce qui n'est pas la vie ». Cette illusion, les Hindous la nomment précisément *Maya*, « ce qui n'est pas ». C'est donc par une vie « délibérée », consciente, que Thoreau parviendra à ses fins et mettra en déroute tout ce qui n'est pas la vie. On retrouve dans l'enseignement védantique transmis par Arnaud Desjardins cette même volonté de tout remettre en cause afin d'« acculer la vie » à livrer son secret :

« Regardez bien les choses telles qu'elles sont et, si vous voulez vraiment réussir à vous éveiller, à ne plus être emporté par le courant, vous découvrirez qu'il y a de nombreux aspects de votre existence qui peuvent être transformés, mis en ordre. C'est ce que Swâmiji appelait la vie consciente, "deliberate living", une vie que l'on décide, que l'on mène sciemment dans chaque petit détail... Il faut que toutes vos journées, du matin au soir, soient imprégnées de l'Enseignement, deviennent le Chemin, et cette existence purifiée, dont tout acte inutile est éliminé, vous conduira à cette finesse de perception, cette acuité de la *buddhi* qui permet de s'arracher à la lourdeur habituelle » (10).

Comme chez les Maîtres hindous, il y a chez Thoreau une conscience très aiguë de la valeur inestimable d'une existence humaine et une volonté de ne pas gaspiller cette vie si précieuse. Il parle de « gaspillage de vie » (11) et considère l'existence comme une promesse glorieuse, quelle que soit la misère de notre condition présente :

Qui sait quelle belle vie ailée, dont l'œuf a été enfoui depuis des siècles sous des couches de bois concentriques dans la vie morte et desséchée de la société, déposé d'abord dans l'aubier d'un arbre vert et vivant, qui s'est peu à peu transformé en son apparence de tombe bien endurcie — que la famille étonnée de l'homme entend peut-être depuis des années maintenant ronger pour se dégager, tandis qu'ils sont assis autour de la table du festin — pourrait apparaître inopinément au milieu des meubles les plus triviaux et étrennés de la société, pour jouir enfin de l'été accompli de sa vie (12) !

De même, Swami Ramdas affirme les possibilités glorieuses de l'homme :

« Un être humain est essentiellement, par sa nature même, une incarnation de la connaissance, de la puissance et de la joie véritables. Son être réel est une étendue infinie de bienheureuse existence, ses pouvoirs sont les vagues de joie qui jouent sur le sein de cet océan sans bornes de la vie » (13).

Il n'y a donc pas une minute à perdre. Dans la forêt, seul,

Thoreau se trouvera dans les conditions requises ; mais pour parvenir à l'essentiel, il va falloir percer les revêtements usés, trancher dans ce qui est moribond pour atteindre le vif de la vie. On retrouve ici la « simplicité » si chère à l'auteur de *Walden* : il va supprimer tous les superflus afin de mettre la réalité à nu, « vivre assez hardiment et à la spartiate ». Comme il le dit plus loin : « Le seul remède... est une rigide économie, une simplicité de vie austère et des plus spartiates et une élévation des buts » (14). Une fois la vie dénudée, il devient possible de la regarder telle qu'elle est, à condition de n'en rien attendre, ce qui serait encore *maya*, mais d'être prêt à oser voir (« si elle se révélait médiocre, eh bien ! attraper toute son authentique médiocrité »). L'important est avant tout de « l'apprendre par l'expérience », et non par ouï-dire.

Cette prédominance accordée à l'expérience rapproche encore Thoreau des Hindous et des Orientaux en général pour lesquels les croyances et les opinions ne pèsent pas lourd à côté du vécu. A Walden Pond, Thoreau est venu vivre avant de théoriser, désireux d'acquérir une connaissance de première main, et l'on retrouve dans son livre ce souci constant de ne jamais parler que sur la base de son expérience. Il consacre dès la première page de *Walden* plusieurs lignes à son engagement personnel dans son texte, insistant sur le fait qu'il dira « je » : « Dans la plupart des livres, la première personne : le "je", est évitée ; ici c'est elle que l'on retiendra ; ... Je ne vous causerais pas tant de moi-même s'il y avait quelqu'un d'autre que je connaisse aussi bien » (15). Il sait que la connaissance intérieure de l'Être, qui se gagne par un voyage au plus profond de soi, compte bien davantage que le savoir intellectuel ou les pratiques extérieures. En ceci, il rejoint l'enseignement des Upanishads :

> « Ceux qui connaissent Brahman »,
> répondit Angiras,
> « ne confondent jamais
> savoir et connaissance.
> Savoir, c'est être versé
> dans les quatre Védas
> — Rig, Sama, Yajur et Atharva —
> et dans les sciences connexes :
> la phonétique, les rites,
> la grammaire, l'étymologie,
> la métrique et l'astrologie ;
> connaître c'est faire directement
> l'expérience de l'Éternel (16).

Plus loin, la Mundaka Upanishad dit encore :

> Ces âmes égarées,
> qui tiennent les rites et les vertus
> pour le bien le plus élevé,
> que pourraient-elles soupçonner
> de la connaissance suprême ?
> Mais ceux qui demeurent en forêt,
> s'adonnant avec foi à la méditation,
> eux détiennent la vraie connaissance (17).

Traditionnellement, l'étudiant se doit de suivre l'enseignement d'un Maître, d'un Gourou. Aujourd'hui bien galvaudé, ce terme désigne pourtant une fonction plus englobante que celle de nos actuels professeurs. Le rôle du Gourou ne se borne pas à transmettre à ses étudiants un savoir livresque et limité. Il doit assumer la tâche d'un véritable éducateur, travaillant non seulement sur l'intellect de ses élèves, mais encore et surtout sur leurs émotions, leurs sentiments. Il n'est là que pour aider un homme nouveau à naître en « mettant en déroute » tout ce qui, en son élève, « n'est pas la vie ». On ne s'improvise donc pas Gourou, et la tradition a formulé certains critères permettant aux futurs disciples de sélectionner un authentique Maître :

> « Pour recevoir cette connaissance,
> il faut te rendre auprès d'un maître,
> expert en écritures saintes
> mais aussi établi en Brahman » (18).

Le choix du Maître est décisif : Arnaud Desjardins a fort justement remarqué que « toute la vie spirituelle des Hindous, des Tibétains, des Soufis, commence avec la recherche et la découverte du Maître » (19). Et les Upanishads encouragent les chercheurs de vérité à se montrer exigeants dans leur choix :

> « Mets-toi en quête
> des plus grands maîtres
> et à travers eux
> découvre l'ultime vérité » (20).

Thoreau a certainement ressenti ce désir de découvrir un Sage auprès duquel il pourrait étudier : « Si je connaissais un homme assez sage pour m'enseigner la pureté je partirais à sa recherche sur le champ », écrit-il au chapitre « Les lois supérieures » (21). Mais il ne semble pas qu'il ait rencontré d'homme à la hauteur de ses exigences, et il observe au chapitre II : « Être éveillé, c'est être en vie. Je n'ai encore jamais rencontré un homme qui fut tout à fait éveillé » (22).

Emerson lui-même, que l'on nomme encore « le sage de Concord » et dont Thoreau fut longtemps tenu pour un fervent disciple, voire un imitateur, n'a pas su satisfaire sa demande d'un Maître capable d'incarner son enseignement jusque dans les moindres détails. Du philosophe « ami de la sagesse », Thoreau attend en effet bien plus qu'une connaissance livresque, ainsi que le montre le paragraphe suivant :

Il y a de nos jours des professeurs de philosophie, mais pas de philosophes. C'est tout de même admirable d'enseigner pourquoi il était jadis admirable de vivre. Pour être un philosophe, il ne suffit pas d'avoir de subtiles pensées ni même de fonder une école, mais il faut aimer suffisamment la sagesse pour vivre selon ses préceptes une vie de simplicité, d'indépendance, de magnanimité, et en toute confiance. C'est résoudre quelques-uns des problèmes de la vie, non seulement en théorie mais en pratique (23).

Examinons de plus près cette définition du philosophe : Thoreau affirme clairement que la valeur du sage ne réside pas dans son seul intellect, si fin soit-il, ou dans l'originalité de sa pensée ; ce qui fait le Sage, c'est la qualité d'être, laquelle ne se manifeste pas à travers les seuls discours mais doit être perceptible au sein même du quotidien. Aimer véritablement la sagesse, c'est donc être la sagesse. Malheureusement, les véritables Sages se font rares et ce sont les « professeurs » qui tiennent le haut du pavé, remplaçant l'expérience vécue et le rayonnement par des constructions intellectuelles. Thoreau ne tient pas à s'en remettre à ces savants, car il sait que

Ni l'étude des écritures,
ni l'usage de la raison,
ni les discours des autres
(peu importe ce qu'ils disent)
ne donnent accès au Soi (24).

Il courrait alors le risque de devenir l'un de ces nombreux aveugles guidés par des aveugles dont parlent les Upanishads :

> Bien qu'ils s'estiment sages et savants,
> ils ne sont que des insensés,
> noyés dans leur propre ignorance,
> à la merci de la souffrance,
> errant de-ci de-là sans but,
> aveugles guidés par des aveugles (25).

Il ne s'intéresse donc guère à ceux qu'il considère comme des courtisans : « le succès des grands érudits et des grands penseurs est généralement un succès courtisanesque, sans rien de royal ni de viril » (26). Il se réfère aux philosophes anciens et ne semble guère espérer rencontrer un véritable Maître en Nouvelle-Angleterre.

Faute de côtoyer un guide, Thoreau va s'efforcer de se mettre à l'écoute de ce que les Hindous nomment « le Gourou intérieur ». Ainsi que l'explique Arnaud Desjardins, quiconque est assez fort et résolu à ne pas s'illusionner sur lui-même peut faire seul une partie du chemin, voire, dans des cas exceptionnels, aller au bout de la route :

« Il est vrai qu'il serait théoriquement possible de faire tout le chemin sans Maître, à condition d'avoir un courage, une lucidité et une détermination sans faille et d'aller toujours du moins réel au plus réel. Le Gourou est partout car le moindre élément de la Manifestation est une expression donc un témoin de la Vérité. Nous avons seulement à prendre conscience d'une Réalité qui est là et dont nous ne sommes qu'une forme particulière. Du simple fait que nous soyons, nous pouvons donc faire tout le chemin » (27)...

Aller du moins réel au plus réel, c'est bien ce que l'auteur de *Walden* se propose de faire. Il s'agit pour lui de se frayer un chemin à travers l'illusion afin de parvenir à « un fond solide... que nous pouvons appeler *réalité* » (28). C'est donc la vie elle-même qui sera son Gourou ; il s'est inscrit à son école afin d'« apprendre ce qu'elle a à enseigner ». Walden Pond est un lieu d'étude où Thoreau s'emploie à cultiver son jardin intérieur. Il espère y planter la graine d'un homme nouveau et même d'une nouvelle espèce d'hommes. En guise de haricots (en anglais « beans »), c'est l'Être (« Being ») qu'il fait croître : « Pourquoi nous inquiétons-nous autant au sujet des semences de haricots, et ne nous inquiétons-nous pas du tout d'une nouvelle génération d'hommes » (29) ? Lorsqu'il se déclare « décidé à connaître les haricots » (30), ce n'est qu'une manière voilée d'affirmer sa volonté de se connaître lui-même et de récolter sa propre essence comme fruit de son travail. Le champ de haricots n'est autre que le champ de l'Être ; Bean-field = Being-field.

Certaines qualités sont exigées du disciple, sans lesquelles il ne pourra véritablement s'ouvrir à l'enseignement d'un Maître : les Upanishads indiquent que l'on doit aborder le Gourou « l'esprit calme et silencieux » (31) et le terme « upanishad » lui-même provient de la racine sanscrite *Shad* qui signifie « s'apaiser », « s'asseoir » ou « approcher » (32). A Walden Pond, Thoreau sera à même d'apaiser son esprit afin de se mettre à l'écoute de la vie. Pour progresser plus vite, il a compris qu'il importe de prendre son temps. Dans la conclusion de *Walden*, il conte une parabole hindoue :

Il était un artiste dans la cité de Kouroo qui était disposé à atteindre la perfection. Un jour il lui vint à l'idée de faire un bâton. Ayant considéré que dans une œuvre imparfaite le temps est un ingrédient, mais que dans une œuvre parfaite le temps n'entre pas en ligne de compte, il se dit : il sera parfait à tous égards, quand bien même je ne ferais rien d'autre dans ma vie (33).

Tandis que l'artiste demeure inlassablement fixé sur son œuvre, ses amis vieillissent et meurent, des milliers d'années s'écoulent sans qu'il y prenne garde : « Comme il ne faisait aucun compromis avec le Temps, le Temps s'écartait de son chemin et se contentait de soupirer de loin, car il ne pouvait pas le vaincre » (34). Son bâton achevé, l'artiste découvre qu'il a créé un monde... A travers cette histoire, Thoreau énonce son dessein de travailler à sa propre finition sans se préoccuper des contingences du monde, convaincu de parvenir ainsi à l'éternité. A l'âge de la maturité, comprenant qu'il n'a plus de temps à perdre, il se rend donc dans les bois afin d'y parfaire son éducation. Résolu à vivre délibérément, il va lui falloir trancher dans une forêt autrement plus épaisse et rebelle que celle entourant son étang : la forêt de *Maya*, la jungle de l'ignorance.

Chapitre 3

Feintes et illusions

Thoreau s'est donc installé en forêt afin d'y refaire son éducation. Éduquer, du latin *educare*, conduire hors de. S'éduquer en profondeur consiste à sortir, à s'extraire d'un certain état de choses artificiel pour aller vers davantage de réalité. Mais pour avoir envie de sortir, encore faut-il se sentir à l'étroit.

A plusieurs reprises dans *Walden*, Thoreau déplore le sous-développement général, convaincu que l'homme n'utilise pas et n'a jamais pleinement utilisé ses possibilités : « ... on n'a jamais mesuré les capacités de l'homme ; pas plus que nous ne pouvons juger de ce qu'il fait à partir d'antécédents, tant ses mises à l'épreuve ont été dérisoires » (1). Cette certitude, cette conviction selon laquelle l'homme ne s'est encore aventuré qu'aux lisières des grands espaces que lui offre la vie, Thoreau en joue régulièrement, il l'assène à son lecteur comme un défi : « Quels jeunes philosophes et expérimentalistes nous faisons ! Pas un seul de mes lecteurs qui ait déjà vécu une vie humaine entière » (2). Ce défi, il se montre bien décidé à le relever : « Voici la vie, une expérience à laquelle, dans une large mesure, j'ai à peine goûté » (3)... Cette volonté de remettre en cause les habitudes et l'inertie ambiante le pousse à adopter une attitude irrévérencieuse à l'égard de ses aînés qui n'ont pas su aller jusqu'au bout de l'aventure : « La propre expérience des vieux a été si partielle et ils ont eu dans leur vie tant de pitoyables insuccès... qu'en pratique ils n'ont pas de conseils très importants à donner aux jeunes » (4). Il fait donc bien peu de cas de ce qu'il est convenu d'appeler « l'expérience » à laquelle il préfère une innocence dynamique : « Les enfants, qui jouent à la vie, discernent ses véritables lois et ses relations plus clairement que les hommes, qui ne réussissent pas à la vivre dignement, mais croient qu'ils sont plus sages par expérience, c'est-à-dire par affaiblissement » (5).

L'auteur de *Walden* ne mâche donc pas ses mots ; la recherche d'une vie plus dense passe par le non-conformisme et le dépassement des limites léguées par les générations passées. « Ce que les vieilles gens disent que vous ne pouvez pas faire, essayez-le et constatez que vous en êtes capables. Les vieux exploits aux vieux, et les nouveaux exploits aux jeunes » (6). Thoreau ressent profondément la nécessité de ne rien prendre pour acquis et de tout soumettre au test de sa propre expérience : « Il n'est jamais trop tard pour renoncer à nos préjugés. On ne peut sans preuve se fier à aucune manière de penser ou de faire, aussi ancienne soit-elle » (7). Cette attitude méfiante à l'égard des coutumes est une condition de la vie délibérée dont parle également Swami Prajnanpad :

« Nous absorbons les idées, les opinions, les préjugés, les attirances et les répulsions, les ambiances et les comportements qui se trouvent dans notre entourage sans les examiner, sans les vérifier. Il s'ensuit que nous devons d'abord nous défaire de tous les ouï-dire, préjugés, superstitions, attirances, répulsions, traditions, croyances, etc., pour commencer une nouvelle vie » (8).

On retrouve cette volonté de ne pas s'en laisser imposer par les usages chez Emerson dont l'essai intitulé « Self Reliance » est un hymne au non-conformisme (« celui qui veut être un homme doit être un non conformiste ») (9) et une exhortation à prêter attention à sa voix intérieure sans se soucier des dictats de la masse. Les transcendantalistes sont de grands optimistes, et cette confiance en soi-même qu'ils prônent se fonde sur leur vision de l'homme en tant que créature à l'image de Dieu et douée de potentialités infinies. Cette croyance en la divinité de l'homme, ils la partagent avec l'hindouisme. L'une des formules les plus célèbres des Upanishads affirme l'identité de l'homme avec le Soi universel : « cet Être qui est l'essence la plus subtile de toute création, la réalité suprême, le Soi de tout ce qui existe, TU ES CELA » (10)... Autrement dit, l'homme *est* Dieu, affirmation surprenante, voire scandaleuse pour des Occidentaux, mais évidente pour un Hindou élevé dans sa tradition. Transmettant le Vedanta à des Européens, Arnaud Desjardins remarque : « Certains d'entre vous pensent peut-être : "mais c'est un blasphème que de dire : je suis Dieu !" Non ; le blasphème luciférien, c'est d'oser dire : "je ne suis pas Dieu, je suis autre que Dieu, il y a Dieu et moi" » (11).

Ainsi que l'explique Jean Herbert, l'un des postulats fondamentaux de l'hindouisme est que « l'âme de l'homme est identique à la totalité. L'homme est capable de parvenir, par des disciplines appropriées, à réaliser cette identité, et le but de toute vie est précisément de réaliser cette conscience de la vérité profonde » (12). Tous les maux endurés par l'homme viennent du fait qu'il ne se souvient plus de sa condition divine et persiste à s'identifier à un petit moi limité, victime de cette illusion nommée *Maya*. C'est d'ailleurs ce seul souvenir de sa nature profonde qui distingue l'homme éveillé, le *Jîvan-mukta* (libéré dans cette vie) de l'ignorant en proie à ses craintes et à ses désirs. Le Sage a redécouvert son identité divine et vit établi dans la paix et une totale assurance, tandis que l'homme non réalisé fluctue sans cesse, à la merci de ses émotions et des circonstances.

Si l'homme peut parvenir à recouvrer la conscience de son identité divine, rien ne lui est impossible ; il lui est permis de tout espérer, de tout tenter, et les Hindous considèrent l'optimisme et la détermination comme deux qualités indispensables à celui qui désire progresser sur la voie. S'il a bien choisi la bonne direction, les forces de l'évolution joueront en sa faveur afin de lui permettre d'avancer rapidement. Thoreau semble d'ailleurs avoir vérifié cette croyance, puisqu'il remarque, dans la conclusion de *Walden* : « J'appris ceci, au moins, de par mon expérience : si quelqu'un avance avec confiance dans la direction de ses rêves, et essaie de vivre la vie qu'il a imaginée, il trouvera des succès inattendus en des moments ordinaires » (13).

Cette certitude intérieure de l'existence d'une conscience autre, cette vision d'un but lumineux par-delà la grisaille et les vicissitudes sans fin ne peut provenir que d'un avant-goût de la réalité profonde. « Souvent », explique Arnaud Desjardins, « celui qui décide de s'engager enfin sérieusement a eu... une ou plusieurs expériences d'états supérieurs de conscience qui lui ont donné un avant-goût de la perfection. Mais ces moments exceptionnels n'ont eu qu'un temps, seul a subsisté le regret de les avoir perdus et l'être lui-même n'a pas été transformé durablement » (14). Alors commence la quête, née de la nostalgie d'une conscience plus vaste et tout simplement plus heureuse.

Le chapitre « Économie » comporte un passage fort énigmatique, maintes fois commenté et interprété de diverses manières, dans lequel Thoreau confesse une perte :

Il y a longtemps j'ai perdu un chien de chasse, un cheval bai et une tourterelle, et je suis encore sur leur piste. Nombreux sont les voyageurs à qui j'en ai parlé, décrivant leur trajet et à quels noms ils répondaient. J'en ai rencontré un ou deux qui avaient entendu le chien et le pas du cheval, et qui avaient vu la colombe disparaître derrière un nuage et ils avaient l'air aussi désireux de les retrouver que s'ils les avaient eux-mêmes perdus (15).

Toutes les suppositions sont évidemment permises, et il est parfois bon de se taire face à la poésie d'un texte tel que celui-ci. Me voici pourtant décidé à gloser encore une fois, car la tentation est trop forte : se pourrait-il que Thoreau fasse ici allusion à l'expérience d'un état de conscience supérieur ? Ces lignes s'insèrent dans les pages où l'auteur entreprend de dire ce qu'il est venu faire et chercher au bord de l'étang de *Walden*. D'emblée, il prévient le lecteur : « Vous pardonnerez certaines obscurités car il y a plus de secrets dans mon métier que dans celui de la plupart des hommes » (16). Il ne s'exprimera qu'en termes sybillins, et ce choix d'un ton ésotérique indique la gravité du propos, son caractère intime. Thoreau a d'ailleurs raison : les incursions au cœur de notre profondeur ne peuvent s'accommoder des limites du discours. Elles gagnent donc à être tues, à moins qu'elles ne soient présentées sous le voile de la poésie.

Scrutons quelque peu ce passage : les animaux mentionnés ne suggèrent pas l'immobilité, mais au contraire le mouvement rapide, ce qui semble indiquer la nature évanescente et insaisissable de l'expérience. Ces créatures ne se laissent qu'à peine entrevoir, elles n'apparaissent que pour mieux disparaître. L'objet de la quête est donc fugitif, mais sa perte laisse inconsolable puisque Thoreau « est encore sur leur piste ». C'est à des voyageurs, c'est-à-dire à d'autres pèlerins en quête de cet indicible que Thoreau demande son chemin.

Peu nombreux sont ceux qui savent de quoi il retourne et ont eu une vision du trésor mouvant dont il est ici question (« un ou deux », dit Thoreau), ce qui en augmente encore le caractère rare et précieux. On retrouve ici la dimension à la fois intime et universelle de l'expérience mystique : ceux auxquels il a été donné d'entrevoir les créatures recherchées par Thoreau ont ressenti leur disparition comme une perte personnelle.

Cette allégorie du chien de chasse, du cheval bai et de la tourterelle pourrait être reliée à la citation de Mencius que donne Thoreau au chapitre « Les lois supérieures » : « Ce par quoi les hommes diffèrent des bêtes sauvages, dit Mencius, est une chose bien peu considérable ; les gens du commun la perdent très tôt ; les hommes supérieurs la préservent soigneusement » (17). D'autres, pourrait-on ajouter, travaillent à la recouvrir...

Quoi qu'il en soit, Thoreau s'est mis en route, décidé à faire la pleine expérience de la vie. Par-delà la médiocrité ambiante, il entrevoit la possibilité d'une vie plus totale, plus réelle, et cela souvent par l'entremise de la nature :

Ah ! lors de combien de matins de la première journée de printemps ai-je pénétré dans ces prés, sautant de tertre en tertre, de racine de saule en racine de saule, alors que la vallée sauvage de la rivière et les bois étaient baignés d'une lumière si pure et si brillante qu'elle aurait réveillé les morts, s'ils étaient endormis dans leurs tombes comme certains le supposent. Il n'y a pas besoin ici d'une preuve plus solide de l'immortalité. Toutes les choses doivent vivre dans une telle lumière. O Mort, où était ton aiguillon ? O Tombeau, où était ta victoire, alors (18) *?*

Afin de suggérer cette montée en nous de nouvelles énergies, il utilise d'ailleurs des métaphores naturelles :

La vie en nous est comme l'eau dans la rivière. Cette année, elle peut monter plus haut que l'homme ne l'a jamais vue, et inonder les hautes terres desséchées ; même celle-ci peut être une année pleine d'événements, qui noiera tous nos rats musqués. Là où nous demeurons ne fut pas toujours un pays aride. Loin à l'intérieur du pays je vois les berges que le cours d'eau arrosait anciennement avant que la science ne commence à enregistrer ses crues (19).

Et les deux dernières phrases de *Walden* sont une promesse de lumière : « Il y a plus d'un jour à poindre. Le soleil n'est qu'une étoile du matin » (20). Comment ne pas penser à la parole du Rig Veda : « Il y a tant d'aurores qui n'ont pas encore lui... »

Cette confiance en la nature infinie de l'être humain ne rend pas Thoreau aveugle à la condition présente de ses contemporains. Au contraire, il n'en perçoit qu'avec plus d'acuité la misère morale et spirituelle dans laquelle se débattent les habitants de son village, Concord. L'observation d'une humanité en proie à de stériles et stupides souffrances constitue en fait l'un des points de départ de la tentative de vie menée par Thoreau à Walden Pond. C'est de cet état de choses qu'il désire sortir, convaincu de l'absurdité de ces existences harassées par les soucis matériels et un incessant labeur. Emerson a dit de Thoreau qu'« il lui fallait quelque mensonge à dénoncer, quelque sottise à mettre au pilori » (21) et dans *Walden*, ce dernier s'en prend d'emblée à l'erreur de ses concitoyens, victimes de leur ignorance. Une vision étroite est source de bien des maux et Thoreau s'emploie à élargir celle de ses lecteurs.

Connaître véritablement le *Veda*, c'est avoir accompli le but de la vie. Ce but, quel est-il, selon les Hindous ? A en croire les écritures et les propos des Maîtres, l'expansion de la béatitude constitue le but de toute création. La *Taittiriya*

Upanishad nous enseigne que « Brahman est béatitude » et que

> « C'est en effet de la béatitude
> que naissent tous les êtres,
> c'est par la béatitude qu'ils subsistent,
> c'est à la béatitude qu'ils retournent » (22).

L'homme n'étant, dans son essence, pas un autre que Brahman, la béatitude lui est non seulement accessible mais lui revient de droit. Malheureusement, le commun des mortels ne se souvient plus de sa nature profonde que voilent nombre de tensions, de peurs et de limites. Thoreau a observé cela dans un esprit très proche de la spiritualité hindoue et déplore la manière dont la plupart des êtres piétinent le divin en eux-mêmes :

Parlez de la divinité de l'homme ! Regardez sur la grand-route le charretier qui se rend au marché, de jour comme de nuit. Y a-t-il en lui quelque divinité qui s'agite ? Son devoir le plus élevé est de fournir l'eau et le fourrage à ses chevaux ! Qu'est-ce que sa destinée comparée aux intérêts de la marine marchande ? N'est-il pas le charretier du Seigneur Agitation ? Comme il est divin, comme il est immortel (23) *!*

Au regard de Thoreau, la nature essentielle de l'homme contraste singulièrement avec sa condition existentielle, la plupart du temps pitoyable : « Combien ai-je rencontré de pauvres âmes immortelles presque écrasées et étouffées sous leur fardeau, se traînant sur le chemin de leur vie » (24)...

Cette situation est-elle inévitable ? Thoreau ne le pense pas. Il décide en tout cas d'en avoir le cœur net et se lance dans une exploration systématique des possibilités dont peut disposer un homme désireux de vivre plutôt que de subir. La tradition hindoue proclame la nécessité de recouvrer dès cette existence, ici et maintenant, notre statut divin ; de même,

Thoreau pressent pour ses semblables et d'abord pour lui-même, une voie vers une vie plus noble. Mais il est avant tout nécessaire de déraciner la souffrance en remontant à ses causes. A partir d'une observation méthodique de ses concitoyens, il entreprend donc de remettre en cause leur manière de vivre et de leur montrer en quoi elle les coupe de leur profondeur :

C'est avec plaisir que je parlerais, non pas tant des Chinois et des habitants des îles Sandwich, mais de vous qui lisez ces pages, qu'on dit habiter la Nouvelle-Angleterre ; quelque chose à propos de votre condition ou de votre situation dans ce monde, dans cette ville et ce qu'elle est, s'il est inévitable qu'elle soit aussi médiocre, savoir si elle peut ou non être améliorée (25).

A la suite du Bouddha, Thoreau part d'une constatation : la majorité des hommes souffrent sans relâche. De plus, cet état de choses est tenu pour normal, inévitable et inconsciemment entretenu par tous :

La majorité des hommes mène une vie de tranquille désespoir. Ce qu'on appelle résignation affermit le désespoir... Une détresse stéréotypée mais inconsciente se dissimule même sous ce qu'on appelle les jeux et les divertissements de l'humanité (26).

Or, pour l'auteur de *Walden*, un tel désespoir, s'il est « tranquille », est également stérile. J'ai moi-même entendu un Gourou distinguer deux types de souffrances : les souffrances réelles et d'une certaine manière inévitables au cours d'une vie (perte d'un proche, maladie, etc.) et les souffrances « stupides », névrotiques et inutiles dont on pourrait parfaitement se libérer mais qui sont inconsciemment entretenues par notre inertie. C'est évidemment à ces souffrances stupides que s'attaque Thoreau lorsqu'il dénonce cette résignation qui « affermit le désespoir ».

Certes, la souffrance a un rôle à jouer dans toute voie

spirituelle et il importe donc de bien distinguer l'acceptation de la résignation. Comme les mystiques chrétiens, la plupart des Gourous ont insisté sur la nécessité d'une acceptation totale vis-à-vis des souffrances auxquelles nous sommes inévitablement soumis. Face à des circonstances malheureuses ou désagréables, l'attitude juste consiste à considérer les choses telles qu'elles sont, sans révolte et sans amertume. Mais cette acceptation si essentielle (laquelle n'est finalement pas autre chose que l'adhésion pure et simple à ce qui est) ne doit nullement dégénérer en une attitude passive. L'acceptation n'implique pas un refus d'agir afin d'améliorer les situations susceptibles de l'être. Véronique Loiseleur, dans son *Anthologie de la non-dualité*, a bien su cerner le problème. A l'acceptation, « attitude intérieure de non conflit qui tend vers la suppression des émotions mais n'entrave pas l'action » (27), elle oppose la résignation qui n'est qu'« un refus subtil de la réalité ; celui qui se résigne aurait bien aimé que les choses se passent différemment mais, se sentant impuissant, il laisse tomber les bras, il abandonne. La résignation contient donc deux refus : celui de la réalité et celui de l'action (28).

Ce que Thoreau dénonce vigoureusement chez ses concitoyens, ce n'est donc nullement leur acceptation, d'ailleurs inexistante, mais leur défaite, leur lâcheté et leur inertie face à une situation médiocre et à long terme indigne de l'homme. Leur résignation n'est qu'un accommodement vis-à-vis de leur désespoir, un refus d'aller de l'avant. La souffrance des habitants de Concord, il la discerne partout, elle lui saute continuellement aux yeux :

J'ai parcouru Concord bon nombre de fois ; et partout, dans les boutiques, dans les bureaux, dans les champs, il m'a semblé que les habitants faisaient pénitence de mille façons singulières. Ce que j'ai entendu dire des brahmanes assis au milieu de quatre feux et regardant le soleil en face ; ou se suspendant la tête en bas au-dessus des flammes ; ou contemplant les cieux par-dessus leur épaule « jusqu'à ce qu'il leur devienne impossible de reprendre une position normale, de sorte que la torsion du cou ne permette qu'aux liquides de passer dans l'estomac » ; ou demeurant enchaînés pour la vie au pied d'un arbre ; ou mesurant avec leur corps de vastes empires en avançant comme des chenilles ; ou debout sur une jambe au haut d'une colonne — même ces formes de pénitence consciente sont à peine plus invraisemblables et étonnantes que les scènes dont je suis chaque jour le témoin (29).

Ces pratiques des brahmanes auxquelles Thoreau fait ici allusion peuvent surprendre, mais il s'agit là d'un type de souffrance encore différent : la pénitence, c'est-à-dire une douleur que l'on s'impose volontairement. Précisons que, bien que très répandue dans la tradition chrétienne, la pénitence ne semble guère fréquente, du moins sous les aspects spectaculaires évoqués par Thoreau, dans l'hindouisme vivant. Les Hindous prennent en général grand soin de leur corps, qu'ils considèrent comme le temple de Dieu. Ainsi que l'explique Jean Herbert :

« Les maîtres spirituels en général ne condamnent pas de tels exercices, mais ils ne leur reconnaissent pas toute l'efficacité qu'espèrent y trouver ceux qui les pratiquent. Swami Brahmananda disait : "la véritable ascèse *(tapasya)* ne consiste pas en de tels exploits. N'importe qui peut faire ces choses-là avec de l'entraînement. Il est très facile de vaincre le corps ; mais la plus grande difficulté est de vaincre l'esprit, de maîtriser la luxure, l'avidité, le désir de gloire" » (30).

Quant aux concitoyens de Thoreau, ils sont bien loin de songer à ces pieuses pratiques. Néanmoins, au moyen de cette comparaison, Thoreau jette une lumière nouvelle sur leur souffrance : les pénitences dont il parle sont en effet des châtiments volontaires. L'auteur de *Walden* sous-entend donc que ses contemporains ont en un sens choisi leur sort et sont responsables de leur propre souffrance. Leurs multiples tourments, ils se les infligent eux-mêmes.

Il va même jusqu'à comparer ceux qui vivent ainsi « une existence médiocre et rampante » (31) aux esclaves noirs, à cette différence près que ses concitoyens se sont eux-mêmes asservis :

Je m'étonne parfois que nous puissions être si frivoles — pourrais-je dire — pour nous occuper de la grossière mais quelque peu étrangère forme de servitude appelée Esclavage des Nègres, alors qu'il y a tant de patrons acharnés et rusés qui réduisent à l'esclavage tant au Nord qu'au Sud. C'est pénible d'avoir un contremaître du Sud ; c'est pire d'en avoir un du Nord ; mais le pire de tout c'est quand vous-mêmes vous vous asservissez (32).

Selon lui, bien que la plupart se plaignent de leur sort, ils entretiennent inconsciemment cet état de choses. Par ces constatations, Thoreau se rapproche là encore de la spiritualité hindoue selon laquelle l'homme ne souffre que tant que quelque chose en lui-même le veut bien. Transmettant l'enseignement de son Gourou Swami Prajnanpad, Arnaud Desjardins remarque à ce propos :

« Regardez bien au fond de votre cœur, vous verrez quelque part en vous ce qui refuse purement et simplement l'idée d'être enfin heureux, bien que vous prétendiez tous sincèrement en avoir assez de souffrir. Mais, si vous en aviez vraiment assez, je peux vous assurer que vous ne souffririez plus. Si vous continuez à souffrir c'est qu'il y a des aspects de vous bien enracinés dans *chitta*, le psychisme, qui, à votre insu, au mépris de votre désir superficiel de bonheur, veulent continuer à gémir... Vous avez construit votre équilibre de vie, votre monde intérieur, sur la souffrance. Vous êtes adaptés à la souffrance, installés dans la souffrance et l'idée de renoncer à la souffrance, profondément, vous est incompréhensible » (33).

Sous l'effet de quelle diablerie les hommes font-ils leur propre malheur ? Décrivant le charretier accablé, Thoreau précise sa pensée :

Regardez comme il se blottit et comme il va furtivement, comme il a vaguement peur toute la journée, n'étant ni divin ni immortel mais l'esclave et le prisonnier de l'opinion qu'il a de lui-même, une réputation acquise par ses propres exploits. L'opinion publique est un piètre tyran comparée à notre opinion personnelle. Ce qu'un homme pense de lui, voilà ce qui détermine ou plutôt ce qui révèle son destin. L'auto-émancipation, même dans les Antilles de la fantaisie et de l'imagination, quel Wilberforce (*) *pourrait ici l'accomplir* (34) *?*

Dans ce passage capital, l'auteur de *Walden* affirme donc que la souffrance de l'homme provient de ce qu'il *pense être*. Ce faisant, il rejoint une notion fondamentale dans la conception hindoue de l'ignorance. Pour la sagesse hindoue en effet, l'ignorance, cause de toute souffrance, s'enracine dans la vision que nous avons de nous-mêmes. A en croire les Upanishads, nous sommes de nature divine, mais nous l'avons oublié, victimes de *Maya*. Ainsi que l'écrit Jean Herbert, ce terme « a toute une série de sens en apparence fort hétéroclites et même contradictoires » (35), mais dans son utilisation la plus courante, il recouvre en fait tout ce qui nous empêche d'être ce que nous sommes. « Selon Shankara », explique Herbert, « Maya est avant tout l'illusion par laquelle le Moi (dans sa volonté et ses sentiments) croit être un

(*) Wilberforce : anti-esclavagiste dans les Antilles anglaises.

individu » (36). En nous limitant à une vision bornée de nous-mêmes et de nos possibilités, en nous coupant de notre source et d'une conscience vaste, *Maya* nous pousse à vivre en fonctions de données fausses, ou tout du moins incomplètes, et nous organisons alors notre existence entière sur la base d'une fiction : celle d'un petit moi craintif, gonflé de peurs et de désirs.

Thoreau a perçu le mensonge derrière la médiocrité ambiante, l'identification à une réalité de surface, et il dénonce cette illusion : « En fermant les yeux et en sommeillant, en consentant à être abusés par les apparences, partout les hommes établissent et affermissent leur vie quotidienne de routine et d'habitude, toujours bâtie sur des fondations purement illusoires » (37). C'est par *Maya* que le *Brahman*, la réalité absolue non manifestée *apparaît* sous la forme du monde manifesté. Sur le plan individuel, l'homme en proie à cette puissance d'illusion ne perçoit plus son identité avec le *Brahman* et ne se considère qu'en tant que forme limitée dans l'espace et le temps. Avec cette identification commence l'ignorance *(avydia)* qui n'est qu'une forme grossière de *Maya*. Oublieux de sa gloire, l'homme est alors, ainsi que le disait Thoreau, « l'esclave et le prisonnier de l'opinion qu'il a de lui-même » (38). Il lui suffirait en fait de recouvrir (non seulement intellectuellement, mais par une expérience engageant l'être entier) la vérité sur sa propre nature pour être libéré de ses chaînes. Thoreau souscrit pleinement à cette philosophie, allant jusqu'à lui-même raconter une parabole hindoue au chapitre II de *Walden* :

J'ai lu dans un livre hindou « qu'il était un fils de roi, qui, chassé en bas-âge de sa ville natale, fut élevé par un homme des bois, et, arrivant à maturité dans ces conditions, s'imagina faire partie de la race barbare avec laquelle il vivait. L'un des ministres de son père l'ayant découvert, lui révéla qui il était, et la conception erronée à son propos fut écartée, et il se reconnut en un prince. Ainsi l'âme, continue le philosophe hindou, depuis les circonstances dans lesquelles elle est placée, se méprend à son propos, jusqu'à ce que la vérité lui soit révélée par quelque maître consacré, et alors elle se reconnaît en Brahman » (39).

Il importe donc de démasquer cette illusion afin de percevoir la splendeur du réel par-delà les apparences trompeuses :

Feintes et illusions sont tenues pour les plus solides vérités, tandis que la réalité est fabuleuse. Si les hommes voulaient seulement observer fermement les réalités, et ne pas se laisser tromper, la vie, pour la comparer avec ce que nous connaissons, serait comme un conte de fée et les Spectacles des Mille et Une Nuits (40).

Dans son essence, la réalité est donc merveilleuse. Mais l'homme identifié à ses humeurs changeantes et absorbé par ses multiples tâches se barre l'accès à cette beauté qui ne se découvre qu'aux esprits apaisés : « Si je peux faire silence, ne pas être identifié, inévitablement cette conscience se révèle parce qu'elle *est*, et qu'elle est la seule réalité absolument immuable », affirme Arnaud Desjardins (41). De même, Thoreau constate que « quand nous sommes sages et sans précipitation, nous percevons que seules les choses grandes et dignes ont une existence permanente et absolue — que les peurs mesquines et les plaisirs mesquins ne sont que l'ombre de la réalité. C'est toujours réjouissant et sublime » (42).

Tant que nous persisterons à faire passer l'existence avant l'essence, nous ne cesserons de souffrir. En effet, le monde relatif étant toujours changeant, s'identifier à lui revient à n'être plus que le jouet des circonstances. L'homme ignorant ne peut donc qu'être fondamentalement insatisfait, à l'étroit dans son petit monde. Ainsi que l'énonce la *Mundaka Upanishad* :

« Plongé dans le monde changeant,
le soi individuel, égaré,
déplore son manque de liberté » (43)

L'illusion est donc la cause première de la souffrance. « L'origine de nos souffrances, c'est que nous nous agrippons à un aspect que nous croyons réel », dit Shri Ma Ananda Moyi (44) ; de même, Thoreau dénonce la vision tronquée qui pousse ses concitoyens à mener une vie médiocre : « Je m'aperçois que nous, habitants de la Nouvelle-Angleterre, vivons cette vie que nous rendons médiocre parce que notre vision ne pénètre pas à travers la surface des choses. Nous pensons que ce qui *est* est ce qui *apparaît* » (45).

Comme tout cauchemar, l'illusion est fort complexe. Tenter de résoudre un problème à partir de fausses données ne peut qu'engendrer une chaîne de complications inextricables. Pour les Hindous, *Maya* fait de la vie en elle-même très simple une affaire compliquée. Sous l'effet de cet hypnotisme des apparences, nous nous agrippons à des réalités transitoires et donnons aux biens matériels une importance démesurée, consacrant la majeure partie de notre existence à nous en assurer la possession. A la poursuite de nos désirs, nous repoussons toujours plus loin notre satisfaction, un appétit chassant l'autre. L'illusion est un cercle vicieux dont seule une prise de conscience radicale peut nous libérer.

Thoreau semble avoir bien perçu ce phénomène d'une existence bâtie sur de fausses données et par conséquent extrêmement compliquée. Observant ses contemporains, il constate que :

Le fermier est tenté de résoudre les problèmes de la subsistance par une formule plus compliquée que le problème lui-même. Pour se procurer ses lacets de chaussure il spécule sur des troupeaux de bestiaux. Avec une fieffée habileté il a tendu son piège à ressort pour attraper aisance et indépendance, et puis comme il s'en retournait, il s'y est pris sa propre jambe (46).

Au nombre de ces complications, il faut compter le travail. Si tous les Maîtres recommandent à leurs disciples de ne pas rester inactifs et de se maintenir l'esprit et le corps occupés, excepté aux moments réservés à la méditation silencieuse, ils n'en insistent pas moins sur les effets aliénants d'un travail accompli sans présence à soi-même, en l'absence de toute vigilance intérieure. L'activité menée de façon purement mécanique ne fait qu'accentuer encore l'identification au monde des formes et nous détourne de la vraie question. Il importe de savoir pourquoi l'on travaille et dans quel esprit. Swami Prajnanpad déclare à ce propos : « Avant de commencer un travail et au cours de celui-ci, voyez quel est votre but. Après avoir terminé, voyez si vous avez atteint votre but. C'est la signification d'une vie délibérée » (47). Il met également en garde le disciple contre l'activité mécanique :

« Ne vous engagez pas dans une activité mécanique. L'intelligence doit être en éveil tout le temps. Dans une activité mécanique, l'intelligence s'endort. Aussi, pendant que vous êtes engagé dans une activité, voyez s'il y a suffisamment d'espace pour que votre intelligence s'exerce et s'affirme... Vous devez être libre et votre intelligence doit pouvoir s'exercer tout le temps » (48).

L'attitude de Thoreau par rapport au travail a fait couler beaucoup d'encre ; en fait, Thoreau ne condamne nullement le travail en tant que tel : il connaît par expérience la valeur du labeur accompli avec vigilance dans un esprit de détachement vis-à-vis des fruits de l'action. A la faveur du chapitre intitulé « Le champ de haricots », il plaide pour une restauration du sacré dans les actes de la vie quotidienne ; il prône une agriculture (symbole par excellence du travail de l'homme) qui soit en même temps et avant tout une culture de l'être : « La poésie et la mythologie antiques suggèrent, au moins, que l'agriculture était jadis un art sacré ; mais nous l'exerçons avec une hâte et une insouciance irrévérencieuses, notre but étant d'avoir uniquement de grandes fermes et de grosses récoltes » (49). En devenant action de grâces, le travail contribuerait alors à libérer l'homme au lieu de l'asservir. Ma Ananda Moyi affirme que « si toute action est accomplie dans la conscience de Dieu, c'est-à-dire en considérant que Dieu seul est l'acteur, le travail et l'acte de travailler, et si cette attitude vient d'elle-même, spontanément, on peut espérer que l'ego lâche prise » (50). Et l'un des principaux yogas de la tradition hindoue, le *Karma-Yoga* (yoga de la vie active), se fonde précisément sur l'action désintéressée. Jean Herbert donne de ce yoga une description très claire :

« La *Bhagavad-Gîtâ,* qui fournit à ce sujet les principaux textes de base familiers à tous les hindous, établit une distinction capitale entre l'action proprement dite (au sens large du terme) et l'attachement à l'action et à ses fruits : « Tu as droit à l'action, mais seulement à l'action et jamais à ses fruits ; que les fruits de tes actions ne soient point ton mobile. » C'est la théorie de l'action sans désir *(nishkâma karma, naishkâmya karma).*

En Occident, lorsque nous faisons délibérément une action quelconque, c'est parce que nous l'estimons capable de produire certains résultats qui nous semblent désirables. Et notre agissement est motivé par le désir que nous avons de voir apparaître ces résultats. S'ils sont obtenus, nous estimons avoir réussi dans notre action ; s'ils ne le sont pas, nous estimons avoir échoué. Et selon les cas, nous nous réjouissons ou nous nous affligeons. C'est ce que les hindous appellent l'attachement aux fruits de l'action » (51).

La lecture de *Walden* indique que Thoreau a repris à son compte les principes du Karma-Yoga : se faisant instrument, il a pu dépasser durant son travail la conscience de l'ego et sentir l'énergie divine à l'œuvre à travers lui. Cette échappée hors de la petite individualité constitue cette « récolte immédiate et incommensurable » qu'il a parfois moissonnée dans son champ de haricots, lequel devenait alors véritablement le « Being-field » (champ de l'Être) et non plus seulement le « bean-field » :

Quand mon sarcloir tintait contre les pierres, cette musique se répercutait dans les bois et dans le ciel, et était un accompagnement de mon labeur qui produisait une récolte immédiate et incommensurable. Ce n'était plus des haricots que je sarclais, ni moi qui sarclais des haricots (52).

Et ce même chapitre se clôt sur une remarque parfaitement en accord avec le Karma-Yoga :

Le véritable cultivateur cessera de se tourmenter, comme les écureuils ne manifestent aucune inquiétude quant aux châtaignes que donneront ou non les bois cette année, et il terminera son travail avec chaque journée, renonçant à tous les droits sur les produits de ses champs, et sacrifiant en esprit non seulement leurs premiers fruits mais aussi leurs derniers (53).

Malheureusement, cette expérience est loin d'être partagée. En dehors du sanctuaire de Walden Pond, dans une société de plus en plus avide et mécanisée, le mot « bean » cesse de ressembler à « Being » et les fermiers ne cultivent plus que quelques haricots à la sueur de leur front. La récolte n'est plus « incommensurable » mais devient au contraire la prison quotidienne. Les « haricots » (symbole du profit) barrent la route à l'Être et interdisent toute communication authentique et profonde entre les hommes : « La plupart des hommes, je ne les rencontre pas du tout, car ils ne semblent pas avoir le temps ; ils sont occupés avec leurs haricots » (54).

Thoreau ne s'en prend donc pas au travail conscient mais au labeur mécanique par lequel les hommes échangent leur droit à être contre un plat de haricots. Les Upanishads déclarent :

> « Celui qui demeure
> au sein du monde changeant
> agit dans le seul but
> de récolter les fruits de l'action
> et ces mêmes fruits
> le contraignent à agir encore » (55)

Dans le même esprit, Thoreau dénonce vigoureusement l'engrenage infernal d'un travail qui n'a pas de fin :

Les douze travaux d'Hercule étaient une bagatelle comparés à ceux que mes voisins ont entrepris ; car il n'y en avait que douze, et ils eurent une fin ; mais je n'ai jamais pu constater si ces hommes avaient tué ou capturé quelque monstre ou achevé quelque travail. Ils n'avaient pas un ami Iolans pour brûler au fer rouge la tête de l'hydre à sa racine, mais, sitôt une tête écrasée, deux autres surgissaient (56).

Cet incessant labeur en vue d'obtenir d'hypothétiques richesses engendre l'anxiété et l'insécurité : « L'incessante anxiété et tension de certains est presque une forme incurable de maladie. Nous sommes portés à surestimer le travail que nous faisons » (57). Comme il le constate, le début de l'ère industrielle est aussi l'avènement de l'agitation généralisée ; il qualifie son siècle d'« agité, nerveux, affairé, trivial » (58) et remarque : « Nous avons la danse de Saint-Guy, et nous ne pouvons peut-être pas laisser nos têtes tranquilles » (59). Il remet donc en cause cette frénésie quasi-suicidaire : « Pourquoi vivrions-nous avec une telle hâte et un tel gaspillage de vie » (60) ? Pourquoi aurions-nous une telle hâte désespérée de réussir, et dans des entreprises si désespérées » (61) ? Cette agitation a pour grave conséquence de couper les hommes de leur profondeur et de leur interdire l'accès à leur pleine stature. Par une intuition prophétique, Thoreau percevait déjà le fléau de notre siècle et de nos cités en voie de décomposition : l'inévitable et inexorable déshumanisation résultant de conditions de vie aberrantes et contre nature. Exclusivement absorbé par les préoccupations matérielles, broyé dans son intégrité et ravalé au rang d'une machine, le travailleur se voit dépossédé de son individualité. Or, si le but ultime du yoga est bien la disparition d'une certaine forme d'affirmation individuelle composée de peurs, de désirs, d'attractions et de répulsions, il n'est en aucun cas l'annihilation de la personne dans ce qu'elle a d'unique et de profond. Le saut hors de l'ego s'accomplit sur la base d'une individualité épanouie. Le grand Soi se dévoile à la pointe affinée du petit soi. L'homme que les pressions extérieures isolent de sa profondeur est déjà spirituellement mort.

De très anciens textes hindous avaient prédit l'avènement de cette société malade : « Les agriculteurs abandonneront leurs travaux de labours et de moissons pour devenir des ouvriers non spécialisés (kârûkarmä) et prendront les mœurs des hors-castes... En ces temps la voie tracée par les textes sacrés s'effacera. Les gens croiront en des théories illusoires » (62).

Et dans un essai capital intitulé *Monde moderne et Sagesse ancienne*, Arnaud Desjardins dénonce ce monde qui interdit au commun des hommes de se développer dans ce qu'il a d'essentiel :

« La possibilité pour l'homme de retrouver sa nature véritable, bienheureuse et immortelle, est ce qu'il y a de plus important pour lui, le sens même de son existence en tant qu'être humain et non animal ou plante. Or cela ne tient plus aucune place dans sa vie, du moins au sein du monde moderne... L'existence devient sans cesse plus complexe à tous égards et interdit de plus en plus aux hommes et aux femmes toute velléité de vie intérieure. Le véritable bonheur ne peut se trouver que dans la "réalisation" ou la prise de conscience de la Nature profonde, du Soi, mais jeunes et vieux cherchent désespérément des plaisirs et des satisfactions qui ne peuvent pas durer. C'est, par excellence, le fruit de ce que tous les enseignements initiatiques ont appelé l'aveuglement et l'ignorance » (63).

Avec plus d'un siècle d'avance, Thoreau se livrait à des observations similaires :

La plupart des hommes, même dans ce pays relativement libre, par méprise et pure ignorance, sont si tracassés par les soucis factices et si vainement occupés par les travaux grossiers de la vie qu'ils ne peuvent en cueillir les fruits les plus subtils. Leurs doigts, en raison de labeurs excessifs, sont trop maladroits et tremblent trop pour cela. Actuellement, le travailleur n'a pas le loisir d'être jour après jour véritablement intègre ; il ne peut s'offrir les moyens d'entretenir des rapports virils avec les gens ; son travail se déprécierait sur le marché. Il n'a pas le temps d'être autre chose qu'une machine... Les qualités les plus raffinées de notre nature, tel le velouté des fruits, ne peuvent se préserver qu'en les maniant délicatement. Pourtant, nous ne traitons ni nous-mêmes ni les autres avec cette compassion (64).

L'auteur de *Walden* parlait de « gaspillage de vie » ; c'est effectivement la dimension la plus précieuse et la plus essentielle de l'homme qui se trouve foulée aux pieds par cet engrenage stupide :

On laboure très tôt la meilleure partie de l'homme pour en faire du terreau. Au nom d'un soi-disant destin communément appelé nécessité, comme il est dit dans un vieux livre, ils s'emploient à amasser des trésors que les mites et la rouille rongeront et que les voleurs déroberont, se glissant jusqu'à eux. C'est une vie insensée, comme ils le découvriront quand elle s'achèvera, s'ils ne l'ont pas fait avant (65).

C'est pourquoi Thoreau entreprend de vivre simplement et exhorte ses lecteurs à un certain dépouillement. *Walden* est un prophétique réquisitoire contre la société de consommation fondée sur une constante stimulation des désirs qui résulte en une course à l'avoir au détriment de l'être. « Le prix réclamé par l'avoir à outrance est terrible : il n'y a plus ni paix, ni repos », constate Arnaud Desjardins (66). De même, Thoreau remarque que « le prix d'une chose est la quantité de ce que j'appelerais la vie qui est réclamée en échange, tout de suite ou à la longue » (67). Il entreprend donc de briser ce cercle infernal en réduisant ses besoins afin de pouvoir jouir du loisir nécessaire à la culture de son jardin intérieur :

La vie est gaspillée par des détails... Simplicité, simplicité, simplicité ! Je vous le dis, n'ayez que deux ou trois affaires, et pas une centaine ou un millier ; au lieu d'un million comptez une demi-douzaine, et tenez vos comptes sur l'ongle de votre pouce... Simplifiez, simplifiez. Au lieu de trois repas par jour, si c'est nécessaire n'en prenez qu'un ; au lieu d'une centaine de plats, cinq ; et réduire en proportion les autres choses (68).

Comme l'a judicieusement remarqué une élève de l'École Française de Yoga dans son mémoire de fin d'études consacré à Thoreau, l'auteur de *Walden* se trouve ainsi en conformité avec la cinquième étape du yoga telle que l'a délimitée Patanjali dans ses *Yoga-Sutra : Aparigraha* (non-convoitise, ne pas être possessif, renoncer à l'avarice) (69). Il a d'ailleurs conscience de s'inscrire dans une lignée de Sages ayant su donner à l'être la primauté sur l'avoir :

La plus grande part du luxe et beaucoup du soi-disant confort dans la vie non seulement ne sont pas indispensables mais sont des obstacles absolus à l'élévation de l'humanité. A l'égard du luxe et du confort, les plus sages ont toujours vécu une vie plus simple et plus dénuée que les pauvres. Les anciens philosophes chinois, hindous, persans et grecs formaient une catégorie par rapport à laquelle nulle autre n'a été plus pauvre en richesse extérieure ni aussi riche intérieurement (70).

Thoreau a donc su diagnostiquer le mal : les problèmes et les souffrances ne sont pas inhérents au monde lui-même mais proviennent de la manière dont les hommes se situent intérieurement vis-à-vis de l'existence. Bien décidé à ne pas « faire naufrage sur une vaine réalité » (71), il se démarque consciemment de la masse des dormeurs et entreprend de s'éveiller.

Chapitre 4
Le perpétuel matin

Tous les enseignements spirituels ont utilisé l'opposition sommeil/éveil dans un but didactique. L'homme ignorant, sous l'emprise de *Maya*, est un endormi. Il voit, entend, agit, dans une permanente torpeur, sans la pleine conscience de ses gestes et de ses pensées. Le Sage, lui, est éveillé ; il va et vient dans le monde, ainsi que ses semblables, mais sans jamais perdre sa lucidité, sa vigilance intérieure. Comme l'explique Swami Prajnanpad, la Sagesse n'est rien d'autre qu'une pleine et constante lucidité par laquelle l'homme se distingue du reste de la création :

« La lucidité est la principale différence entre l'homme et les autres objets de la création. Les minéraux existent simplement. Les plantes existent et sentent. Les animaux existent, sentent et connaissent. Seul l'homme existe, sent, connaît et sait qu'il connaît. Cette dernière qualité, la lucidité, est le trait distinctif de l'homme et quand il en atteint la maîtrise en la pratiquant, il devient un sur-homme.

« De l'irréel conduis-moi au Réel
De l'obscurité conduis-moi à la Lumière
De la mort conduis-moi à l'Immortalité
Et ceci, par la pratique constante de la lucidité » (1).

Les moments d'illumination, de vision, sont des instants d'éveil durant lesquels l'endormi entr'ouvre les yeux sur une réalité plus dense. Cette analogie entre le sommeil et l'absence de vigilance intérieure était bien connue d'Emerson qui notait dans son journal : « En chaque homme, l'âme universelle est un géant abruti de sommeil » (2).

Les enseignements issus du *Veda* et du *Vedanta* n'ont pas manqué d'employer fréquemment cette analogie qui s'avère très parlante. Arnaud Desjardins remarque que « le moine est un homme qui lutte contre son sommeil, qui lutte pour être en état de veille, jusqu'à l'Éveil définitif où il n'est plus nécessaire de lutter. Tandis que l'homme qui ne s'est jamais ouvert à ce genre de vérités ne lutte absolument pas ; une force le maintient dans le sommeil » (3).

Le désir de l'éveil ne naît que chez celui qui se sait endormi. Thoreau a bien conscience d'habiter parmi les dormeurs. Ainsi qu'il le constate, l'ennemi à vaincre est l'inertie : « En fermant les yeux et en sommeillant, en consentant à être abusés par les apparences, partout les hommes établissent et affermissent leur vie quotidienne de routine et d'habitude, toujours basée sur des fondations purement illusoires » (4). Il remarque que l'homme du commun s'est accoutumé à cet état léthargique et ne fait pas le moindre effort pour s'en extirper. Le sommeil a été institué en norme à partir de laquelle sont accomplies et évaluées toutes nos entreprises : « Pourquoi toujours s'abaisser jusqu'à nos perceptions les plus ternes, et les louer en tant que sens commun ? Le sens le plus commun est le sens des hommes endormis, qu'ils expriment en ronflant » (5). Le sommeil est la condition la plus répandue : « Comment se fait-il que les hommes rendent compte aussi pauvrement de leur journée si ce n'est qu'ils étaient assoupis ? Ce ne sont pas de si pauvres calculateurs. S'ils n'avaient pas été accablés par l'assoupissement ils auraient accompli quelque chose » (6).

Autre élément capital de cette prise de conscience : très peu sont à même de désirer l'éveil de tout leur être et donc d'y parvenir. L'authentique disciple ne court pas les rues. Parmi la multitude des êtres qui s'agitent sur cette terre, bien peu sont qualifiés pour cette « vie divine » : « Des millions sont assez éveillés pour le travail physique ; mais seulement un sur un million est assez éveillé pour un exercice efficace et intelligent, seulement un sur cent millions, pour une vie poétique ou divine » (7).

C'est dans le même esprit qu'Arnaud Desjardins écrit : « Au milieu d'hommes qui... ne seront pas sensibles à ces Enseignements et qui ne peuvent pas être transformés, le gourou reconnaît, parmi les moutons, un petit tigre, un candidat qualifié pour la sagesse » (8).

Une fois constatée la toute-puissance de cette inertie, Thoreau comprend qu'il lui faut travailler à se délivrer de ce sommeil de l'âme et du corps : « La réforme morale, c'est l'effort de se défaire du sommeil » (9). « Nous devons apprendre à nous réveiller et à nous tenir éveillés », affirme-t-il encore (10). De même, la Katha Upanishad fait retentir cette injonction :

> Éveille-toi !
> Cherche la vérité ultime !
> Dépasse l'ignorance (11) !

Et selon Arnaud Desjardins, « le disciple est un homme ou une femme qui a réalisé ce dont je parle aujourd'hui... Je ne peux plus vivre dans le sommeil. Je veux m'éveiller » (12).

La soif de l'éveil habite l'auteur de *Walden* et se manifeste à travers les nombreuses louanges qu'il adresse au matin : « Morning » est l'un de ses mots favoris. Il rend un culte à l'aurore (« j'ai été un aussi sincère adorateur de l'aurore que les Grecs ») (13) et « le poème de la création » dont il ne veut rien perdre se confond pour lui avec « le vent du matin » (« le vent du matin souffle à jamais, le poème de la création est ininterrompu ; mais rares sont les oreilles qui l'entendent ») (14). Les heures les plus précieuses, dignes d'être consacrées à la lecture des classiques, sont celles du matin : « L'étudiant peut lire Homère ou Eschyle en grec sans danger de dissipation ou de complaisance, car cela implique qu'il rivalise avec leurs héros, et qu'il consacre à leurs pages ses matinées » (15). Lorsqu'il veut exalter la beauté des classiques, il les qualifie d'« œuvres aussi raffinées, aussi solidement faites, et presque aussi belles que le matin lui-même » (16). Le matin est pour Thoreau la mesure de la beauté, de la stabilité et de la profondeur, un moment dense et sacré qu'il importe de ne jamais profaner. « Le travail du matin ! Par les rougeurs d'Aurore et la musique de Memmon, quel devrait être en ce monde le *travail du matin* de l'homme » (17) ?

« Spring » (« printemps ») est cet autre mot-clef que Thoreau valorise presque autant que « morning » : il consacre tout un chapitre de *Walden* au printemps et ses matins glorieux sont toujours printaniers. Il est significatif que matin et printemps soient de connivence dans l'imaginaire de Thoreau. L'auteur de *Walden* aspire à la pureté, laquelle est toujours liée au recommencement : être pur, c'est être neuf, avoir fait table rase de toutes les scories. Cette fascination à l'égard de la pureté recoupe d'ailleurs son constant souci de simplification et de dépouillement. Or, matin et printemps sont précisément des moments privilégiés du cycle naturel, durant lesquels la création toute entière semble prendre un nouveau départ ; l'aube et les premiers bourgeons suggèrent l'innocence, une fraîcheur retrouvée, et les grisailles passées cèdent irrésistiblement la place à l'espoir et à la confiance. Toute naissance est en elle-même promesse de fertilité, graine d'autres naissances, signe d'éternité... C'est pour leur charge d'éternité que matin et printemps sont chers à l'imaginaire poétique. Points vierges à l'intérieur du temps, ils contiennent toutes les possibilités et réunissent les opposés virginité/fertilité. Ils avivent en Thoreau le désir de l'origine.

L'auteur de *Walden* porte en lui la nostalgie du matin des matins ; il marche en quête de cette aube d'avant la chute, où tout était encore possible et où l'homme pouvait sans honte faire corps avec la nature. Chaque matin et chaque printemps, matinée de l'année, le reportent à l'aube de la création : « Comme chaque saison à son tour nous semble la meilleure, ainsi la venue du printemps est semblable à la création du Cosmos à partir du Chaos et à la réalisation de l'Age d'Or » (18). Le jour nouveau efface la chute et fait triompher le soleil, messager de la joie et de la fertilité : « Par une plaisante matinée de printemps tous les péchés de l'homme sont pardonnés. En une journée pareille, le vice fait trêve. Tant qu'un tel soleil est embrasé, le pêcheur le plus vil peut se repentir. A travers notre propre innocence recouvrée nous discernons l'innocence de nos prochains » (19).

Moment par excellence de l'éveil, le matin voit la création s'extirper du sommeil pour partir à la découverte d'elle-même : « Le matin, qui est le moment le plus mémorable de la journée, est l'heure de l'éveil » (20). Dans la mythologie védique, la création du monde est l'éveil de Brahma : après être resté absorbé en lui-même durant des millénaires, Brahma s'éveille à ses propres possibilités et, du même coup, crée le monde. La création jaillit donc d'une prise de conscience par l'esprit éternel de ses infinies possibilités d'expression et de manifestation. Elle fait cependant suite à une période de repos durant laquelle les sens demeurent tournés vers l'intérieur.

A son échelle individuelle, Thoreau vit chaque aube comme une nouvelle création : « en ce premier matin de printemps le soleil luit chaud et brillant, recréant le monde » (21)... A l'orée du jour, tout est promesse de vigueur : le matin est « une annonce constante... de la vigueur et de la fertilité éternelles du monde » (22). Le réveil matinal prôné par Thoreau ressemble à celui de Brahma : c'est un créateur qui se lève avec l'aube, poussé vers le dehors par ses nouvelles énergies jaillies du dedans de lui-même et accumulées durant une période de non-action :

Il y a peu à attendre de ce jour, si on peut appeler cela un jour, pour nous qui ne sommes pas éveillés par notre Génie, mais par le coup de coude machinal de quelque serviteur, qui ne sommes pas éveillés par nos propres forces et aspirations fraîchement acquises depuis notre dedans, accompagnées par les ondulations de la musique céleste, au lieu des cloches de l'usine, et de l'air rempli d'un parfum — à une vie plus haute que celle où nous nous sommes endormis ; et ainsi l'obscurité porte ses fruits, et ne fait pas moins ses preuves que la lumière (23).

Cet éveil prend place en une atmosphère de fête sacrée et le temps du retrait, de l'interruption de toute activité sensorielle est ici estimé à sa juste valeur : l'éveil à soi-même en constitue le fruit. Précisons que pour les Hindous, l'état de sommeil profond répare les forces de l'homme en le réintroduisant dans la conscience pure. « En sommeil profond », dit Mâ Ananda Moyî, « dans une ignorance apparente, l'homme accède à son être vrai » (24). Au véritable éveil provoqué par le « Génie », Thoreau oppose donc un retour mécanique à une vague et douloureuse conscience d'exister.

Le matin est rédempteur et abolit la chute, réinstaurant l'homme dans sa dignité :

Vous pouvez avoir connu votre voisin hier en tant que voleur, ivrogne ou sensuel, et simplement l'avoir pris en pitié ou méprisé, et avoir désespéré du monde ; mais en ce premier matin de printemps le soleil luit chaud et brillant, recréant le monde, et vous le rencontrez occupé par quelque travail serein, et vous voyez combien ses veines épuisées et corrompues se gonflent d'une joie tranquille et combien il bénit le jour nouveau, sentant l'influence du printemps avec l'innocence de l'enfance, et toutes ses fautes sont oubliées (25).

Il agit alors sereinement, empli de la bénédiction du renouveau, et s'achemine vers son statut divin, mû par cet instinct de perfection si longtemps étouffé en lui :

Il n'y a pas seulement une atmosphère de bonne volonté autour de lui, mais même une odeur de sainteté cherchant à tâtons à s'exprimer, aveuglément et inefficacement, peut-être, pareille à un instinct nouveau-né, et pendant une petite heure le flanc sud de la colline ne se fait l'écho d'aucune plaisanterie vulgaire. Vous voyez quelques pousses innocentes et belles se préparer à jaillir de son écorce noueuse pour essayer de vivre une autre année, aussi tendres et fraîches que la plante la plus jeune. Même lui est entré dans la joie de son Seigneur. Pourquoi le geôlier ne laisse-t-il pas les portes de sa prison ouvertes — pourquoi le juge ne rejette-t-il pas sa cause — pourquoi le prédicateur ne renvoie-t-il pas sa congrégation ! C'est parce qu'ils n'obéissent pas au signe que Dieu leur envoie, ni n'acceptent le pardon qu'il offre librement à tous (26).

L'âme aride est devenue champ fertile, dans lequel jaillissent les jeunes pousses se libérant de l'écorce dure et sèche. En laissant libre cours à son instinct de perfection, l'homme va se libérant, il perce la carapace et respire à l'air libre. Rappelons que les Hindous nomment la sainteté « libération » *(Moksha)*. Les dernières lignes de ce passage sont à cet égard fort significatives. L'éveil brise les chaînes, se moque des conventions, et dépasse la distinction entre le bien et le mal. Il n'est alors plus question d'être jugé ou appelé « pêcheur » puisque le passé et tout son lot d'erreurs est à présent dissous. Le matin de printemps, symbole de l'éveil, est un bref retour à l'âge d'or.

Établi dans cette joie tranquille, habité par une énergie première, l'homme est alors en mesure de créer des mondes, tel Brahma, car « le matin rappelle les âges héroïques » (27). Voici le temps du héros auquel rien n'est impossible :

Tous les événements mémorables, pourrais-je dire, transpirent au matin et dans l'atmosphère matinale. Les Védas disent : « Toutes les intelligences s'éveillent avec le matin. » La poésie de l'art, les plus belles et les plus mémorables actions des hommes, datent d'un moment pareil. Tous les poètes et les héros, comme Memmon, sont les enfants de l'Aurore, et émettent leur musique au lever du soleil (28).

Ainsi que le mentionne Thoreau, la tradition védique accorde au matin une place privilégiée, témoin cet hymne du Rig-Veda :

« La grande Aurore qui voyage selon l'Ordre,
Avec son attelage rouge, la lumineuse,
La Déesse apportant la lumière solaire,
Les inspirés l'ont éveillée de leurs prières !
Plaisante à voir, elle éveille à son tour les hommes,
Rend aisés les chemins, s'avance la première,
En sa haute voiture ; elle met tout en branle,
Elle tient la lumière à l'aube de nos jours » (29) !

L'esprit et les sens sont alors particulièrement aiguisés et l'atmosphère d'éveil dont s'imprègne l'univers entier fait de l'aurore une période propice à la connaissance de soi. Sur la rive de l'étang, Thoreau se lève tôt car « c'est alors qu'il y a le moins de somnolence en nous ; et pendant une heure, au moins, une partie de nous s'éveille, qui sommeille tout le reste du jour et de la nuit » (30).

Un même amour de l'aube imprègne les hymnes védiques dédiés à la « divine fille du ciel » et dont Jean Le Mée donne une description pénétrante :

« Les hymnes à l'Aube du Rig Veda sont parmi ceux qui témoignent le mieux de la finesse et de la profondeur de l'amour que vouaient à la nature les antiques poètes... Mais la Divine fille du ciel n'est pas simplement une personnification poétique du soleil levant. Lorsqu'elle survient, c'est le feu divin qui s'allume, c'est la lumière de la vérité qui commence à poindre dans les cœurs et les esprits des hommes. Elle apporte dans son sillage une abondance de vaches, de chevaux et de chariots, c'est-à-dire de connaissance, de force, d'énergie et de santé » (31).

Walden constitue l'hymne au matin du nouveau monde. Vivant en pleine nature, Thoreau a spontanément retrouvé les accents des Rishis, poètes des éléments qui chantèrent l'histoire de la création. Pour lui comme pour eux, tout est devenu rite.

L'éveil expérimenté lors des premières heures de la journée est-il l'apanage d'un moment précis du cycle temporel ? L'aube ne pourrait-elle se faire perpétuelle ? Selon les Hindous, l'homme peut accéder, en règle générale au prix de longs efforts, à un état d'éveil total et permanent, hors d'atteinte de toute circonstance extérieure. De même, l'aurore vénérée par Thoreau luit avant tout dans sa conscience ; bien au-delà des premières heures du jour, certes favorables à l'exploration intérieure, le matin est un état d'être : « Le matin, c'est quand je m'éveille et qu'une aube est en moi » (32). Le *Rishi* védique, le « voyant », est précisément celui dont la conscience demeure saturée d'aube, en prise avec les origines de la création. Thoreau a lui aussi pressenti que cette aube du dedans pourrait luire à toute heure : « Pour celui dont une pensée élastique et vigoureuse va de pair avec le soleil, la journée est un matin perpétuel. Peu importe ce que disent les horloges ou les attitudes et les travaux des hommes » (33). La beauté réside dans l'œil de celui qui contemple ; une conscience aurorale déverse sa fraîcheur sur le monde. Cet éveil de l'être n'a rien de superflu, il est la vie même : « Être éveillé, c'est être en vie », affirme Thoreau (34). Les non-éveillés, dont la terre est peuplée, sont des morts-vivants dont les yeux regardent sans voir : « Je n'ai encore jamais rencontré un homme qui fut tout à fait éveillé. Comment l'aurais-je regardé en face » (35) ?

N'ayant pas trouvé sur sa route un seul homme pleinement vivant, Thoreau devra suivre les directives de cette aube dont il se sent habité.

Comment transformer sa vie en un perpétuel matin ? « Être éveillé, c'est être en vie »... Or, qu'est-ce que la vie ? Une constante re-création, et non pas une masse statique. Les instants s'y succèdent, tous uniques. Le moindre d'entre eux peut être une naissance et un nouveau départ. Vivre profondément, c'est épouser le cours des choses, cheminer avec chaque seconde. A quoi bon prétendre fixer le flot de l'existence ? La vie n'est pas rigidité, mais flexibilité, adaptabilité, par un constant accord avec le monde tel qu'il se présente, mouvant, différent d'instant en instant.

L'homme lucide s'adapte et devient ainsi le témoin de la perpétuelle recréation du monde ; il est à jamais porté par ce « vent du matin » qui « souffle à jamais », bien que « rares (soient) les oreilles qui l'entendent » (36).

Paradoxalement, pour faire corps avec le changement, il est nécessaire d'ancrer sa conscience dans le non-changeant, de s'établir dans l'origine. C'est ce point d'ancrage que les Hindous nomment parfois « le point de jonction » et qu'il désigne comme « la jonction de deux éternités » que Thoreau est venu chercher à Walden Pond. Les hymnes des Rishis sont issus de ce point de jonction qu'il nous faut à présent tenter de cerner, sans hâte.

Nous nous trouvons ici au cœur de l'expérience intime de Thoreau à Walden Pond, de ces « affaires personnelles », privées (« private business » dans le texte original) qu'il est venu traiter sur la rive de l'étang et à propos desquelles il se montre plutôt avare de détails : « Mon intention en allant à l'étang de Walden n'était pas d'y vivre à bon compte ni d'y vivre richement mais de régler des affaires personnelles avec le moins d'obstacles possibles » (37). Soucieux de protéger son intimité spirituelle, il désire n'en parler qu'à mots couverts : « Je ferai seulement allusion à certains des desseins que j'ai nourris » (38). Ces desseins constituent une part indicible de Thoreau, située par delà les mots et les explications : « Si j'essayais de dire comment j'ai souhaité vivre dans les années passées, cela surprendrait probablement ceux de mes lecteurs qui connaissent un peu ma véritable histoire ; cela étonnerait sûrement ceux qui n'en savent rien » (39). Après avoir donc commencé à y faire allusion en quelques phrases cryptiques que je citerai plus loin, il s'excuse de ne pouvoir s'exprimer plus ouvertement :

Vous pardonnerez certaines obscurités car il y a plus de secrets dans mon métier que dans celui de la plupart des hommes, et pourtant je ne les garde pas volontairement mais ils sont inséparables de sa véritable nature. Je raconterais volontiers tout ce que je sais à ce sujet, et je ne voudrais jamais peindre sur ma porte : « Défense d'entrer » (40).

Seule la poésie est apte à dévoiler sans l'appauvrir un peu de l'expérience essentielle : plus le discours se voile, plus il se fait intime, proche des confidences. Attention, défense d'entrer : quelque chose d'autre va se dire, à propos de l'origine, de la naissance et de la mort... C'est ainsi que l'on passe, au cœur d'« Économie », chapitre-clef, d'un ton de défi, parfois même quelque peu sarcastique, à un style tout en demi-teintes, abstrait et truffé de symboles. Un style qui, justement, nous laisse au point de jonction entre le sens et le non-dit. N'entre pas qui veut dans l'ermitage de Thoreau. C'est d'ailleurs ici qu'intervient le fameux paragraphe à propos du chien de chasse, du cheval bai et de la tourterelle, ces animaux fugitifs, oscillant entre présence et absence dont nous avons parlé au chapitre précédent.

Afin de s'ancrer dans l'origine, Thoreau s'emploie à *être présent* lors de moments-charnières, durant lesquels la nature laisse entrevoir ce que peut être le commencement du monde ; en se pénétrant du souffle de tels instants, il espère se rapprocher de ce que T.S. Eliot nommera plus tard « le point-repos du monde qui tourne » :

Par n'importe quel temps, à n'importe quelle heure du jour ou de la nuit, j'ai tenu à profiter de chaque instant ainsi qu'à le cocher sur mon bâton ; se tenir à la jonction de deux éternités : le passé et le futur, exactement au moment présent ; s'aligner sur elle (41).

N'importe quel temps, n'importe quelle heure, oui... Ainsi que nous le verrons bientôt, le moment le plus sublime est toujours l'instant présent. Mais comme le mentionne Mâ Ananda Moyî, le point de jonction se capte aisément lors de moments-lisières du cycle temporel :

« Prenez par exemple les moments de jonction... à l'aube, à midi et au crépuscule, où le pouvoir inhérent se révèle dans le point de contact, là où se fondent l'aller et le venir. Ce que vous appelez "une décharge électrique" n'est rien d'autre que la rencontre de deux opposés, et c'est ainsi que l'éclat de l'être suprême se manifeste au moment de la jonction » (42).

Thoreau va donc à leur rencontre :

Devancer non seulement l'aube et le lever du soleil mais si possible la Nature elle-même ! Combien de matins, été comme hiver, avant qu'aucun voisin ne se soit levé pour ses affaires, ai-je été auprès des miennes ! Sans aucun doute beaucoup de mes concitoyens m'ont rencontré revenant de cette entreprise : des fermiers se mettant en route pour Boston au crépuscule, ou des bûcherons allant au travail. Il est vrai que je n'ai jamais assisté physiquement le soleil à son lever, mais, n'en doutez pas, il était de première importance que j'y fusse présent.

Tant de journées d'automne et d'hiver passées en dehors de la ville, oui, essayant d'entendre ce que portait le vent, l'écouter et le rapporter expressément ! j'ai presque englouti en lui tout mon capital, et, par-dessus le marché, perdu en lui mon propre souffle, à courir à sa rencontre. S'il avait concerné l'un ou l'autre des partis politiques ou s'il en avait dépendu, La Gazette *l'aurait fait paraître avec les premières informations. A d'autres moments, observant du haut d'un arbre ou d'un rocher escarpé, pour télégraphier quelque nouvelle venue ; ou le soir, attendant au sommet d'une colline la tombée du ciel, que je puisse en saisir quelque chose, bien que je n'en aie jamais saisi grand-chose, et que ce peu d'ailleurs fondait au soleil comme la manne céleste* (43).

Il va donc s'efforcer d'accueillir le poème de la création. Pour réussir dans cette entreprise, il est indispensable de se situer « en dehors », loin de l'agitation de la ville, en hauteur (« du haut d'un arbre ou d'un rocher escarpé ») afin de jouir d'une vaste perspective. Ainsi qu'il le précise, il s'agit de *devancer* la création, de se trouver là, posté en observation, avant que tout ne commence, avant que le monde ne naisse. Un tel travail ne peut que précéder toute autre activité : le témoin de l'origine est éveillé tandis que tous dorment encore et il se tient aux aguets. Il peut ainsi être *présent* (« il était de première importance que j'y fusse présent ») à l'instant ineffable du frémissement originel lorsque la création non encore en mouvement mais déjà sortie du vide prend peu à peu conscience d'elle-même. Folle entreprise, rêve de poète (ou de *Rishi*) : se saisir du point-repos, attraper un peu du soir qui tombe... Comment ne pas penser à un autre passage capital de *Walden*, tout aussi sibyllin, dans lequel Thoreau médite sur la récolte de sa vie et son caractère indicible :

Les valeurs et les gains les plus grands sont les plus difficiles à apprécier. Nous en venons aisément à douter de leur existence. Nous les oublions vite. Ils sont la plus haute réalité. Peut-être les faits les plus déroutants et les plus réels ne sont-ils jamais communiqués d'homme à homme. La véritable moisson de ma vie quotidienne est à peu près aussi intangible et indescriptible que les teintes du matin et du soir. C'est un peu de poussière d'étoiles de pris, un morceau de l'arc-en-ciel que j'ai saisi (44).

Il ne lui suffit pas d'être présent à l'origine ; il lui faut également chanter, révéler ce poème en mouvement (« l'écouter et le rapporter expressément », « télégraphier quelque nouvelle venue »). Ambition digne d'un *Rishi* : le voyant védique, en effet, perçoit en sa conscience le mécanisme créateur puis simultanément le révèle à travers des hymnes. Et qu'est-ce que ce « capital » englouti par Thoreau dans cette folle entreprise, sinon tout cet avoir intellectuel et moral qui étouffe l'innocence et empêche de contempler le monde d'un regard neuf. Voici donc une fois de plus le thème du dénuement et de la simplicité. Il y a également, nous dit-il, perdu son « propre souffle ». Un aperçu de l'origine coupe effectivement le souffle, au propre comme au figuré. Peut-être n'a-t-il perdu son propre souffle que pour s'ouvrir à une autre respiration, plus vaste et universelle... Notons que là encore, l'expérience est fuyante, insaisissable. Avec le retour du soleil, la réinsertion dans le temps, l'arrachement au point de jonction de l'aube et du crépuscule, la vision se dissout. Mais elle est nourriture, manne venue d'en haut qui ne peut longtemps subsister dans l'atmosphère terrestre.

Afin de basculer hors des limites du temps et d'accéder à l'éternité, il est indispensable de « profiter de chaque instant », ainsi que le mentionne Thoreau, et de se tenir « à la jonction de deux éternités ; le passé et le futur, exactement au moment présent ; s'aligner sur elle. » Être totalement dans l'instant qui, en ce monde relatif en perpétuel devenir, se situe à la lisière du passé et du futur, entre ces deux opposés. Là encore il s'agit du « point-repos du monde qui tourne », un axe immuable à découvrir au cœur même du changement. Tous les enseignements spirituels ont insisté sur cette nécessité de faire corps avec le présent. « Le chercheur spirituel véritable », déclare Arnaud Desjardins, « c'est celui qui a compris non seulement avec sa tête mais avec son cœur, comme une évidence que plus rien ne peut remettre en cause le caractère sublime de l'instant présent » (45). Et il ajoute un peu plus loin : « C'est ici et maintenant que tout se passe... Maintenant, tout de suite, il n'y a rien d'autre que le ici et maintenant » (46). Et l'on trouve cette petite phrase dans les *Entretiens avec Svâmi Prajnanpad* : « Rien, excepté ce qui est ici et maintenant, n'existe » (47).

Thoreau exprime à plusieurs reprises sa volonté de vivre le « ici et maintenant ». Au chapitre « Bruits », il confie : « Il y eut des fois où je ne pus me permettre de sacrifier la fleur du moment présent à aucun travail, soit de la tête soit des mains » (48). Il lui a même consacré un poème, guère intéressant en tant que tel, mais révélateur quant à l'importance de ce thème chez Thoreau :

Je cherche le temps présent
Et nul autre climat,
la vie vécue aujourd'hui... (49)

Il sait d'expérience que cette présence au présent engendre une perception neuve, libérée des fardeaux passés ou futurs, et donne ainsi accès au réel. Le monde tel qu'il est nous est sans cesse voilé par les images issues du passé ou du futur que nous lui superposons sans relâche, en proie à nos automatismes. Ainsi que l'explique Swâmi Prajnanpad : « La mémoire du passé se projette elle-même dans le futur. Le futur en soi n'existe pas. Le mental préoccupé du passé et du futur, ne fait rien d'autre qu'échapper au présent. Alors vous vivez dans un monde de fantasmes et d'illusions » (50). De même, Thoreau dénonce cette propension à vivre divorcé du présent :

Nous serions bien heureux si nous vivions toujours dans le présent et profitions de chaque incident qui nous arrive, comme l'herbe admet l'influence de la rosée la plus légère qui s'y dépose — et si nous ne passions pas notre temps à expier notre négligence lors des occasions passées, ce que nous appelons faire notre devoir. Nous traînons en hiver alors que c'est déjà le printemps (51).

Le célèbre Sage et conférencier Krishnamurti a formulé en une seule phrase le secret d'une vision juste : « La vérité est la compréhension de ce qui est d'instant en instant sans le fardeau ou le résidu du moment précédent » (52). Ainsi que l'a perçu Thoreau, ce regard plus attentif transfigurerait les moindres éléments de notre décor quotidien :

Si un homme traversait cette ville et ne voyait que la réalité, où croyez-vous, en serait le « Mill-dam » ? S'il devait nous rendre compte des réalités qu'il y voyait, nous ne reconnaîtrions pas l'endroit d'après sa description. Regardez un temple, ou un palais de justice, ou une prison, ou une boutique, ou une maison d'habitation, et dites ce que ces choses sont réellement pour un regard attentif, et ils voleraient en éclats dans votre exposé* (53).

Seule l'adhésion à l'instant peut faire naître en nous ce regard « attentif » par lequel nous accédons à la vérité des choses. « Le verbe "être" au présent c'est la voix de la vérité » dit Swâmi Prajnanpad (54) ; de même, Thoreau observe :

Les hommes considèrent la vérité comme lointaine, aux extrémités de l'univers, derrière l'étoile la plus éloignée, avant Adam et après le dernier homme. Il y a en effet dans l'éternité quelque chose de vrai et de sublime. Mais toutes ces époques, ces lieux et ces occurrences sont ici et maintenant. Dieu lui même culmine dans le moment présent, et jamais il ne sera plus divin au cours des siècles (55).

Le chemin véritable n'est jamais pour demain car, ainsi que l'affirme Arnaud Desjardins, il « n'est fait que de la perfection du ici et maintenant » (56).

Vivre concrètement cette perfection du ici et maintenant consiste à accueillir chaque seconde de tout son être, à s'ouvrir aux circonstances présentes, qu'elles soient agréables ou douloureuses. Autrement dit, ne rien refuser de ce que l'existence nous donne, faire totalement l'expérience de la vie. Le disciple authentique va jusqu'au bout du moindre fait, à la pointe de toute douleur ou de tout plaisir, tout simplement par révérence envers ce qui est, ici et maintenant, seule

---

(*) Mill-dam : centre commercial de Concord.

réalité. Swami Prajnanpad insiste sur cette nécessité de ne rien rejeter de ce qui nous advient, afin d'être à même de rencontrer la vie : « Vivre dans le présent cela signifie accepter tout ce qui vient. Au lieu de le rejeter, de lui attribuer les qualificatifs de bon et mauvais, d'agréable ou de désagréable, expérimentez tout ce qui vient, parce que c'est la vie. Ne fuyez pas la vie » (57). Thoreau exalte cette même attitude intérieure en un paragraphe particulièrement vigoureux :

Si vous vous placez en vis-à-vis et face à face avec un fait, vous verrez le soleil luire comme de ses deux faces, comme s'il était un cimeterre, et vous sentirez son doux tranchant vous diviser par le cœur et par la moelle, et ainsi vous conclurez heureusement votre carrière de mortel. Qu'elle soit vie ou mort, nous implorons seulement la réalité. Si nous sommes vraiment moribonds, écoutons le râle dans nos gorges et sentons le froid gagner nos extrémités ; si nous sommes vivants, vaquons à nos affaires (58).

L'auteur de *Walden* fait ici l'éloge, en une langue savoureuse et forte, de l'acceptation sans laquelle il ne saurait y avoir de vie spirituelle authentique. Plutôt que de subir en victime nos souffrances et nos difficultés, pourquoi ne pas nous en servir pour traverser la dualité et ainsi toucher l'essence de l'expérience humaine ? Plaisir et douleur ne sont que les deux faces complémentaires de l'existence. En excluant l'une au profit de l'autre, nous nous enracinons dans la dualité et nous coupons ainsi de la plénitude du réel. Arnaud Desjardins rapporte à ce sujet une parole de son Gourou : « Swamiji me disait : "Oh ! Arnaud, vous pouvez vous contenter d'une demi-vie, d'une moitié de vie, et manquer la plénitude de la vie ?" Cela voulait dire : vous pouvez vous contenter de la moitié des données du problème ? » (59). Le disciple ne gaspille pas son énergie en de vaines tentatives pour fuir le réel, auquel personne n'échappe ; il s'y plonge au contraire, mais en pleine conscience, pour vivre en toute lucidité l'expérience jusqu'à sa pointe afin de déboucher sur l'être, par-delà les contraires. C'est à cette tentative de vie totale que nous convie Thoreau. L'accès à l'immortalité (« vous conclurez heureusement votre carrière de mortel ») passe par un face à face avec le fait présent. Le soleil de l'être luit sur chacun des deux pôles de l'expérience qui se transforme en un cimeterre tranchant dans le vif de la dualité. Cette traversée de l'illusion peut se révéler douloureuse : la discrimination passe par le cœur et fouille la personne jusqu'à l'essence de l'être. Mais cette lame qui tranche net est également douce (« doux tranchant »), car la conclusion de la carrière mortelle est aussi le début de la carrière immortelle, l'accession à cette réalité à laquelle nous aspirons, par-delà toute dualité. Il faut sentir le froid nous gagner, adhérer totalement aux manifestations de cette mort à soi-même.

Ainsi, tout est chemin. Dans ce monde changeant, chaque instant constitue une chance de renaître et d'accéder à une vie plus élevée. Ainsi que le remarque Thoreau : « Cet homme qui ne croit pas que chaque jour contient une heure aurorale, plus matinale et plus sacrée qu'il a déjà profanée, a désespéré de la vie, et poursuit un chemin descendant et s'obscurcissant » (60). Ce respect de l'instant mène à l'intemporel. « Quand la perfection de l'instant est accomplie », explique Arnaud Desjardins, « le temps est toujours dépassé, et ce qu'on a appellé atemporalité ou éternité se révèle » (61). De même, Thoreau voit le temps perdre de sa consistance. Si une part de lui-même demeure inévitablement soumise à la chronologie, une autre l'a dépassée et perçoit toute sa relativité :

« *Le temps n'est que le cours où je m'en vais pêcher. J'y bois ;*

mais tandis que je bois je vois le fond sablonneux et je découvre combien il est peu profond. Son faible courant s'écoule mais l'éternité demeure » (62).

Bien des obstacles se dressent cependant entre le chercheur de réel et cette perfection du ici et maintenant. La masse des préjugés, des savoirs et des morales accumulés depuis l'enfance ne facilite pas l'accès au présent. L'éveil intérieur n'est autre qu'un retour à une certaine fraîcheur, à un regard neuf lavé de toute attente. Cette innocence retrouvée est certes un thème romantique cher au poète anglais Wordsworth, grand inspirateur des transcendantalistes ; la spiritualité hindoue privilégie cependant une candeur non pas naïve, mais alliant la maturité de l'adulte à la faculté d'émerveillement et à la fraîcheur de l'enfant. Arnaud Desjardins cite à cet égard une parole de son Maître : « Swâmiji disait : "The sage is an enlightened child", le Sage est un enfant éclairé, illuminé » (63). On retrouve chez Thoreau cette nostalgie d'une certaine innocence : « J'ai toujours regretté de n'être pas aussi sage que le jour où je suis né », affirme-t-il (64). Et dans le même paragraphe, après avoir comparé le temps à un cours d'eau, il déclare : « Je ne peux pas compter jusqu'à un. Je ne connais pas la première lettre de l'alphabet » (65). Il est d'ailleurs significatif qu'il mentionne ici l'alphabet et les nombres, marques de la différence et de la classification, par opposition à la vision unificatrice que confère l'innocence, point-zéro de la conscience.

S'il est apte à porter un regard frais sur le monde, l'homme éveillé est le contraire d'un être influençable et vulnérable. Sa vision dépouillée constitue le fruit d'une longue entreprise de « déséducation » menée à bien à l'aide d'une discrimination sans faille, impitoyable envers les opinions, les préjugés et les convenances inculquées par le milieu et la culture. Cette volonté de passer au crible traditions et croyances n'est pas propre à Thoreau : elle fonde la pensée d'Emerson qui lui a consacré un retentissant essai intitulé « Self-Reliance » (« Confiance en soi-même », dans la traduction de I. Will) dans lequel il proclame que « l'imitation est un suicide » (66) et encourage ses lecteurs à faire table rase des usages pour enfin écouter la voix de leur intuition. Or, le chef de file des transcendantalistes n'a fait que retrouver une exigence du Vedanta, et plus particulièrement du yoga de la connaissance *(Jnana Yoga)* exprimée en termes très actuels par Shri Swâmi Prajnanpad. Pour le Maître d'Arnaud Desjardins comme pour Emerson, « l'imitation n'est pas digne d'un être humain » (67). « Il faut tout remettre en question, les grandes comme les petites choses et agir en fonction de ce que l'on est. Le premier pas consiste à se défaire de toutes les pensées, émotions et actions qui viennent de l'extérieur. Se déséduquer » (68). On retrouve, fortement exprimée, chez l'auteur de *Walden* cette même volonté de déséducation : pour Thoreau, en effet, « on ne peut sans preuve se fier à aucune manière de penser ou de faire, aussi ancienne soit-elle » (69). Il s'emploie donc à traverser la coque des coutumes et des institutions pour accéder au seul réel :

Installons-nous, remuons nos pieds et enfonçons-les en bas dans la boue et la fange de l'opinion, des préjugés, de la tradition, de l'illusion, de l'apparence, ces alluvions qui couvrent le globe, de Paris à Londres, de New York à Boston et à Concord, l'Église et l'État, la poésie et la philosophie et la religion, jusqu'à ce que nous arrivions à un fond solide et aux rochers en place, que nous pouvons appeler réalité, *et que nous disions : ceci* est, *pas d'erreur* (70).

Notons que dans cette traversée vers un espace plus authentique, ni la poésie, ni la philosophie, ni la religion ne sont épargnées, car elles sont encore des créations du mental, des bateaux à bord desquels le chercheur pourra cheminer un temps mais qu'il devra finalement laisser derrière lui, sous peine de ne jamais fouler cette terre ferme à laquelle il aspire. Parlant de cette déséducation, Swâmi Prajnanpad semble faire écho à l'intransigeant Henry David Thoreau :

« Nous ne sommes jamais nous-mêmes, ne dépendant que de nous-mêmes. Nous absorbons les idées, les opinions, les préjugés, les attirances et les répulsions, les ambiances et les comportements qui se trouvent dans notre entourage sans les examiner, sans les vérifier. Il s'ensuit que nous devons d'abord nous défaire de tous les ouï-dire, préjugés, superstitions, attirances, répulsions, traditions, croyances, etc. pour commencer une nouvelle vie » (71).

« Commencer une nouvelle vie »... Voilà ce que Thoreau est venu faire au bord de l'étang de *Walden* en prenant appui sur son expérience du réel. « Ceci est, pas d'erreur »... Les pseudo-vérités forgées par le mental peuvent toujours être contredites et réfutées ; l'entrée dans ce réel plus dense introduit au-delà des doutes, en un espace neuf à partir duquel il est possible de reconstruire son existence. Ainsi que l'explique Swami Prajnanpad, la rééducation suit la déséducation :

« Il faut hardiment repartir sur des bases neuves et reconstruire sa personnalité, pierre par pierre, sur des évidences solides et irréfutables. Il faut avoir confiance en soi, confiance dans le fait que l'on peut connaître la vérité directement et procéder avec énergie et détermination... Alors, sur cette fondation solide vous pouvez construire à nouveau. Utilisez seulement les pierres taillées par le burin de l'expérience et de la connaissance » (72).

Ayant touché ce « fond solide » et ces « rochers en place », Thoreau entreprend donc une reconstruction :

Et alors commencer, ayant un point d'appui, *au-dessous du courant et de la gelée et du feu, un endroit où vous puissiez fonder un mur ou un état, ou placer un réverbère en toute sécurité, ou peut-être une jauge, pas un Nilomètre, mais un Réalomètre, afin que les époques futures puissent savoir sur quelle profondeur d'époque en époque un courant avait accumulé de feintes et d'apparences* (73).

Périlleuse et délicate entreprise qui exige de la part du chercheur de réel une exceptionnelle vigilance, cette lumière de l'attention à laquelle tous les enseignements spirituels accordent une grande importance. Arnaud Desjardins lui consacre un chapitre de l'un de ses livres (74) dans lequel il rapporte une parole de son Gourou : « On a demandé à Swâmiji : "Quelle est l'importance de la vigilance sur le Chemin ?" Swâmiji a répondu : "La vigilance c'est le chemin lui-même. C'est tout" » (75). Et il remarque ailleurs : « C'est à cause du manque de vigilance que tout le reste est possible. Les grandes difficultés sur le chemin de la sagesse... ne sont possibles qu'à cause de ce manque de vigilance fondamentale » (76). Thoreau a lui aussi perçu le caractère essentiel de cette attention soutenue : « Aucune méthode ni aucune discipline ne peut remplacer la nécessité d'être toujours sur le qui-vive » écrit-il au chapitre « Bruits » (77). Si l'homme peut accéder à une vie consciente, c'est par son aptitude à la vigilance, fondement de l'effort nécessaire à tout travail sur soi-même : « Je ne connais pas de fait plus encourageant que l'indéniable capacité chez l'homme d'élever sa vie par un effort conscient » (78). C'est à la lecture de tels passages que l'on perçoit à quel point *Walden* pourrait être lu comme le compte rendu d'une *Sadhana*, d'un parcours intérieur en direction de l'éveil. Plus qu'un écrivain, Thoreau aspire à être le créateur de sa vie qu'il travaille à remodeler jusque dans ses moindres détails :

C'est quelque chose de pouvoir peindre un tableau précis, ou de sculpter une statue, et ainsi de créer quelques beaux objets ; mais c'est de loin plus glorieux de sculpter et de peindre l'atmosphère même et le milieu à travers lequel nous regardons, ce que moralement nous pouvons faire. Affecter la qualité du jour, c'est l'art le plus élevé. Chaque homme est mis à l'épreuve pour rendre sa vie, même dans ses détails, digne de contemplation à ses heures les plus élevées et les plus critiques (79).

« Sculpter et peindre l'atmosphère même et le milieu à travers lequel nous regardons », « affecter la qualité du jour »... Autrement dit, « vivre délibérément » (« je m'en allai dans les bois parce que je souhaitais vivre délibérément... » [80]). Le fruit de la vigilance est cette vie délibérée que Thoreau est venu rechercher à Walden Pond. Conduire l'attelage de son existence plutôt que d'être le jouet des chaînes de causes et d'effets, n'agir que par choix et non pas sous la pression de l'entourage et des circonstances, vivre sans hâte... Là encore, la tentative de Thoreau rejoint l'enseignement védantique transmis par Swâmi Prajnanpad. A l'occasion d'un entretien consacré à la « vie délibérée », ce dernier fait observer à un disciple :

« Agir justement ce n'est ni se laisser aller à... ni s'empêcher de... Soyez vous-même, et veillez à ne pas être emporté par le courant.

Rappelez-vous la différence entre être porté et être emporté par le courant... Votre comportement ne doit pas être commandé par la voix de la réaction impulsive, compulsive et excessive. Laissez-le être le fruit d'une action positive, calme, délibérée et forte, parce que vous êtes maître de vous-même. Agissez avec lenteur et régularité. Ne vous dépêchez pas. Se dépêcher est le résultat d'une réaction. Voyez positivement et agissez positivement » (81).

De même, dans un très beau paragraphe du chapitre « Où je vivais et pour quoi je vivais », Thoreau exprime poétiquement, en une langue pleine de vigueur, sa volonté de ne pas se laisser emporter par le tourbillon :

Passons une journée aussi lentement que la Nature, et sans être rejeté de la voie à chaque coquille de noix et à chaque aile de moustique qui tombe sur les rails. Levons-nous de bonne heure et rapidement, ou déjeunons, doucement et sans agitation ; que vienne la compagnie et que s'en aille la compagnie, que sonnent les cloches et que les enfants crient — déterminons-nous à faire de cela une journée. Pourquoi nous soumettrions-nous et irions-nous avec le courant ? Ne chavirons pas et ne soyons pas accablés sous ce terrible rapide et ce tourbillon appelé un dîner, situé dans les écueils méridiens. Résistez à ce danger, et vous êtes saufs, car le reste du chemin est en pente. Les nerfs tendus, avec la vigueur matinale, faites voile sur lui, regardant d'un autre côté, attaché au mât comme Ulysse. Si la machine siffle, qu'elle siffle jusqu'à ce qu'elle soit enrouée pour sa peine. Si la cloche sonne, pourquoi courrions-nous ? Nous voulons considérer à quel genre de musique elles ressemblent (82).

L'outil par lequel le chercheur de réel va nourrir et faire croître sa vigilance se nomme en sanscrit *Buddhi*, mot que l'on traduit généralement par « intellect » ou « faculté de discrimination ». Là ou nous nous contentons du seul terme « intellect », les Hindous distinguent plusieurs fonctions : d'une part le mental, en sanscrit *Manas*, qui juge, compare, oppose, et nous interdit l'accès à la plénitude de l'instant. Le chemin spirituel consiste précisément en une « destruction du mental » *(Manonasha)* (83). D'autre part la *Buddhi*, instrument par lequel le pionnier des espaces intérieurs *voit* plutôt que pense et parvient à distinguer le réel de l'irréel. Ainsi que l'explique Swâmi Prajnanpad, cette qualité subtile de l'intellect doit être très aiguisée chez le disciple aspirant à traverser les apparences : « La vérité est très simple, mais difficile à percevoir car elle est recouverte par le manteau de l'illusion. Nous prenons le manteau pour la vérité. Il faut rendre l'intellect subtil et perçant pour passer au travers de l'illusion et atteindre la vérité à sa source » (84). Et Arnaud Desjardins ajoute à ce propos : « Il faut que cette buddhi soit aiguë et tranchante. Si nous voulons trancher quelque chose, il faut que notre couteau soit tranchant comme un rasoir... Il faut que votre buddhi, votre discrimination devienne aigüe, tranchante, intense, sinon la léthargie du mental vous empêchera de vous éveiller » (85).

N'est-ce pas de cette *Buddhi* que parle Thoreau lorsqu'il observe : « L'intelligence est un couperet ; il discerne et ouvre un passage dans le secret des choses » (86). Il entend d'ailleurs tirer pleinement parti de cette précieuse faculté :

Ma tête est à la fois mains et pieds. Je sens concentrées en elle toutes mes meilleures facultés. Mon instinct me dit que ma tête est un organe fouisseur, comme certaines créatures se servent de leurs museaux et de leurs pattes de devant, et avec elle je voudrais fouir et creuser mon passage à travers ces collines. Je pense que la veine la plus riche est quelque part par ici ; si j'en juge par la baguette de sourcier et les légères vapeurs qui s'élèvent ; et ici je veux me mettre à creuser (87).

Ces lignes montrent à quel point le chemin choisi et vécu par Thoreau se révèle proche du « Yoga de la connaissance » fondé sur la discrimination. Une telle acuité du regard ne va pas sans modifer le rapport entretenu avec le paysage et l'environnement immédiat ; or, le principal personnage de *Walden*, après Thoreau lui-même, est l'étang du même nom. Suivre Thoreau en son parcours, c'est aussi se laisser dériver au fil de cette eau claire et céder, le temps d'un chapitre, à la tentation d'une « rêverie » aquatique.

Chapitre 5

Rêverie aquatique : l'étang de lumière

Désireux de régler au mieux ses « affaires personnelles », Henry Thoreau s'est mis en quête d'un lieu particulièrement propice à son entreprise d'éveil. Ainsi que le disait Aristote, « c'est chose d'importance que le lieu, *topos*, et il est difficile à saisir »... Le site recherché par Thoreau est certes avant tout un endroit du dedans, un royaume intérieur où ériger son utopie (du grec : ou = non et topos = lieu) ; bref, un cadre favorable à la révélation du « lieu du non-lieu » en lui-même. Le site extérieur, physique, s'avère donc important : il est un relais vers l'espace du dedans (1). Je pense, ici, à Kenneth White, et au rôle primordial que joue pour lui son lieu, son paysage celte et la maison même où s'accomplit le travail :

> A huit kilomètres de la ville
> se trouve un lieu-dit
> le Champ blanc
> . . . .
> des landes, une côte rocheuse
> et une centaine d'îles
> la mer souvent verte, vert tempête

mais d'un bleu vif, parfois, un bleu
à couper le souffle
et toujours le brisement des vagues
. . . .
un lieu pour travailler
(travailler, tout élaborer)
un lieu pour accueillir

une étrangeté
cette étrange activité
(philosophie, poésie ?
pratique, théorie ?)
. . . . (2)

L'étang de Walden s'est très tôt imposé à Thoreau comme le paysage propice à son « étrange activité » : « J'ai pensé que l'étang de Walden serait un lieu propice aux affaires, non seulement à cause de la voie ferrée et du commerce de la glace ; il offre des avantages qu'il ne serait pas de bonne politique de divulguer ; c'est un poste favorable et un bon lieu d'implantation » (3).

A quels mystérieux avantages Thoreau fait-il allusion ? Nous nous enfoncerons, au chapitre suivant, dans la bienheureuse solitude dont il jouit en sa retraite ; pour l'heure, il nous faut interroger le personnage principal de cette singulière histoire, non pas Thoreau mais son double dans les eaux lisses duquel il cherche son propre visage : j'ai nommé Walden, le lac de lumière, dont le livre de Thoreau porte bien entendu le nom. Ne prétendant pas sonder toute l'eau du monde, j'aurai recours à Bachelard dont les fluides analyses rejoignent le rêve hindou de l'eau purificatrice.

Dans son premier livre consacré aux hauts lieux de la vie spirituelle en Inde, Arnaud Desjardins observe que « s'ils ne sont pas situés au bord du Gange les ashrams sont presque toujours bâtis près d'un autre fleuve ou d'un étang car l'eau joue un rôle primordial dans les rites hindous » (4). Un lieu consacré à la culture de la pureté doit ainsi se trouver à proximité d'un point d'eau. « Puissent les eaux divines couler autour de nous. Qu'elles soient notre santé et notre sécurité » implore le Rishi dans un hymne védique dédié aux eaux bienfaisantes (5). De même, Thoreau se montre fort conscient du caractère bénéfique d'un voisinage aquatique :

C'est bien d'avoir de l'eau dans son voisinage, pour donner de la légèreté à la terre et pour la faire flotter. Même du plus petit puits l'une des valeurs est que, lorsque vous regardez dedans, vous voyez que la terre n'est pas un continent mais une île. Ce qui est aussi important que le fait qu'il garde le beurre au frais (6).

En nous rappelant le caractère insulaire de la terre, l'eau nous détache des apparences et nous introduit ainsi en une conscience plus fluide. Elle fait de cette planète que notre folie juge solide et inamovible un monde flottant, en perpétuelle transformation, à la merci des eaux mouvantes.

La proximité de l'eau invite également aux ablutions rituelles et à la baignade purificatrice : Desjardins note qu'en Inde « la toilette, les ablutions et les immersions ont une grande importance et la propreté extérieure est l'image de la pureté intérieure. L'Hindou religieux prend un ou deux bains complets tous les jours, et, entre temps, se lave chaque fois qu'il juge avoir été souillé » (7). Quant à Jean Herbert, il observe également que « tout Hindou, homme ou femme, qui se respecte prend un bain complet *(snâna)* au moins une fois par jour... mais en plus de ces ablutions régulières, il se baigne chaque fois qu'il se juge souillé par un contact impur. Ces bains ont lieu en général dans une eau courante, ou s'il n'y en a pas, dans un étang » (8).

Thoreau fait grand cas, ainsi que les Hindous, de ses ablutions rituelles et chaque aube le voit se plonger dans l'étang : « Je me levais de bonne heure, et me baignais dans l'étang ; c'était un exercice religieux, et l'une des meilleures choses que je faisais » (9). Tous ses matins débutent ainsi par un baptême et c'est l'homme nouveau qui émerge des eaux. « Un des caractères qu'il nous faut rapprocher du rêve de purification que suggère l'eau limpide, c'est le rêve de rénovation que suggère une eau fraîche », note le limpide Bachelard ; « On plonge dans l'eau pour renaître rénové » (10). Thoreau se montre fort explicite quant à la puissance de rénovation des eaux matinales de l'étang : après avoir souligné la dimension religieuse de son plongeon quotidien, il observe : « On dit que ces caractères étaient gravés sur la baignoire du roi Tching-tang à cet effet : "Renouvelle-toi complètement chaque jour ; fais-le encore, et encore, et encore à jamais." Je peux comprendre cela » (11).

L'étang de Walden est donc une fontaine de jouvence dont les eaux touchent l'âme plus encore que le corps. C'est le regard qu'elle rajeunit ; elle confère la vue claire convoitée par Thoreau, l'apprenti-voyant. Immergé dans l'étang, il se nettoie l'œil de l'âme, car ainsi que le note Bachelard :

« L'eau fraîche ne rajeunit pas tant le visage pour les autres que pour nous-mêmes. Sous le front réveillé s'anime un œil nouveau. L'eau fraîche redonne des flammes au regard... C'est ce regard qui est rafraîchi... L'impression de fraîcheur que donne le monde visible est une expression de fraîcheur que l'homme réveillé projette sur les choses... Dans le premier matin, l'eau sur le visage réveille l'énergie de voir. Elle met la vue à l'actif ; elle fait du regard une action, une action claire, nette, facile » (12).

L'auteur de *L'eau et les rêves* remarque qu'« au complexe

de la fontaine de Jouvence est naturellement liée l'espérance de la guérison » (13). Et le *Rig Veda* proclame en effet que tous les médicaments se trouvent dans les eaux (14). Henry Thoreau aspire à la grande guérison sous l'effet de laquelle le réel se révèle : l'eau va lui laver l'âme et l'on croit l'entendre adresser à Walden l'ancienne prière védique : « Eaux, effacez tous les péchés qui se trouvent en moi, que j'aie fait consciemment le mal, prononcé des imprécations contre les saints, ou parlé faussement » (15). Le purifiant ainsi, les eaux vont l'inonder de « la vigueur et de la fertilité éternelles du monde » (16). Ainsi que le note encore Bachelard. « L'être va demander à la fontaine une première preuve de guérison par un réveil de l'énergie... Elle (l'hydrothérapie) éveille les centres nerveux. Elle a une composante morale. Elle éveille l'homme à la vie énergique. L'hygiène alors est un poème » (17). Par ce bain matinal, Thoreau se retrempe à la source de vie et communie ainsi avec le flux cosmique. En un geste symbolique et simple, il transcende temps et lieu, bascule en une éternité où des milliers d'humains se livrent à ces mêmes ablutions purificatrices. Cette baignade est chargée de la puissance du rite. Entrant dans les eaux claires, Thoreau se pénètre d'une sagesse millénaire, jaillie d'un temps autre, de cette époque védique dont parlent les écritures :

Le matin je baigne mon intellect dans la prodigieuse et cosmogonique philosophie de la Bhagavad-gîtâ, dont la composition remonte à des années divines, et en comparaison avec laquelle notre monde moderne et sa littérature semblent triviaux et chétifs ; et je me demande si cette philosophie ne se rapporte pas à un état de vie antérieur, tellement sa sublimité est éloignée de nos conceptions (18).

Cette aspersion matinale constitue en fait un bain de connaissance ; or, ainsi que le dit justement la gîtâ, « il n'est rien en ce monde d'aussi purifiant que la connaissance » (19). Walden Pond n'est autre que l'océan de sagesse. Thoreau l'identifie donc au fleuve sacré de l'Inde, le Gange. Au chapitre « Les étangs », il déclare que l'eau de Walden « devrait être aussi sacrée au moins que celle du Gange » (20) ; et « L'étang en hiver » se clôt sur un paragraphe remarquable et révélateur :

Je pose le livre et je vais chercher de l'eau à mon puits, et voilà ! j'y rencontre le serviteur du Brahmane, prêtre de Brahma, de Vishnu et d'Indra, qui s'assoit toujours dans son temple sur le Gange pour lire les Védas, ou demeure au pied d'un arbre avec son croûton et son pot à eau. Je rencontre son serviteur venu puiser de l'eau pour son maître, et nos seaux pour ainsi dire s'entrechoquent dans le même puits. L'eau pure de Walden se mêle à l'eau sacrée du Gange (21).

Pour nombre d'Hindous, le Gange et la sagesse ne font qu'un. Se baigner dans le Gange équivaut à une immersion dans le Brahman. Selon Shri Ramakrishna, en effet, « l'eau du Gange ne doit pas être considérée comme de l'eau ni la poussière de Shri Vrindâvan comme de la poussière, ni le mahaprasâda de Shri Jagannâth Déva, comme du riz (*). Les trois sont en vérité comme des formes de Brahman » (22). Leur pouvoir de guérir, les eaux le tiennent d'Agni, le bienfaiteur de l'univers, qui réside en elles, ainsi que le mentionne le Rig Veda : « Dans les eaux se trouvent tous les médicaments ainsi qu'Agni, le bienfaiteur de l'univers » (23). Prendre les eaux revient à s'imprégner de leur essence et à absorber ainsi par tous les pores l'énergie infinie d'Agni : « En ce

(*) Vrindâvan est le lieu où Krishna passa son enfance. Quand au *prasâda*, il s'agit d'une offrande d'aliments distribués ensuite aux fidèles. Jagannath est le Seigneur de l'univers, Vishnou.

jour, je me suis plongé dans les eaux. Nous nous sommes mêlés à leur essence. Agni, toi qui demeures dans les eaux, approche, et par ce bain, fais que je sois empli de vigueur » (24). Les eaux au fil desquelles les chercheurs spirituels projettent ainsi leur intense soif d'éveil se muent en flots sacrés. Comme les pèlerins des rives du Gange, Thoreau se trempe dans la Parole, et c'est pourquoi ces ablutions concernent son « intellect », terme au moyen duquel il désigne la « *Buddhi* », cet outil aiguisé dispensateur de vision claire. Par l'universalité du rite purificateur, temps et lieu s'effacent donc pour ne laisser qu'une eau cosmique au bord de laquelle Brahmane et yankee se rencontrent. Leurs seaux s'entrechoquent, leurs consciences communient, car tous deux sont venus puiser à la même source d'où jaillit l'eau apte à étancher toute soif. Walden se jette dans le Gange et le Gange se jette dans Walden. Le plus noble étang des forêts de Concord est désormais le lac de l'âme, la conscience transcendantale à laquelle accourent s'abreuver tous les assoiffés du monde. « Ainsi il paraît que les habitants étouffés par la chaleur du Charleston et de la Nouvelle-Orléans, de Madras, de Bombay et de Calcutta boivent à mon puits » (25).

Cette nature divine de l'eau du lac rêvé apparaît clairement à travers les descriptions que nous en donne Thoreau. Ces « lacs de Lumière » (26) sont des morceaux de ciel déposés à la surface de la terre afin qu'en les fréquentant les hommes puissent goûter à la lumière des sphères supérieures. Dans le chapitre de *L'eau et les rêves* intitulé « Pureté et purification », Bachelard cite Claudel en parlant de « l'immense symbolisme de l'eau, qui signifie principalement le ciel » (27). De même Thoreau parle-t-il d'« eau céleste » (28) et se réfère-t-il à Walden comme à un « autre ciel » : « l'eau, pleine de lumière et de reflets, devient elle-même un ciel plus bas et d'autant plus important » (29). Si l'étang est le ciel, le ciel est également l'étang, dont Thoreau rêve de pêcher les fabuleux poissons : « Je voudrais... pêcher dans le ciel, dont le fond est caillouté avec les étoiles » (30). Jeter sa ligne dans l'étang revient à la lancer au ciel. Évoquant une partie de pêche solitaire au clair de lune, Thoreau conclut en remarquant : « Il me semblait que j'aurais pu ensuite lancer la ligne là-haut en l'air aussi bien qu'en bas dans cet élément qui était à peine plus dense. Ainsi, pour ainsi dire, je prenais deux poissons avec un seul hameçon » (31). Contemplant le fond de l'étang gelé, il observe : « Les cieux sont à la fois sous nos pieds et au-dessus de nos têtes » (32). Et les poissons de l'étang lui apparaissent tels des oiseaux fendant l'air, en compagnie desquels il vole :

En cette eau transparente et apparemment sans fond, reflétant les nuages, il me semblait flotter dans les airs comme dans un ballon, et leur nage me faisait l'impression d'une sorte de vol ou de vol plané, comme si c'était une troupe compacte d'oiseaux passant juste sous moi sur la droite ou sur la gauche, leurs nageoires comme des voiles déployées tout autour d'eux (33).

« Ciel plus bas », l'étang se situe en fait à la lisière de la terre et des cieux. Thoreau, nous l'avons vu, affectionne les points de jonction, en lesquels la coexistence des opposés ouvre une fenêtre sur le réel ; aube et crépuscule sont ainsi des moments-charnières. Walden, quant à lui, est un lieu-charnière, pont entre terre et ciel, une terre pleine de ciel et un ciel ayant gardé la saveur de la terre. L'étendue d'eau est ainsi l'une des clefs de l'univers, comme le constate Thoreau : « Une étendue d'eau trahit l'esprit qui est dans l'air. Elle reçoit continuellement d'en haut une vie et un mouvement nouveaux. Elle est de par sa nature un intermédiaire entre la terre et le ciel » (34). La couleur même de l'eau révèle cette nature intermédiaire : « Walden est bleu à un moment et vert à un autre, même vu du même endroit. S'étendant entre terre et ciel, il tient de la couleur des deux » (35). L'eau de Walden Pond n'est pas noire et violente, c'est une eau limpide dont toutes les couleurs sont celles de la pureté. Fille du ciel et de la terre, elle est à la fois verte comme les verts pâturages, et bleue comme la demeure des Dieux. Tout, en ce lac de lumière, océan de sagesse, paraît surnaturel. Eau céleste, elle semble jaillie de nulle part, n'avoir ni commencement ni fin. Elle ne quitte la terre ou n'y pénètre que par le biais de son double, de ce ciel qu'elle reflète et dont elle-même est un reflet : « une source intarissable au milieu des bois de pins et de chênes, sans aucune arrivée ou sortie d'eau visible à l'exception des nuages et de l'évaporation » (36). Sa couleur tient de l'indicible : « j'ai discerné une incomparable et indescriptible lumière bleue, moirée ou changeante comme la suggèrent les soieries et les lames d'épée... » (37). Il en est de même de ses habitants, les poissons de l'étang :

Ah, les brochets de Walden ! quand je les vois couchés sur la glace, ou dans le réservoir que le pêcheur a taillé dans la glace, faisant un petit trou pour y laisser entrer de l'eau, je suis toujours surpris par leur rare beauté, comme si c'était des poissons fabuleux : ils sont tellement étrangers aux rues, même aux bois, aussi étrangers que l'Arabie à notre vie de Concord. Ils possèdent une beauté tout à fait éblouissante et transcendante, large fossé qui les sépare de la morue et du haddock cadavéreux dont on fait l'éloge dans nos rues. Ils ne sont pas verts comme les pins, ni gris comme les pierres, ni bleus comme le ciel ; mais ils ont, à mes yeux, si possible, des couleurs encore plus rares, comme celles des fleurs et des pierres précieuses, comme s'ils étaient les perles, les nuclei *animalisés ou les cristaux de l'eau de Walden. Bien entendu, ils sont Walden de haut en bas et d'un bout à l'autre ; eux-mêmes de petits Waldens dans le règne animal, des Waldensiens. C'est surprenant qu'on les ait pris ici — que dans cette source vaste et profonde, loin au-dessous du cliquetis des attelages et des cabriolets, et du tintement des traîneaux qui circulent sur la route de Walden, nage ce grand poisson d'or et d'émeraude. Ça ne m'est jamais arrivé d'en voir aucun de la sorte sur un marché ; il y serait le point de mire de tous les regards. Aisément, avec quelques tortillements convulsifs, ils rendent l'âme — âme aquatique — pareils à un mortel enlevé prématurément dans l'air ténu du ciel* (38).

Animaux fantasmagoriques, ils apparaissent bien comme des créatures participant d'une autre vie, issues d'un monde plus pur et éthéré dont l'étang est un échantillon posé à la surface de la terre. Leur beauté réside au-delà des normes terrestres, et Thoreau voit en eux des joyaux, notant au chapitre « Printemps » : « Je pris une fameuse brochette de poissons d'or, d'argent et de cuivre brillant, qui ressemblait à un chapelet de joyaux » (39). Ce sont de « petits Waldens », compliment suprême. En eux se trouvent concentrées la magie et la puissance du fabuleux étang. Leur demeure baigne dans une lumière filtrée, et tout y inspire le calme :

Je regarde le paisible salon des poissons pénétré d'une lumière adoucie comme à travers une fenêtre de verre dépoli, avec le même sol de sable brillant qu'en été ; là règne une éternelle sérénité sans aucune vague comme dans le crépuscule d'ambre du ciel, correspondant au tempérament calme et égal de ses habitants (40).

Même péchés, jamais ils ne sont bradés sur les places publiques. Habitants de la source de vie, qu'ont-ils de commun avec les poissons du royaume des morts ? Leur trépas même possède une qualité liquide et silencieuse, exempte de toute brutalité. Ces poissons ne meurent pas, ils rendent l'âme, de la même façon qu'ils glissent au fil des eaux.

A celui qui s'y baigne, l'étang céleste confère cette dimension « autre », le revêtant d'une surnaturelle blancheur :

L'eau de notre rivière est noire ou d'un brun très foncé pour quelqu'un regardant directement dedans, et, comme celle de la plupart des étangs, donne au corps de celui qui s'y baigne une teinte jaunâtre ; mais cette eau-là est d'une telle pureté cristalline que le corps du baigneur paraît d'une blancheur d'albâtre, encore plus dénaturé, lequel, comme les membres sont grossis et en même temps déformés, produit un effet monstrueux, bon à servir d'étude à un Michel-Ange (41).

L'eau de Walden fait ainsi du baigneur un mutant, dont la « blancheur d'albâtre » est signe de pureté. La beauté, chez Thoreau, rime toujours avec pureté, laquelle pureté va également de pair avec la profondeur. L'étang est donc pur et profond : « cet étang est si remarquable par sa profondeur et sa pureté qu'il mérite une description particulière » observe celui qui demeure sur sa rive (42). Walden Pond est le lac de l'âme, et l'âme pure est une âme profonde. Certains aiment à croire cet étang insondable ; or, si en bon naturaliste, Thoreau en a mesuré le fond avec précision, il n'en demeure pas moins attaché à ce rêve d'une pièce d'eau infinie : « Et si les étangs étaient tous peu profonds ? Cela n'aurait-il pas de réactions sur l'esprit des hommes ? Je suis content que cet étang fût créé profond et pur en guise de symbole. Aussi longtemps que les hommes croiront à l'infini on pensera que certains étangs n'ont pas de fond » (43).

C'est cette charge symbolique de profondeur et de pureté qui rend l'étang de Walden si cher aux yeux de Thoreau. Comme les « Waldensiens », les poissons qui en sont l'émanation animale, Walden est un joyau : « Par un jour semblable, en septembre ou en octobre, Walden est le parfait miroir de la forêt, serti de pierres aussi précieuses à mes yeux que si elles étaient moins nombreuses ou plus rares » (44). Voyant en Walden et en l'Étang Blanc (autre joyau des bois de Concord) de « grands cristaux à la surface de la terre » (45), Thoreau observe :

S'ils étaient glacés en permanence, et assez petits pour être saisis, ils seraient peut-être emportés par des esclaves, comme des pierres précieuses, pour orner la tête des empereurs ; mais étant liquides, vastes, et nous étant acquis à jamais à nous et à nos successeurs, nous les négligeons, et nous courons après le diamant de Koh-i-Nor (46).

Quelle merveille surpassera jamais cette étendue limpide et pure ? Thoreau se nourrit de la perfection de l'étang : « Peut-être rien d'aussi beau, d'aussi pur, et en même temps d'aussi grand qu'un lac posé à la surface de la terre » (47). « Un lac est le trait le plus beau et le plus expressif d'un paysage » (48).

Son caractère unique et précieux fait donc de l'étang un sanctuaire. Or, ainsi que tout lieu consacré, Walden court le risque de se voir profané, terme fréquent sous la plume de Thoreau : « Je doute qu'il ait jamais été profané par le vol d'un goéland » (49), « Depuis que les bûcherons, la voie ferrée, et moi-même avons profané Walden... » (50), « Cet étang a rarement été profané par un bateau... (51) » Sur tout ce qui est pur plane le spectre de la souillure, et particulièrement sur l'eau, symbole par excellence de la pureté, ainsi que l'observe Bachelard : « L'eau pure et claire est, en effet, pour l'inconscient, un appel aux pollutions » (52). Thoreau dénonce avec vigueur le sacrilège commis par les hommes à l'égard de l'eau, laquelle profanation consiste toujours en une tentative de détournement : l'eau purificatrice se trouve souillée par une utilisation perverse, utilitaire et matérialiste, de son pouvoir. Désireux de la capturer afin qu'elle nettoie leur vaisselle, les villageois de Concord enserrent l'eau dans leurs limites sans faire le moindre cas de sa valeur sacrée : « Les villageois qui savent à peine où il se trouve, au lieu d'aller à l'étang pour se baigner ou pour boire, pensent à apporter son eau — qui devrait être aussi sacrée au moins que celle du Gange — jusqu'au village dans un tuyau, pour laver leur vaisselle avec ! — pour gagner leur Walden en tournant un robinet ou en ouvrant une bonde ! » (53). La précieuse eau de Walden doit être méritée, on n'y accède vraiment que par un effort conscient, avec révérence et humilité. Sans doute Thoreau se console-t-il à la pensée que l'eau céleste est à jamais innaccessible aux villageois avides. L'eau de leurs éviers a perdu son pouvoir, c'est une eau morte, mutilée. Ceux qui prétendent ainsi s'en emparer la dénaturent et lui transmettent leurs souillures. Walden ne tire sa pureté que de son splendide isolement, de sa quasi-virginité. Ne conservant nulle trace du passage de la civilisation, l'étang se rétablit très vite des blessures qui lui sont infligées. Suite au passage d'Irlandais venus casser la glace, Thoreau remarque avec satisfaction :

Et maintenant, ils sont tous partis, et dans plus de trente jours, sans doute, je verrai là par la même fenêtre la pure eau vert-de-mer de Walden, reflétant les nuages et les arbres, et s'évaporant dans la solitude, et nulle trace qu'un homme s'y soit jamais tenu n'apparaîtra (54).

En cette eau hors d'atteinte des hommes, Thoreau se repaît d'un élément sauvage. La forêt elle-même se trouve magnifiée par la présence de l'étang et n'est parfaite qu'inviolée :

La forêt n'est jamais dans un cadre si avantageux, ni n'est si indéniablement belle, que lorsqu'on la voit du milieu d'un petit lac parmi des collines qui s'élèvent du bord de l'eau ; car l'eau dans laquelle elle se reflète non seulement forme en ce cas le meilleur premier plan, mais, avec ses rives sinueuses, lui donne la plus naturelle et la plus agréable limite. Il n'y a ni âpreté ni imperfection dans sa lisière comme là où les haches l'ont défrichée en partie, ou là où y aboutit un champ cultivé... On voit peu de traces de la main de l'homme. L'eau baigne la rive comme elle le faisait il y a mille ans (55).

Constatant que Walden tire sa pureté de son isolement, il regrette qu'il aille se mêler à d'autres eaux moins virginales :

Si en vivant ainsi réservé et austère, comme en ermite dans les bois, depuis si longtemps, il a acquis une telle pureté merveilleuse, qui ne regretterait pas que les eaux de l'étang de Flint impures en comparaison soient mélangées aux siennes, ou que lui-même aille à jamais dissiper sa douceur dans le flot de l'océan ? (56).

Thoreau voit en l'étang de Flint le type même de l'eau souillée par l'homme et ne ménage pas sa colère pour dénoncer le sacrilège : « *L'étang de Flint !* Telle est la pauvreté de notre nomenclature. De quel droit ce fermier sale et stupide dont la ferme confinait à cette eau céleste de laquelle il a saccagé sans pitié les rives, lui a-t-il donné son nom ? » (57). En osant donner son nom à l'eau, Flint s'est rendu coupable du suprême sacrilège car il a irrémédiablement marqué l'étang de son signe. Le nom représente la limite par excellence, à laquelle l'homme s'identifie, les quelques syllabes en lesquelles il projette son illusion, ce qu'il croit être lui. Le nom coupe du cosmos, et en lui aposant le sien, le fermier a exilé l'eau céleste, l'a dépouillée de sa pureté, tel un violeur marquant sa victime du sceau de l'infamie. Sur la source de vie, il s'est permis d'inscrire la marque de la mort. Thoreau espère cependant dissiper le sacrilège en ne tenant pas compte du nom maudit : « ainsi l'étang n'a pas de nom pour moi » (58).

L'eau céleste, matérialisation de l'aspiration à l'éveil et à une vie plus élevée doit nécessairement porter un nom digne d'elle, en lequel vibre cette soif du ciel : « si les plus beaux caractères du paysage doivent porter des noms venant des hommes, que ce soient seulement ceux des plus nobles et des plus dignes. Que nos lacs reçoivent au moins des noms aussi vrais que la mer d'Icare, où "sur le rivage" une "courageuse tentative résonne encore" » (59).

Le mépris que Thoreau témoigne à Flint marque bien la gravité que revêt à ses yeux cette profanation. Ainsi que l'écrit Bachelard à propos des pollueurs : « Le "crime" vise plus haut que la faute contre les hommes. Il a, dans certains de ses caractères, le ton du sacrilège. C'est un outrage à la nature-mère » (60).

Dans sa diatribe lancée contre le profanateur, Thoreau nous révèle par la négative sa propre attitude religieuse à l'égard de l'étang. En stigmatisant les péchés par omission de Flint, Thoreau nous dévoile ses propres observances : « Je n'y vais pas pour le voir ni pour entendre parler de lui qui jamais ne le *vit*, qui jamais ne s'y baigna, qui jamais ne l'aima, qui jamais ne le protégera, qui jamais ne dit un mot en sa faveur, ni ne remercia Dieu de l'avoir créé » (61). N'adore réellement l'étang que celui qui le *voit*, perçoit sa nature lumineuse et s'empresse donc de prendre un bain de lumière. L'eau est une entité vivante et sensible qu'il convient d'aimer et de respecter.

En d'autres pages de *Walden*, Thoreau laisse davantage encore dériver sa plume au fil d'une eau rêvée, nous révélant ainsi l'intensité de son lien avec l'étang. En cette eau à laquelle il rend un culte quotidien, Thoreau reconnaît l'inépuisable source de vie. Son aspiration à l'éternel printemps et au perpétuel matin se matérialise par l'eau qui donne corps à la rêverie. Le mot-clef n'est autre que « spring » qui en anglais signifie à la fois « source » et « printemps ». En Walden Thoreau voit une « source intarissable » (« a perennial spring » [62]) et donc par là même un printemps toujours renouvelé. Ainsi que l'observe Bachelard : « A aucun substantif plus fortement qu'à l'eau, l'adjectif "printanier" ne peut être associé. Pour une oreille française, il n'est pas de plus frais vocable que celui des eaux printanières (63). » Quant aux oreilles anglaises, en entendant « source » elles entendent « printemps », et vice versa. Par le jeu des signifiants, la source se fait printemps dans l'imaginaire de Thoreau et se confond donc naturellement avec le matin. Le bain quotidien dans les eaux de l'étang est un bain de printemps, cure de jouvence et plongée dans l'origine. L'on s'attend donc bien à retrouver Walden lors de ce fameux premier matin de printemps dont il est en quelque sorte la matérialisation :

Peut-être l'étang de Walden existait-il déjà en ce matin de printemps lorsqu'Adam et Ève furent chassés de l'Éden, et peut-être même qu'alors une douce pluie printanière accompagnée de brume et de vent du sud le troublait-elle, et qu'il était recouvert de myriades de canards et d'oies qui n'avaient pas entendu parler de la chute, lorsque de tels lacs purs leur suffisaient encore. Même alors il avait commencé à monter et à descendre, à clarifier et colorer ses eaux de la teinte qu'elles portent maintenant, et il avait obtenu une patente du ciel pour être le seul étang de Walden au monde et le distillateur des rosées célestes. Qui sait dans combien de littératures de nations oubliées celle-ci a-t-elle été la fontaine Castalia ? ou quelles nymphes y présidaient à l'Age d'Or ? C'est une gemme de la meilleure eau que Concord porte sur sa couronne (64).

Bénéficiaire d'une grâce spéciale qui l'exempte de la chute, Walden seul demeure intact. Son eau est bien semblable à celle chantée par les Rishis védiques : elle est emplie de pouvoir et concentre en sa moindre goutte toutes les forces de vie. Toutes les eaux bénies célébrées des poètes convergent en ce joyau. L'ayant découvert au cœur de la forêt, Thoreau se devait de lui inventer une légende. De même, les Hindous aiment à rêver l'origine de leur fleuve sacré. Selon Jean Herbert, « chaque secte a... une variante qui lui est propre de la légende racontant l'arrivée miraculeuse du Gange sur la terre. Selon les uns, il a sa source dans la chevelure de Shiva, selon d'autres, il vient du pied de Vishnou, des doigts de Parvatî, des pieds de Brahmâ, etc. Le Gange visible n'est d'ailleurs que l'un de ses cours, car "le fleuve des trois mondes" arrose aussi le ciel et les enfers » (65). Tel un alchimiste tenant en main la pierre philosophale, Thoreau contemple Walden Pond avec émerveillement. Cette source-printemps non intermittente n'a ni commencement ni fin ; les hommes vont et viennent en un incessant manège, l'eau de l'étang demeure inchangée : « Des nations successives y ont peut-être bu, l'ont admiré, l'ont sondé, et ont disparu, et son eau est toujours aussi verte et pellucide que jamais. Aucune source intermittente ! » (66). Malgré les lépreux et la multitude de pèlerins et de mendiants qui s'y baignent, l'eau du Gange reste saine. De même, Thoreau voit en l'étang une eau invincible, dont la pureté se préserve d'elle-même. Alors qu'il est contraint d'inscrire « Défense d'entrer » sur sa porte, Walden, lui, se passe de barrière :

Eau céleste. Elle n'a pas besoin de clôture. Les nations vont et viennent sans la souiller. C'est un miroir qu'aucune pierre ne peut briser, dont le vif argent ne s'effacera jamais, dont la Nature répare continuellement la dorure ; aucune tempête, aucune poussière, ne peut ternir sa surface toujours limpide ; un miroir sur lequel toute impureté qui s'y présente sombre, balayée et époussetée par la brosse vaporeuse du soleil — léger chiffon que celui-là, qui ne retient aucune haleine soufflée sur lui, mais qui exhale la sienne qui va flotter comme un nuage bien au-dessus de sa surface, et se refléter encore en son sein (67).

Cette eau éternelle se renouvelle sans cesse et possède donc un pouvoir auto-régénérateur. Aux hommes affectés par les tempêtes ou la boue déposée sur eux par la vie, Walden Pond présente sa surface toujours lisse. Afin d'évoquer un état de conscience parfaitement stable et indépendant des conditions extérieures, les maîtres hindous ont souvent recours à l'analogie du lac sur lequel le doigt trace un trait : la surface se ride un instant, puis retrouve immédiatement son homogénéité. Thoreau reprend cette image à son compte : « Comme le lac, ma sérénité se ride mais ne se trouble pas » (68). L'eau de Walden est emmurée, « Walled-in » (69), protégée par des fortifications invisibles.

Le contraste entre la pureté de l'étang et la souillure des hommes impressionne Thoreau, à tel point qu'il en vient à considérer Walden comme un être vivant à l'épreuve du temps. Les autres vieillissent et perdent leur pureté ; l'étang, lui, demeure intègre et ne prend pas une ride, en dépit de toutes les vicissitudes :

Néanmoins, de tous les personnages que j'ai connus, peut-être est-ce Walden qui porte et qui préserve le mieux sa pureté. On lui a comparé beaucoup d'hommes, mais peu méritent cet honneur. Bien que les bûcherons aient d'abord saccagé cette rive et puis celle-ci, que les Irlandais aient bâti leurs taudis près de lui, que la voie ferrée ait violé sa frontière, qu'une fois les marchands de glace l'aient écumé, il reste inchangé, la même eau sur laquelle tombaient les yeux de ma jeunesse ; tout le changement est en moi. Après toutes ces rides il n'a pas pris une seule ridule ineffaçable. Il est perpétuellement jeune, et debout je peux voir comme autrefois une hirondelle qui semble plonger pour prendre un insecte à la surface (70).

Aussi de tels étangs constituent-ils une grâce accordée à l'homme exilé en ses ténèbres : les contemplant, il lui est donné de retrouver une part du calme et de la pureté propres à sa nature essentielle matérialisée sous la forme de cette eau limpide : « Ils (les étangs) sont trop purs pour avoir une valeur marchande ; ils ne contiennent aucun défaut. Combien plus beaux que nos vies, combien plus transparents que nos personnes sont-ils ! Jamais nous n'avons appris d'eux la bassesse » (71). Le *darshan* (« Fait de voir. Avoir le *darshan* d'un saint, d'un sage, d'une divinité, etc., signifie être béni du fait de le voir et d'être en sa présence » (72), revêt en Inde une grande importance. Le seul fait d'approcher, même brièvement, un Sage, purifie et confère une bénédiction. La présence de l'être éveillé possède donc un net pouvoir de rédemption. Cette même puissance est attribuée au Gange qui, comme l'explique Ramakrishna, est l'émanation de Brahman :

« L'eau du Gange est aussi pure que Brahman. Même un agnostique parvient à la dévotion s'il vit sur les rives du Gange. Toute la région sur laquelle souffle le vent chargé de gouttelettes d'eau du fleuve en est sanctifiée, et les gens qui y habitent sont éveillés spirituellement sans avoir à fournir d'effort » (73).

Thoreau investit d'un pouvoir comparable le *darshan* de Walden :

Les wagons ne s'arrêtent jamais pour le regarder ; pourtant j'imagine que les mécaniciens, les chauffeurs et les serre-freins, et ceux des passagers qui ont une carte d'abonnement et qui le voient souvent, s'améliorent à ce spectacle. Le soir le mécanicien n'oublie pas — sa nature ne le peut pas — qu'il a aperçu une fois au moins durant la journée cette vision de sérénité et de pureté. Même vu une seule fois, il aide à effacer State-Street et la suite de la locomotive. On propose qu'il soit appelé « Goutte de Dieu » (74).

Il ne s'agit pas nécessairement d'un souvenir conscient mais d'une influence subtile qui pénètre l'âme et y laisse sa marque. Aussi peut-on considérer que l'étang de Walden a joué pour Thoreau le rôle d'un *upa-gourou*, ou « gourou auxiliaire », fonction parfaitement reconnue par la tradition hindoue et pouvant être assumée par des animaux, des éléments, voire même des choses, tout autant que par des humains. Ainsi que l'explique Jean Herbert :

« A côté du gourou... il est prévu que l'hindou peut aussi recevoir un enseignement complémentaire d'autres personnes, qui sont alors pour lui des gourous "secondaires" *(upa-gourous).* "Il ne faut pas avoir qu'un seul gourou, disait Shrî Râmakrishna, mais on peut prendre plusieurs *upa-gourous.*" Et il citait l'exemple d'un jeune ascète nu (avadhûta) qui, selon le Bhâgavata-Purâna, eut 24 *upa-gourous*, parmi lesquels d'ailleurs, curieux assemblage, l'eau, le feu, la lune, le soleil, un pigeon, un boa, un éléphant, un poisson, un enfant, un forgeron, une guêpe, etc. » (75).

Ayant approché l'eau de Walden avec révérence et humilité, les dispositions requises pour aborder un gourou, Thoreau s'est ouvert à ses enseignements. Tel un gourou, l'étang ne l'incline jamais à la bassesse, mais le confronte toujours à une identité essentielle et limpide : Walden est une fenêtre ouverte sur les profondeurs de l'âme, un regard vivant qui jauge l'être : « Un lac est le trait le plus beau et le plus expressif d'un paysage. C'est l'œil de la terre ; en regardant dedans le spectateur mesure la profondeur de sa propre nature » (76). Bachelard a su mettre en lumière cette relation spéculaire établie entre l'homme et l'eau : « L'homme veut voir... Mais dans la nature elle-même, il semble que des forces de vision soient actives. Entre la nature contemplée et la nature contemplative les relations sont étroites et réciproques » (77). Celui qui aspire à se voir devra rencontrer un regard. Notre premier miroir n'est-il pas l'œil de l'autre ? Qu'est-que le gourou, sinon celui qui fait voir ? Mais il ne le peut que dans la mesure où lui-même voit. Ainsi que l'écrit Bachelard, « tout ce qui fait voir voit » (78). Or, toujours selon l'auteur de *L'eau et les rêves*, « le lac est un grand œil tranquille » (79), un œil dont Thoreau décrit les cils et les sourcils : « Les arbres fluviatiles proches de la rive sont les minces cils qui le bordent, les collines et les falaises boisées tout autour sont ses sourcils en surplomb » (80). L'étang de Walden a donc su renvoyer Thoreau à lui-même. Bachelard remarque, comme en écho à ces pages : « Ainsi sous les formes les plus diverses, dans les occasions les plus différentes, chez les auteurs les plus étrangers les uns aux autres, on voit se reproduire un échange sans fin de la vision au visible... L'œil véritable de la terre, c'est l'eau » (81).

Non content de s'y mirer, Thoreau aspire à retrouver la conscience pure et fluide que l'étang lui donne sans cesse à contempler. S'il est admis que le gourou n'est pas un autre que le disciple, il est également précisé qu'il est le disciple parvenu au terme de sa quête. Lorsque Thoreau observe à propos de l'étang : « Si en vivant ainsi réservé et austère, comme un ermite dans les bois, depuis si longtemps, il a acquis une telle pureté merveilleuse... » (82), il est clair qu'il fait aussi allusion à son propre cas. A l'instar de Walden, c'est loin des villes, en forêt, que Thoreau s'épanouit. Il souhaite que l'étang de lumière devienne le lac de son âme, la surface limpide et tranquille de sa propre conscience. Lui aussi désire être exempt de souillures et conserver sa pureté au fil des ans.

« On lui a comparé beaucoup d'hommes, mais peu méritent cet honneur » remarquait-il précédemment à propos de l'étang. Pourquoi ne serait-il pas au nombre des élus méritant d'être comparés à Walden, étalon de la pureté, fontaine de l'éternelle jeunesse ?

Surface homogène baignant dans une lumière surnaturelle, Walden Pond devient pour Thoreau l'étang de la conscience pure, eau tranquille que nulle vague ne peut durablement troubler :

Sur cette vaste étendue il n'y a pas de perturbation qui ne soit tout de suite ainsi doucement aplanie au loin et apaisée, comme quand on secoue un vase plein d'eau, les cercles tremblotants atteignent le bord et tout redevient paisible. Pas un poisson ne peut sauter ou un insecte tomber sur l'étang sans que soit ainsi signalé par des rides concentriques, par des lignes de beauté, pour ainsi dire le jaillissement continuel de sa fontaine, la douce pulsation de sa vie, le palpitement de son sein. Les frissons de joie et les frissons de douleur sont indiscernables. Comme les phénomènes du lac sont paisibles ! (83).

Cette conscience accueille joie et peine avec équanimité. Elle demeure ainsi immuable en elle-même et tout s'y résoud en une douce paix. Se penchant vers l'étang, Thoreau y reconnaît sa propre étendue intérieure.

Plongeant son regard en un puits, le poète Robert Frost (1874-1963) a cru un jour faire une découverte :

« Une fois, en m'appliquant, le menton sur la margelle
[d'un puits,
Il m'a semblé discerner par-delà l'image,
à travers l'image, quelque chose de blanc, de vague,
une chose davantage issue des profondeurs — et puis
[je l'ai perdu.

Quelle était cette blancheur ?
La Vérité ? Un cristal de roche ? Quelque chose, pour
[une fois » (84).

Pour Thoreau, par contre, nulle équivoque. Par-delà l'image, à travers l'image, il sait avoir discerné ses intimes profondeurs :

Ce n'est pas un rêve
Pour orner un vers ;
Je ne peux m'approcher plus de Dieu ni du Ciel
Qu'en vivant à Walden.
Je suis les pierres de sa rive,
Et la brise qui passe au-dessus ;
Dans le creux de ma main
Se trouvent son eau et son sable,
Et son repère le plus profond
Repose haut dans ma pensée (85).

Conscient de sa dette, Thoreau donnera à son livre le nom de cet étang qui l'a révélé à lui-même. « Ce n'est pas un rêve », dit-il ; et pourtant, l'eau céleste n'est-elle pas une eau rêvée ? « La beauté est dans l'œil de celui qui contemple » disait William Blake. Comment Thoreau aurait-il su découvrir le ciel dans les eaux de Walden si le ciel n'avait déjà élu domicile en ses yeux ? Ainsi que l'écrit Bachelard : « Il faut que l'iris de l'œil ait une belle couleur pour que les belles couleurs entrent dans sa prunelle. Sans un œil bleu, comment voir vraiment le ciel bleu ? » (86).

Chapitre 6
Une solitude heureuse

« Que le yogi se recueille constamment en lui-même, demeurant dans un lieu isolé, seul. » Telle est l'injonction de Krishna au chapitre sixième de la Bhagavad-Gita, livre très apprécié des transcendantalistes (1). Voilà bien un précepte qu'Henry Thoreau s'est efforcé de suivre envers et contre tout. La société ne tolère guère les comportements échappant à son moule et pardonne donc difficilement le péché de solitude. De fait, l'auteur de *Walden* semble parfois gêné de ses penchants pour l'isolement. Il consacre deux chapitres à ses visiteurs et juge utile de préciser, en guise de justification : « Je crois que j'aime la société autant que la plupart des gens, et je suis assez disposé à m'attacher un moment comme une sangsue à n'importe quel homme au sang noble que je rencontrerais. Je ne suis pas un ermite par nature... » (2).

Thoreau n'est certes pas l'ermite inapprochable que certains critiques ont voulu faire de lui. Ainsi que l'ont montré Walter Harding, à travers sa magistrale biographie (3) et Mary Elkins Moller, dans un livre intitulé *Thoreau in the Human Community* (4), l'auteur de *Walden* savait se montrer sociable, voire même aimant et attentionné. S'il est intransigeant et aspire à sortir de l'humain « trop humain », Thoreau aime néanmoins les gens et possède un sens profond de la communauté, ainsi qu'en témoignent de nombreux passages du *Journal.* Il serait donc faux de prétendre qu'il abhorre les contacts humains, mais il n'en demeure pas moins qu'il ne les goûte qu'à petite dose. La manière dont il évoque les rapports humains dans le passage cité plus haut me paraît significative : être en compagnie tient du vampirisme, il s'agit de se repaître de la substance des autres. Travaillant à sa propre complétude, Thoreau ne tient guère à servir de nourriture, et c'est pourquoi il a choisi, pour un temps du moins, la retraite. Dès les premières lignes de *Walden*, il a tenu à insister sur le caractère fondamentalement solitaire de son entreprise en précisant : « Je vivais seul dans les bois, à un mile de tout voisin... » (5). Et s'il s'est appliqué à parler de ses visiteurs, il n'en a pas moins consacré un très beau chapitre à sa chère solitude, chapitre dans lequel il avoue sans détours : « J'aime être seul » (6). Dans le monde de Thoreau, la solitude, c'est la santé : « Je trouve salutaire d'être seul la plupart du temps », remarque-t-il (7). Dans le texte anglais, il emploie l'adjectif « Wholesome » (« I find it wholesome to be alone the greater part of the time ») qui signifie « sain », « salubre ». Pour lui en effet, santé veut dire totalité. Si Thoreau juge sain, « wholesome », d'être seul, n'est-ce pas parce qu'alors il se sent « whole », complet ? L'existence de Thoreau tend vers une communion, une expérience d'ordre psycho-physiologique qui le relie au monde et lui procure une sensation d'être plus dense et vigoureuse. Or, il est rare que les rapports humains, d'ordinaire agités et superficiels, favorisent cette plénitude. Hormis les amitiés profondes (que Thoreau a goûtées) susceptibles d'aboutir à une réelle communion, la plupart des contacts humains projettent plutôt dans l'univers éclaté des différences et provoquent chez un être aussi sensible et exigeant que l'auteur de *Walden* une sensation de morcellement, alors que la solitude recrée et unifie. De fait, tous les enseignements spirituels ont reconnu la nécessité, sinon d'un total isolement, du moins d'espaces de solitude pour celui qui travaille à s'éveiller. S'il est nécessaire de se frotter à l'autre et d'accepter pleinement la différence, l'aspirant est également mis en garde contre les risques de dissipation (mot fréquent sous la plume de Thoreau) liés à une vie trop mondaine.

Parahamsa Yogananda conseillait à ses disciples : « Recherchez la solitude autant que possible. Ne passez pas votre temps libre avec d'autres dans le seul but de socialiser. L'amour de Dieu est difficile à trouver lorsqu'on n'est pas seul » (8). De même, Thoreau se méfie de la société des hommes qu'il juge peu favorable à un certain approfondissement : « Je sens », confie-t-il à son journal, « la nécessité d'approfondir le courant de ma vie, de cultiver la solitude. C'est une grande dissipation d'être trop avec les autres. Comme le dit Channing, la pensée s'émousse à vivre trop en société » (9). Et il remarque dans *Walden* : « La compagnie ordinairement n'est pas de grande valeur » (10). Même des grandes amitiés il convient de ne jouir qu'avec modération : « Etre en compagnie, même la meilleure, devient bientôt ennuyeux et nous dissipe » (11). Pour croître en intensité, les rencontres gagneraient à être espacées :

Nous nous rencontrons à des intervalles très rapprochés, sans avoir eu le temps d'acquérir aucune nouvelle valeur les uns pour les autres. Nous nous rencontrons aux repas trois fois par jour, et nous nous donnons les uns aux autres un nouvel échantillon de ce vieux fromage moisi que nous sommes... Nous vivons entassés et nous nous gênons les uns les autres, et nous trébuchons les uns sur les autres, et je pense qu'ainsi nous perdons le respect les uns pour les autres. Moins de fréquentation suffirait certainement pour toutes les communications importantes et sincères (12).

L'hymne à la solitude de Thoreau devient ainsi une méditation sur la nature des rapports humains. Avec cette même obstination qui le pousse à sonder le fond de l'étang de Walden, Thoreau questionne sa solitude et fouille le fond des relations sociales. Il remarque premièrement que la communion ne saurait se fonder sur la proximité physique et le contact des corps : « J'ai eu à la fois vingt-cinq ou trente âmes avec leur corps sous mon toit, et pourtant nous nous quittions souvent sans avoir conscience de nous être beaucoup rapprochés les uns des autres » (13). Si les hommes ne parviennent à faire coïncider leurs espaces intérieurs, nul rapprochement physique ne saurait y pallier : « De quelle sorte est l'espace qui sépare un homme de ses semblables et le rend solitaire ? J'ai découvert qu'aucun exercice des jambes ne peut rapprocher deux esprits l'un de l'autre » (14). Les Hindous évitent autant que possible, les contacts physiques, par crainte d'être souillés. Selon Jean Herbert, « cette crainte du contact humain, avec ce qu'il peut apporter de souillure, va très loin. Pour se saluer, on ne se touche pas même la main, mais on s'incline l'un devant l'autre en joignant les mains *(anjali)* » (15). De même Thoreau répugne à toute promiscuité : « Un inconvénient dont j'ai parfois fait l'expérience dans une si petite maison : la difficulté de me mettre à une distance suffisante de mon invité quand nous commencions à émettre de grandes pensées en de grands mots » (16).

Sans doute le contact physique est-il lié pour Thoreau à une volonté de prendre, d'agripper, à une psychologie passionnelle impliquant l'excitation et l'animalité. L'éloignement, au contraire, marque le détachement, le calme et la neutralité vis-à-vis de l'autre. Neutralité qui ne signifie pas froideur mais réelle aptitude à recevoir l'autre dans sa différence sans constamment se projeter sur lui. La communication ne peut donc prendre place que si les interlocuteurs conservent une certaine distance, intérieure et extérieure : « Les individus, comme les nations », observe Thoreau, « doivent avoir de larges et convenables frontières naturelles, et même avoir entre eux un terrain neutre considérable » (17). L'éventuelle distance matérielle favorisera le recul intérieur, la non-implication indispensable pour qu'au-delà des mots, quelque chose puisse réellement se dire. Le dialogue est en effet d'autant plus intense qu'il se rapproche du silence : « Chez moi nous étions si rapprochés que nous ne pouvions même pas nous entendre — nous ne pouvions parler assez bas pour être entendus » (18).

Tout dépend certes du genre de propos que l'on désire tenir :

Si nous ne sommes que des parleurs locaces et bruyants, alors nous pouvons nous permettre de rester ensemble très rapprochés, côte à côte, et de sentir le souffle les uns des autres ; mais si nous parlons avec réserve et attention, nous voulons nous tenir plus éloignés, pour que toute chaleur animale et toute moiteur puisse avoir une chance de s'évaporer (19).

Thoreau ne recherche pas une relation « chaude » ; il tient à garder la tête froide et à demeurer détaché, situé en une disposition intérieure qu'exprime très bien l'adjectif anglais « cool » qui signifie à la fois « frais » et « calme », « détendu ». Les passions et les relents d'attachement émotionnel doivent s'évaporer. Une fois ces conditions réunies, la communion peut avoir lieu.

Thoreau ne goûte guère les paroles, auxquelles il préfère la *Parole* qui ne s'accommode que rarement des limites du langage. Aussi la communion la plus intense se trouve-t-elle au cœur du silence, lorsque la relation devient méditation. « Si nous voulons goûter le commerce le plus intime avec ce qui en chacun de nous est en dehors ou au-delà de ce qui se dit, nous ne devons pas seulement être silencieux, mais ordinairement si éloignés corporellement que nous ne pouvons vraiment en aucun cas entendre la voix de l'un à l'autre » (20). Deux êtres peuvent alors se rejoindre, non à travers l'accord superficiel que véhiculent les mots, mais sur le plan de leur essence. Aussi les paroles sont-elles un pis-aller, un fade substitut destiné aux infirmes de l'être, inaptes à s'ouvrir au souffle de l'indicible : « En se référant à ce critère, la parole est faite pour la commodité de ceux qui sont durs d'oreille ; mais il y a de nombreuses choses subtiles que nous ne pouvons pas dire si nous avons à crier » (21).

Cette communion se produira d'autant mieux si chacun cultive au préalable le contact avec sa profondeur, au moyen de méditations solitaires. Commentant le verset de la Bhagavad-Gita cité en début du présent chapitre, Maharishi Mahesh Yogi observe que :

« Si la méditation ne peut être faite dans un lieu retiré, les risques d'être dérangé seront plus grands. Pendant la méditation, l'esprit pénètre dans les niveaux plus profonds du processus de la pensée ; s'il est dérangé et contraint soudainement à revenir à des niveaux plus superficiels de perception sensorielle, il sera alors soumis brutalement au contraste des domaines subtils et des domaines superficiels de la perception » (22).

Au chapitre « Mes voisines les bêtes », Thoreau rapporte un cas de méditation inopinément interrompue : « le poète » (Ellery Channing) rend visite à « l'ermite » (Thoreau) et l'invite à aller pêcher en sa compagnie. « J'irai volontiers avec vous », répond l'ermite, « mais je termine une sérieuse méditation. Je crois que j'arrive à la fin. Laissez-moi donc seul un moment » (23). De nouveau seul, l'ermite constate à regret qu'il a lâché la proie pour l'ombre :

L'ermite seul. — *Laissez-moi voir ; où en étais-je ? Il me semble que j'étais à peu près dans cette disposition d'esprit ; le monde s'étendait sous cet angle. Irais-je au ciel ou à la pêche ? Si je mets fin trop tôt à cette méditation, est-il vraisemblable qu'une autre occasion aussi propice s'offre à moi ? J'étais plus près que je ne le fus jamais au cours de ma vie de me fondre dans l'essence des choses. Je crains que mes pensées ne reviennent pas. Si ça servait à quelque chose, je les sifflerais. Quand elles nous font une proposition, est-il sage de répondre : Nous y songerons ? Mes pensées n'ont laissé aucune trace, et je ne peux pas retrouver leur piste. A quoi pensais-je ? C'était une journée très brumeuse. Je veux juste éprouver ces trois phrases de Con-fu-cius ; elles peuvent me remettre dans cet état. Je ne sais pas si c'était de la tristesse ou une extase en herbe. Notez, il n'y a jamais qu'une seule occasion de la sorte* (24).

Il se résoud donc à partir pour la pêche tout en conservant la nostalgie du « ciel » et des poissons initiatiques qu'il aurait ainsi attrapés en lui-même.

Dans un livre intitulé *Living with the Himalayan Masters*, Swami Rama rapporte une anecdocte assez significative. L'histoire commence lorsqu'un prince parvient à la grotte où réside le maître du narrateur et demande à s'entretenir avec le sage :

« Je l'emmenai dans la grotte où mon Maître était assis sans rien dire. Ce prince désirait être poli, faire étalage de ses bonnes manières et de son éducation occidentale. Il dit : "Monsieur, vous me semblez bien seul." Mon Maître répondit : "Oui, parce que vous êtes venu. Avant votre arrivée, je jouissais de la compagnie de l'ami qui demeure en moi. Maintenant que vous êtes là, je me sens seul" » (25).

On retrouve chez Thoreau ce sentiment de solitude et d'exil parmi les hommes : « Pour la plupart », observe-t-il, « nous sommes plus isolés quand nous voyageons parmi les hommes que quand nous restons dans nos chambres » (26). Ceci parce que les rapports humains vécus à la périphérie de nous-mêmes ne sont en général que des substituts : souffrant de notre incomplétude, nous exigeons mécaniquement de l'autre qu'il comble notre vide et corresponde à notre attente. A travers la relation, nous recherchons ainsi vainement la plénitude de l'unité. Cette constante demande nous interdit d'accueillir l'autre dans sa différence et fausse donc la rencontre qui n'est plus qu'une projection par laquelle la dualité se trouve encore renforcée. Ainsi que l'écrit Parahamsa Yogananda : « Notre désir humain d'amour et de compréhension de la part des autres est en réalité le désir de l'âme qui veut s'unir à Dieu » (27). C'est à cette même conclusion que Thoreau aboutit, quoiqu'en termes moins dualistes :

Auprès de quoi voulons-nous le plus demeurer ? Sûrement pas auprès de beaucoup d'hommes, de la gare, de la poste, du bar, du temple, de l'école, de l'épicerie, de Beacon Hill ou de Five Points, là où les hommes se réunissent le plus, mais auprès de la source intarissable de notre vie d'où par toute notre expérience nous avons découvert qu'elle jaillit, comme le saule se tient près de l'eau et envoie ses racines dans cette direction. Cela variera avec les différentes natures, mais ce sera l'endroit où un homme sage creusera sa cave (28).

Or, « plus nous cherchons à satisfaire ce désir dans le monde relatif, moins nous avons de chances de trouver le divin compagnon », remarque Yogananda (29). Voilà sans doute pourquoi Thoreau déclare sans ambages : « Je n'ai jamais trouvé de compagnon qui fût aussi social que la solitude » (30). « Il est exact que la compagnie la plus élevée est celle du Soi véritable », affirme Swami Rama (31) ; c'est effectivement de ce Soi, de cette source de toute vie, que Thoreau s'estime le plus proche : « Le plus proche de toutes les choses est ce pouvoir qui façonne leur existence. *Près* de nous les plus grandes lois s'accomplissent continuellement. *Près* de nous n'est pas cet ouvrier que nous avons engagé, avec qui nous aimons si bien bavarder, mais l'ouvrier dont nous sommes l'ouvrage » (32).

Une fois cette conviction fermement ancrée dans l'être, la douleur et le manque habituellement associés à la solitude ne peuvent que s'évanouir. Se sentir « seul » lorsqu'on est isolé trahit une incomplétude et par là même une absence de maturité. Swami Rama observe à ce propos : « Je ne me sens jamais seul. Qui se sent seul n'est pas conscient de la totale plénitude qui demeure en nous... Être seul est une maladie. Se sentir heureux, bien que seul, c'est jouir de la constante compagnie, de la conscience ininterrompue de la Réalité » (33). De même Thoreau voit en la disparition du sentiment de solitude le résultat de la santé physique et spirituelle :

J'ai entendu parler d'un homme perdu dans les bois mourant de faim et d'épuisement au pied d'un arbre, duquel l'isolement était adouci par les grotesques visions dont, à cause d'une faiblesse corporelle, son imagination malade l'environnait, et qu'il croyait réelles. De même, grâce à une santé et à une force corporelle et mentale, nous pouvons continuellement être égayés par une semblable mais plus normale et naturelle compagnie, et arriver à savoir que nous ne sommes jamais seuls (34).

Cette santé-totalité qui bannit toute impression de solitude est, chez Thoreau et les transcendantalistes comme chez les

Hindous, inséparable d'une certaine *présence* au monde. Le monde, c'est-à-dire le dehors, la nature, et non pas la société ou les institutions. Nous sommes ordinairement divorcés du dehors et n'éprouvons communément qu'une faible *sensation* de cet univers dont, pourtant, nous sommes partie intégrante. D'où ce pénible et à la longue destructeur sentiment d'isolement. Coupé des éléments et des choses, nous existons morcelés, toute notre conscience reléguée en un minuscule recoin de notre cerveau. Emerson, Thoreau, Whitman veulent retrouver le *paysage*, appréhender par leurs sens aussi bien que par leur esprit un *univers ouvert*. Bref, ils aspirent en quelque sorte à raviver le sauvage en eux-mêmes afin d'exister de nouveau en un espace vierge (« wilderness ») qui, s'il prend appui sur un certain rapport avec la nature, à travers la marche par exemple, est fondamentalement un paysage intérieur, une prairie du dedans. Cette recherche du dehors dans le but de vivifier et stimuler le dedans est bien sûr très présente chez les romantiques anglais, en particulier chez Wordsworth qu'Emerson ira rencontrer lors d'un voyage en Grande-Bretagne. Mais cette poésie est encore bien trop civilisée au goût de l'auteur de *Walden* pour qui « un vrai bon livre est quelque chose d'aussi naturel, primitif, sauvage, d'aussi mystérieux et merveilleux, d'aussi ambrosiaque, d'aussi prolifique qu'un lichen ou un champignon » (35).

Institutions et société exigent que l'on s'identifie à elles et nous imposent donc une conscience étriquée. Bien qu'inséré dans le groupe social, l'individu souffre de sa solitude car il demeure coupé du réel et prisonnier d'un étau à l'intérieur duquel la communion entre les êtres se fait de plus en plus rare, chacun existant cloîtré dans ses petits problèmes et ses petits intérêts. Retiré à Walden Pond, Thoreau sort de *son* monde et retrouve *le* monde. Au sein de la nature, qui n'a pas de mental, il cesse de se limiter à son image sociale pour redevenir « une part ou particule de Dieu », selon le mot d'Emerson (36). Comment pourrait-il alors se sentir isolé ?

On me dit fréquemment : « Je pense que vous devez vous sentir solitaire là-bas, et que vous voudriez être plus près des gens, spécialement les jours de pluie ou de neige et les nuits. » Je suis tenté de leur répondre : « Toute cette terre que nous habitons n'est qu'un point dans l'espace. A quelle distance, croyez-vous, demeurent les deux habitants les plus éloignés de cette étoile là-bas, dont nos instruments ne peuvent pas estimer la largeur du disque ? Pourquoi me sentirais-je isolé ? notre planète n'est-elle pas dans la Voie lactée ? (37).

Et il poursuit un peu plus loin ce même propos :

J'ai beaucoup de monde chez moi ; surtout le matin, quand personne ne vient. Permettez-moi de suggérer quelques comparaisons, dont quelques-unes peuvent donner une idée de ma situation. Je ne suis pas plus isolé que le grand-plongeon dans l'étang qui rit si fort, ou que l'étang de Walden lui-même. Quelle compagnie ce lac isolé a-t-il, je vous prie ?... Le soleil est seul, sauf par temps brumeux, lorsqu'il semble parfois y en avoir deux, mais dont l'un est un faux soleil. Dieu est seul — mais le diable, il est loin d'être seul ; il voit beaucoup de monde ; il est légion. Je ne suis pas plus isolé qu'une simple molène ou un pissenlit dans un pâturage, ou une feuille de haricot, ou d'oseille, ou un taon, ou un bourdon. Je ne suis pas plus isolé que le Mill Brook (*)*, ou une girouette, ou l'étoile polaire, ou le vent du sud, ou une giboulée de mars, ou un dégel en janvier, ou la première araignée dans une maison neuve* (38).

On sait que Thoreau avait coutume de se promener seul, n'acceptant que rarement la compagnie de quelques privilé-

(*) Mill Brook : ruisseau.

giés, tels Channing ou Emerson. Sans doute avait-il remarqué que la présence d'un autre ne favorisait guère cette échappée hors de l'humain qu'il venait chercher dans les bois. En pleine nature, isolé, il s'applique à sortir de lui-même, et le dehors favorise grandement cette *extase* (du grec *extasis*, « action d'être hors de soi »). Le premier livre d'Emerson, qui fut longtemps le bréviaire de Thoreau, s'intitule précisément *Nature*, et le philosophe y rapporte l'une de ses incursions hors du moi déclenchée par un contact avec le paysage :

« En traversant un pré nu au crépuscule, en des mares de neige et sous un ciel nuageux, sans avoir aucune circonstance particulièrement heureuse présente à la pensée, il m'est arrivé de jouir d'une parfaite allégresse. Je suis heureux jusqu'à en avoir peur... Debout sur la terre nue — la tête baignée dans l'air heureux et levée dans l'espace infini — tout vulgaire égoïsme disparaît. Je deviens une prunelle transparente ; je ne suis rien ; je vois tout ; les courants de l'Être universel circulent en moi ; je suis une part ou particule de Dieu. Le nom de l'ami le plus proche paraît alors lointain et accidentel : être des frères, des connaissances, maître ou serviteur, paraît alors une frivolité et un dérangement. Je suis l'adorateur de la beauté immortelle et sans limites. Dans la solitude, je trouve quelque chose de plus cher et de plus sympathique que dans les rues ou les villages. Devant le paysage tranquille, et surtout devant la ligne lointaine de l'horizon, l'homme contemple quelque chose d'aussi beau que sa propre nature » (39).

Nul doute que Thoreau aussi connut fréquemment de telles expériences que l'on retrouve en abondance chez les maîtres hindous pour lesquels la nature n'est pas un espace à dominer mais un monde vivant habité, comme l'homme, par le divin et dans lequel il convient de se mouvoir harmonieusement. Swami Ramdas, l'une des lumières de l'Inde en ce siècle, décrit le ravissement éprouvé lors d'un voyage au Cachemire :

« Lorsque Ramdas (*) s'en fut au Cachemire, que l'on compare avec avantage à la Suisse, il avait l'habitude d'errer seul sur les collines, de s'asseoir sur quelque sommet et de regarder autour de lui. Il était émerveillé du spectacle. Le Divin pénétrait tous les aspects de la nature — collines, arbres, lacs, de tous côtés ! Ramdas restait des heures en état de ravissement, absorbé dans la supra-conscience pénétrant les êtres et les choses qu'il voyait. Il se trouvait lui-même en harmonie avec l'univers et avec l'Esprit universel (40). »

Pour les transcendantalistes en général et Thoreau en particulier, le dehors est guérisseur : en nous extirpant de la conscience étriquée du moi et de ses miasmes, la nature dissout du même coup le poids des tristesses et des inquiétudes humaines. Ainsi que l'écrit Emerson : « En présence de la nature, en dépit de malheurs réels, une joie intense pénètre l'homme. La Nature dit : Il est ma créature, et malgré tous ses chagrins impertinents, il devra être heureux avec moi (41). » De même, Thoreau constate :

Il ne peut y avoir de véritable noire mélancolie pour celui qui vit au sein de la Nature et qui tient ses sens tranquilles. Il n'y eut pourtant jamais de tempête qui ne fut une musique éolienne pour une oreille saine et innocente. Rien ne peut bien contraindre un homme simple et brave à une vulgaire tristesse. Tant que je jouis de l'amitié de la saison je crois que rien ne peut faire de ma vie un fardeau (42).

En présence du paysage, la douleur devient donc « impertinente » (Emerson) ou « vulgaire » (Thoreau). Elle est en tout

---

(*) Ainsi que la plupart des sages hindous, Ramdas parle de lui-même à la troisième personne.

cas toujours déplacée face à l'ampleur et à la fraîcheur du monde. Pour les Hindous, comme pour Emerson ou Thoreau, entretenir avec la nature une relation vivante ouvre les chemins de la joie. Swami Rama observe à ce propos :

« Il faudrait apprendre à l'homme à aimer la nature avant qu'il ne s'engage dans la vie. Avec l'aube point une révélation. Les chagrins et les douleurs de l'existence disparaissent avec les ténèbres et la brume lorsque le soleil se lève. L'être mortel se fraye un chemin vers la conscience de l'immortalité. Alors, il ne souffre plus des attaques et des tristesses dont la vie semble l'inonder » (43).

Une complicité commence alors à s'instaurer entre l'homme et la nature ; tout en le soulageant des limites humaines, la nature ne s'impose plus à l'homme comme une force étrangère et totalement extérieure à lui. Les près et les bois laissent filtrer une présence élevante et apaisante. C'est ainsi qu'Emerson écrit au premier chapitre de *Nature* :

« Le plus grand charme des prés et des bois, c'est la suggestion d'un rapport occulte entre l'homme et les végétaux. Je ne suis pas seul et inconnu. Ils me saluent, et je les salue également. Le balancement des branches dans l'orage me paraît à la fois nouveau et ancien. Il me surprend, et cependant ne m'est pas inconnu » (44).

Ce rapport de sympathie a grandement contribué à délivrer Thoreau du sentiment de solitude, ainsi qu'il le rapporte lui-même dans *Walden* :

Je ne me suis jamais senti solitaire, ou le moins du monde accablé par un sentiment de solitude, sauf une fois, et c'était quelques semaines après que je fusse arrivé dans les bois, lorsque, pendant une heure, je craignis que le proche voisinage de l'homme ne fût essentiel à une vie saine et sereine. Être seul était quelque chose de déplaisant. Mais j'étais en même temps conscient d'une légère folie de mon humeur et il me semblait prévoir ma guérison. Au lieu d'une douce pluie, tandis que ces pensées prévalaient, subitement je fus sensible à cette agréable et bienfaisante compagnie dans la Nature, dans le crépitement même des gouttes d'eau, en chaque son et en chaque vue autour de ma maison, une bienveillance infinie et inexplicable comme une atmosphère qui me soutenait tout à coup, rendant insignifiants les avantages imaginaires d'un voisinage humain, et je n'y ai plus jamais pensé depuis. Chaque petite aiguille de pin se dilatait, se gonflait avec sympathie et me secondait. J'étais si clairement rendu conscient de la présence de quelque chose d'apparenté à moi, même dans des scènes que nous avons coutume d'appeler mornes et sauvages, et aussi que le plus proche de moi par le sang et le plus humain n'était pas une personne ni un villageois, que je pensais qu'aucun endroit ne pourrait jamais plus me paraître étranger (45).

Dans le même ordre d'idées, il observe au début du chapitre « Solitude » : « J'éprouvais parfois qu'on peut trouver la compagnie la plus douce et tendre, la plus innocente et encourageante, en n'importe quel objet naturel, même pour le pauvre misanthrope et l'homme le plus mélancolique » (46).

Cependant, ainsi que l'écrit Emerson, « il est peu de personnes adultes qui sachent voir la nature... Celui qui aime la nature, c'est celui dont les sens intérieurs et extérieurs sont encore vraiment en harmonie, et qui jusque dans l'âge viril a gardé quelque chose de l'esprit de l'enfance » (47). Et il ajoute un peu plus loin : « Il est certain que le pouvoir de produire ces délices ne réside pas dans la nature, mais dans l'homme, ou dans une harmonie entre les deux » (48). Autrement dit, cette communion avec le paysage procède d'une certaine disposition intérieure. A ce propos, il n'est pas indifférent de noter que pour Thoreau, vivre au sein de la nature ne suffit pas pour la goûter ; encore faut-il y « tenir ses sens tranquilles ». L'homme trop civilisé et absorbé par ses préoccupations quotidiennes bénéficiera moins d'un contact avec la nature que le promeneur apte à s'abandonner et à déposer son fardeau afin de réellement recevoir le paysage. Ce rapport subtil avec le dehors exige un lâcher-prise, une attitude disponible, ouverte aux influences des prés et des bois plutôt que crispée sur les soucis du moment. Face à la nature comme face aux êtres humains ou aux circonstances de la vie, nous ne recevons que ce que nous sommes disposés à accueillir. Il importe non seulement de se trouver physiquement au sein de la nature, mais d'y être authentiquement *présent*, à travers toutes nos facultés.

Cette indispensable disponibilité intérieure, Thoreau la cultive, comme les Hindous, par la méditation, en se ménageant des heures d'inactivité féconde. On sait la part accordée par les Orientaux à la contemplation ; si l'auteur de *Walden* connaît, nous l'avons vu, la valeur de l'action accomplie consciemment, il sait également que la qualité de ses actes est fonction de son aptitude au non-agir. Aussi ose-t-il, en une Amérique fondée sur l'éthique du travail, s'octroyer des heures de bienheureuse oisiveté :

Il y eut des fois où je ne pus me permettre de sacrifier la fleur du moment présent à aucun travail, soit de la tête soit des mains. J'aime cette vaste marge dans ma vie. Parfois, un matin d'été, ayant pris mon bain accoutumé, je m'asseyais au soleil devant ma porte, du lever du soleil jusqu'à midi, absorbé dans une rêverie, parmi les pins, les hickorys et les sumacs, dans une solitude tranquille et sans trouble, tandis que les oiseaux chantaient alentour ou voltigeaient sans bruit à travers la maison, jusqu'à ce que le soleil derrière ma fenêtre à l'ouest, ou le bruit de la charrette d'un voyageur sur la grand-route au loin, me rappelât le cours du temps (49).

Ces moments où rien ne semble être accompli, l'auteur de *Walden* leur accorde, comme les Orientaux, une valeur essentielle : il y voit autant d'occasions de reprendre contact avec une part de lui-même libre du temps et de l'espace : contact indispensable à sa croissance intérieure. Parallèlement au plan « horizontal » de l'existence, Thoreau prend bien garde de ne pas négliger un développement « vertical » à travers ces plongées dans les profondeurs de l'être :

En ces temps je poussais pendant la nuit comme le maïs, et c'était beaucoup mieux que n'importe quel travail de mes mains. Ce n'était pas du temps soustrait de ma vie, mais autant en sus pour mon ordinaire. Je réalisais ce que les Orientaux entendent par contemplation et par renoncement aux actions. En général, je ne me souciais pas de la façon dont s'écoulaient les heures. Le jour avançait comme pour éclairer un de mes travaux ; c'était le matin, et voilà, maintenant c'est le soir, et rien de remarquable ne s'est accompli. Au lieu de chanter comme les oiseaux, je souriais en silence à mon incessante bonne fortune... C'était sans aucun doute pure oisiveté aux yeux de mes concitoyens ; mais si les oiseaux et les fleurs m'avaient jugé selon leurs critères, je n'aurais pas été trouvé en défaut (50).

On retrouve ce même ton au chapitre « Les étangs » où Thoreau se souvient des heures passées à flotter sur le lac de la conscience pure : fertiles dérives durant lesquelles il sème la graine de ses jours, glissant sur les eaux de Walden :

J'ai passé bien des heures, lorsque j'étais plus jeune, à flotter sur sa surface au gré du zéphyr, ayant mené mon bateau en son centre, et allongé sur le dos en travers des bancs, par un matin d'été, rêvassant, jusqu'à ce que je fusse réveillé par le bateau touchant le sable, et je me levais pour voir sur quelle rive mon destin m'avait poussé ; jours où l'oisiveté était l'activité la plus attrayante et la plus féconde. Par bien des matinées je suis parti à la dérobée, préférant passer ainsi la partie la plus précieuse de la journée ; car j'étais riche, sinon en argent, en heures ensoleillées et en journées d'été, et je les dépensais avec prodigalité ; aussi n'ai-je à regretter de ne pas en avoir gaspillées plus à l'atelier ou au bureau du professeur (51).

Ces moments que Thoreau qualifie de « rêveries » présentent en fait bien des caractéristiques de l'extase ou de l'expérience dite « mystique » : perte de la conscience du monde extérieur, absorption en soi-même et échappée hors de la chronologie accompagnée d'une joie aussi dense que tranquille. L'auteur de *Walden* semble ainsi s'être spontanément adonné à ce lâcher-prise que les Hindous cultivent très tôt à travers différentes techniques de méditation. Ces dérives l'établissent en une passivité non pas inerte mais dynamique, une vigilance au repos indispensable à l'accueil d'une sensation plus « cosmique » de soi-même. A l'instar des Hindous qui, par la méditation, aspirent à transcender leur petite individualité pour se fondre dans l'identité de l'univers, Thoreau s'abandonne et bascule au-delà du moi, ainsi que le confirment certains passages du *Journal* :

Lorsque je vogue, par un jour brûlant, sur les eaux paresseuses de l'étang, je cesse presque de vivre et commence d'être. Un batelier, étendu sur le pont de sa barque, s'abandonnant au soleil de midi, me semble un aussi bon emblème de l'éternité que le serpent qui tient sa queue dans sa bouche. Je ne suis jamais plus enclin qu'alors à perdre mon identité. Je me dissous dans la brume ensoleillée (52).

C'est en de tels moments que la solitude de Thoreau parvient à maturité et trouve sa pleine justification. S'il a cultivé l'isolement, n'était-ce pas pour pénétrer en cette « vie profonde » qu'il est difficile de découvrir parmi la foule ? Il a donc misé sur une existence retirée, persuadé, comme le sera plus tard une poétesse recluse du nom d'Emily Dickinson, que

> « Les instants supérieurs de l'âme
> Surviennent sans témoins
> Lorsque l'ami, la circonstance,
> Se sont retirés tout au loin » (53).

Et bien lui en a pris, car il s'en est trouvé amplement récompensé. Ces heures vécues hors de lui-même lui ont, d'une part, fourni matière à écrire, ainsi qu'il le note dans son journal :

Nos heures d'extase, qui semblent si peu fécondes, ont au moins cet avantage : si dans la saison de nos transports, il nous arrive d'être impuissants devant l'expression, dans les temps plus paisibles, quand notre talent est actif, le souvenir de ces rares états colore notre tableau ; il est, pour ainsi dire, le pot de peinture toujours plein où nous trempons notre pinceau (54).

Elles l'ont d'autre part comblé, en l'inondant de la perfection du « ici et maintenant ». La moisson de sa vie consiste pour une grande part en cette joie intense et tranquille qu'il lui a si souvent été donné de goûter dans la solitude.

> « C'est l'éternité révélant
> A ses favoris — bien peu —
> La gigantesque substance
> De l'immortalité »

disait Emily Dickinson (55). Thoreau se compte au nombre des favoris de l'éternité. La solitude l'a introduit à la contemplation de sa propre félicité. *O beata solitudo, sola beatitudo...* Méditant dans les bois sur sa condition, il constate simplement :

Parfois, lorsque je me compare à d'autres hommes, il me semble que je suis plus favorisé qu'eux par les dieux, au-delà des mérites dont je suis conscient ; comme si j'avais reçu d'eux une garantie et une sécurité que mes semblables n'ont pas, et que j'étais spécialement guidé et gardé (56).

En le projetant en une conscience autre, plus vaste et non affectée, ces extases modifient nécessairement le rapport que Thoreau entretient avec le monde. Au chapitre « Solitude », il rapporte une expérience relativement troublante et digne d'être examinée de plus près à la lumière de la tradition védantique :

Avec la pensée nous pouvons dans une saine acception sortir de nous-mêmes. Par un effort conscient de l'esprit nous pouvons nous tenir à l'écart des actions et de leurs conséquences ; et toutes choses, bonnes et mauvaises, passent devant nous comme un torrent. Nous ne sommes pas complètement impliqués dans la Nature. Je peux être soit le bois flottant sur la rivière, soit Indra dans le ciel qui le regarde. Je peux *être affecté par une représentation théâtrale ; par contre, je ne* peux pas *être affecté par un événement actuel qui semble me concerner bien plus. Je ne me connais qu'en tant qu'entité humaine ; la scène, pour ainsi dire, des pensées et des affections ; et je suis sensible à un certain état double par lequel je peux me tenir aussi éloigné de moi-même que d'un autre. Aussi intense que soit mon expérience, je suis conscient de la présence et de la critique d'une partie de moi ; qui, pour ainsi dire, n'est pas une partie de moi, mais un spectateur, ne prenant part à aucune expérience, mais en prenant note ; et ce n'est pas plus moi que ce n'est vous. Quand la représentation — qui peut être la tragédie — de la vie est terminée, le spectateur s'en va. C'était une sorte de fiction, rien qu'un effet de l'imagination, tant qu'il était concerné* (57).

Un tel paragraphe sera aisément interprété comme témoignant du déséquilibre fondamental de Thoreau. Walter

Harding y voit « un intéressant problème psychologique » : « Thoreau », nous dit-il, « était sans cesse conscient du fait qu'il ne pouvait jamais s'abandonner complètement à une émotion » (58). Il semble que Walt Whitman ait également expérimenté cet « état double » et en ait été fort intrigué, notant : « Je ne peux comprendre ce mystère, mais j'ai toujours une double conscience de moi-même : il y a mon âme et moi. Et je crois qu'il en est de même pour tous les hommes et toutes les femmes » (59).

Il jugea même l'expérience digne de figurer dans sa poésie : aussi la section 4 du puissant « Chant de Moi-même » (« Song of Myself ») est-elle consacrée à une description de cet état inhabituel dans lequel le sujet se perçoit séparé de son vécu du moment. De manière typique, l'auteur des *Feuilles d'herbe* introduit la section par un long « catalogue », dressant une liste d'événements transitoires et d'impressions fugitives pour ensuite bien marquer que son « Moi véritable » ne s'identifie nullement à ce flot de circonstances toujours changeantes :

« Des gens qui aiment prendre en défaut et questionner m'entourent,

Ceux que je rencontre, l'effet sur moi de mes premières années ou du quartier et de la ville que j'habite, ou de ma nationalité,

Les découvertes, les inventions, les associations, les événements les plus récents, les auteurs anciens et nouveaux,

Mon dîner, mon vêtement, mes compagnons, mon air, les compliments que je fais, les obligations sociales,

L'indifférence réelle ou imaginaire d'un homme ou d'une femme que j'aime,

La maladie d'un des miens ou de moi-même, le méfait, la perte ou le manque d'argent, les moments de dépression ou d'exaltation,

Les batailles, les horreurs de la guerre fratricide, la fièvre des nouvelles douteuses, le cours irrégulier des événements,

Toutes ces choses s'approchent de moi, nuit et jour, puis s'éloignent de moi,

Mais elles ne sont pas mon Moi véritable » (60).

Tout comme Thoreau, le poète se tient en retrait, observant son expérience tel un spectateur non impliqué et se borne à en prendre note :

« A l'écart de tout ce qui me tire et m'entraîne se tient celui que je suis,

Il se tient là, amusé, satisfait, compatissant, désœuvré, un,

Il baisse les yeux, se tient droit ou pose le bras sur un appui solide et impalpable,

Il regarde, la tête à demi-inclinée, curieux de savoir ce qui va venir ensuite,

A la fois dans le jeu et hors du jeu, l'observant et s'émerveillant » (61).

Il se perçoit comme le témoin silencieux de ce qui se produit, observant dans le dernier vers de la section : « Je ne me moque pas, je ne discute pas, je regarde ("witness") et j'attends » (62).

L'un des plus éminents spécialistes de Whitman, le professeur Roger Asselineau, voit en cette section une preuve de l'introversion et des anxiétés secrètes de Whitman, par opposition à l'image « saine » que le poète désirait donner de lui-même. Asselineau parle donc d'« un poète rêveur et replié sur lui-même qui regarde sans voir, les yeux perdus dans le vague » (63)... Une telle interprétation peut paraître parfaitement logique. De nombreux artistes et écrivains semblent être passés par ce type d'« état double », dont la formule « je est un autre » de Rimbaud constitue probablement l'expression littéraire la plus célèbre. Mais tous ne l'ont pas accueillie aussi sereinement que Thoreau et Whitman ; certains s'en sont même trouvés perturbés. S'interrogeant à propos du « moi divisé », le psychologue William James cite un extrait des *Notes sur la vie* d'Alphonse Daudet :

« *Homo duplex, Homo duplex !* la première fois que je me suis aperçu que j'étais deux, à la mort de mon frère Henri, quand papa criait si dramatiquement : "Il est mort ! il est mort !" Mon premier MOI pleurait et le second pensait : "Quel cri juste ! Que ce serait beau au théâtre !" J'avais quatorze ans.

Cette horrible dualité m'a souvent fait songer. Oh ! ce terrible second MOI toujours assis pendant que l'autre est debout, agit, vit, souffre, se démène ! Ce second MOI que je n'ai jamais pu ni griser, ni faire pleurer, ni endormir !

Et comme il y voit ! et comme il est moqueur » (64) !

Il est frappant de noter à quel point le même « état double », calmement observé par Thoreau et proclamé par Whitman est ici craint et dénoncé comme une monstrueuse infirmité. De fait, la plupart des lecteurs et des critiques verront en cette dualité une manifestation pathologique trahissant « une constitution morale et intellectuelle insuffisamment unifiée », pour reprendre le commentaire de James à propos de cette citation de Daudet (65).

Et pourtant, la Bhagavad-Gita, les Upanishads, ainsi que les maîtres hindous contemporains décrivent fréquemment de tels états et les associent à un degré élevé d'accomplissement spirituel. Ne vaudrait-il pas la peine d'examiner de plus près ces correspondances ?

Dans son excellente biographie de Whitman, Justin Kaplan nous rappelle que « standing apart » (« se tenir en retrait »), l'une des expressions favorites du poète, est « l'un des sens littéraux du mot *extase* » (66). Et en effet, l'état de non-illumination, ou d'« ignorance », consiste pour les Hindous en l'exact opposé du détachement vécu par Thoreau et l'auteur de *Feuilles d'herbe*. L'ignorance *(ajnana)* se caractérise par une constante identification du sujet avec tout objet ou toute circonstance atteignant son champ de conscience ; le but de la recherche spirituelle *(sadhana)* n'est autre que la disparition de cette identification et la réalisation du soi en tant qu'entité indépendante, non-changeante et hors de portée des circonstances qui n'ont plus alors le pouvoir de l'affecter. Ainsi que l'explique Shri Ramana Maharshi, le grand mystique hindou en lequel Carl Jung voyait « la plus récente incarnation de l'esprit indien » : « Chez l'*ajnani* (l'homme en proie à l'ignorance), l'ego s'identifie à un objet quelconque au moment même où celui-ci se présente. Il ne peut subsister sans s'associer ainsi aux objets. Cette association est due à *ajnana* (l'ignorance) dont la destruction constitue l'objectif de nos efforts » (67). De même, dans son commentaire de la Bhagavad-Gita, Maharishi Mahesh Yogi insiste sur l'identification inhérente à la condition de l'homme « ignorant » : « ... Avant l'illumination, les expériences du monde voilaient continûment son Être... Lorsqu'il voyait une fleur, celle-ci captivait tellement son esprit, qu'elle seule subsistait ; celui qui en faisait l'expérience se perdait dans l'expérience. Le sujet était comme anéanti par l'objet » (68). Cette constante identification est source de souffrances dans la mesure où elle fait du sujet l'esclave des circonstances qui ne peuvent toujours lui être favorables ; il se trouve ainsi à la merci du cours des événements et ne peut connaître aucune stabilité intérieure. L'« illumination », au contraire, nous est décrite comme un état de complet détachement, le soi conservant son intégrité, quoiqu'il arrive : « Celui dont le soi n'est pas touché par les contacts extérieurs, connaît ce bonheur qui réside dans le Soi » (69). Ainsi que l'explique le commentateur de la Bhagavad-Gita : « Après l'illumination, on continue à voir la fleur, mais le fait de la contempler ne cache plus l'Être car on a réalisé l'Être dans sa séparation du domaine de l'activité, et le sujet et l'objet sont par conséquent présents simultanément, mais séparément » (70).

Cette non-identification constitue certainement la caractéristique principale de l'expérience rapportée par Thoreau et Whitman. Elle paraît résulter de la découverte d'un nouveau soi situé « à l'écart des actions et de leurs conséquences ». Pour Whitman, cet « autre » s'affirme comme son identité réelle et profonde ; le poète l'indique clairement en distinguant « tout ce qui me tire et m'entraîne » de « celui que je suis ». En accord avec son tempérament enclin aux débordements, l'auteur de *Feuilles d'herbe* célèbre cet Être essentiel sous la forme de l'ego cosmique, du moi océanique capable d'inclure l'univers entier en lui-même. Thoreau insiste par contre sur la dimension impersonnelle de cet autre « je » (« entité humaine ») qui ne peut se voir réduit à quelque ego limité (« une partie de moi, qui, pour ainsi dire, n'est pas une partie de moi... et ce n'est pas plus moi que ce n'est vous »). A en croire les Upanishads, ces deux points de vue sont également orthodoxes. Ces anciennes écritures décrivent l'Être en tant que Soi universel et impersonnel (« Tu es l'unique conscience d'être/au cœur de la création », « Tu es Cela, omniprésent » [71]) qu'il nous faut reconnaître comme notre identité réelle (« Tu es notre Soi intérieur/demeurant en chacun de nous », « En toi/les sages reconnaissent/leur propre soi » [72]). Quoiqu'il en soit, cette découverte d'un autre « je » essentiel, distinct de la conscience superficielle et « existentielle » (pour reprendre la distinction de Karlfried Durckheim entre l'existence et l'essence) présente bien des analogies avec l'expérience évoquée dans la Bhagavad-Gita et dont le commentateur dit : « L'Être est vécu en permanence comme étant séparé de l'activité... On prend alors naturellement conscience que le Soi est différent de l'esprit accaparé par les pensées et les désirs. L'esprit qui jusque-là s'identifiait aux désirs, s'identifie maintenant principalement au Soi. Les désirs de l'esprit sont désormais vécus comme extérieurs à soi-même, alors qu'auparavant on avait l'habitude de se percevoir comme complètement impliqué dans les désirs » (73).

Une telle réalisation modifie bien entendu le statut du sujet. Tout en continuant à agir dans le monde, il a, d'une certaine manière, « renoncé » à tout acte puisque son Être a cessé de se trouver impliqué dans le processus de l'action. Ainsi que l'explique Maharishi Mahesh Yogi : « Celui qui agit est établi sur un plan de vie qui n'a rien à voir avec le plan de l'action. A ce niveau, l'action accomplie cesse d'exister. Elle cesse d'engager la conscience de son auteur » (74). D'où la sensation d'être spectateur plutôt qu'acteur dans le jeu de la vie. Thoreau et Whitman insistent tous deux sur cette position de témoin qui semble caractéristique de cet état inhabituel. L'auteur de *Feuilles d'herbe* se tient « à l'écart », son Soi « regarde et attend ». Thoreau, pour sa part, utilise le terme « spectateur » et se compare à Indra (le souverain des cieux) regardant le bois flottant sur la rivière de l'existence. La Mundaka Upanishad, composée vers l'an 1500 avant Jésus-Christ, comporte des descriptions très similaires ; le soi individuel et le Soi universel s'y trouvent comparés à deux oiseaux :

> « Deux oiseaux,
> partenaires inséparables,
> sont perchés sur le même arbre.
> L'un mange le fruit
> et l'autre le regarde.

Le premier des oiseaux
est notre soi individuel
qui se nourrit des joies
et des peines de ce monde.
L'autre est le Soi universel,
témoin silencieux de ce jeu » (75).

Notons que la découverte du Soi universel n'entrave en rien l'action du soi individuel. Elle instaure cependant cet « état double » par lequel le sujet devient à même de se trouver « à la fois dans le jeu et hors du jeu, l'observant et s'émerveillant », selon les termes de Whitman. La Mundaka Upanishad affirme clairement que « celui qui connaît Brahman » ne se contente pas de s'abstenir de toute action sur le plan existentiel ; il est, au contraire, celui qui agit tout en restant non affecté, apte à contempler le jeu depuis les cimes de son Être :

« Quant à celui qui nage
dans la félicité du Soi,
qui se délecte de son jeu
mais n'en mène pas moins
une vie très active,
celui-là est le plus grand
de tous ceux qui connaissent Brahman » (76).

De fait, les Upanishads considèrent que l'homme établi en permanence dans cette bienheureuse dualité a atteint un haut degré d'accomplissement spirituel, puisqu'il expérimente simultanément les deux plans de la vie : la réalité non-changeante, absolue, ainsi que l'existence relative en perpétuel devenir.

« L'Absolu et le relatif —
Celui qui les connaît ensemble,
par le relatif devance la mort
et par l'Absolu gagne l'immortalité »

dit la Isha Upanishad (77). Mais si la vie existentielle se poursuit effectivement, elle n'a cependant plus de prise sur le sujet qui vis-à-vis d'elle se trouve dans la position d'un acteur jouant son rôle, comique ou tragique, sans s'y identifier, ou d'un spectateur regardant les images défiler, contemplant l'existence comme « une sorte de fiction ». Ramana Maharshi utilise d'ailleurs l'analogie moderne de l'écran de cinéma :

« Prenez l'exemple des images animées sur un écran de cinéma. Qu'y a-t-il en face de vous avant que le spectacle ne commence ? Seulement l'écran. C'est sur cet écran que vous regardez tout le film et, à première vue, les images sont bien réelles. Mais si vous allez essayer de les saisir, qu'allez vous toucher ? Seulement l'écran sur lequel ces images paraissaient si réelles. Après le spectacle, lorsque les images disparaissent, que reste-t-il ? Seulement l'écran, de nouveau ! Il en est de même pour le Soi. Cela seul existe ; les images vont et viennent » (78).

« Toutes ces choses », remarquait Whitman, « s'approchent de moi, nuit et jour, puis s'éloignent de moi/ Mais elles ne sont pas mon moi véritable. » De même le Maharshi voit ici le Soi comme la seule réalité permanente.

Certains commentateurs hindous concèdent qu'une telle expérience survenant momentanément chez un sujet non préparé et nullement informé de ces mécanismes n'ira pas sans semer le trouble :

« A mesure que la pratique du Karma Yoga progresse, on commence à ressentir que le Soi est séparé de l'activité. Cette expérience s'accompagne d'un sentiment de confusion. On se sent actif et cependant, intérieurement, on sent que l'on est en quelque sorte à l'écart de l'activité. Des doutes commencent à naître dans l'esprit et l'intellect cherche une explication... Sans une compréhension correcte, même l'expérience directe de la liberté éternelle pourrait engendrer confusion ou peur » (79).

C'est cependant avec confiance que l'auteur de *Walden* accueille ce détachement en lequel il se trouve, par instants, spontanément établi. Cet éloignement intérieur vis-à-vis des vicissitudes de la vie ne le rend que plus disponible pour une perception plus fine du dehors. Selon la tradition hindoue, la perception du Soi en tant qu'entité séparée du plan existentiel n'est que le premier stade d'une transformation radicale de la conscience. Vient ensuite le moment où le sujet reconnaît en tout être et en toute chose ce même Soi d'abord découvert au plus intime de lui-même. Il dépasse alors la dualité sujet-objet pour aboutir à une conscience unifiée, par laquelle il se « retrouve » en quelque sorte, où que ses yeux se posent. L'Isha Upanishad évoque cette perception du Soi sous-jacent à l'ensemble de l'univers :

> « Celui qui en tout voit seulement le Soi
> et voit le Soi seulement
> en tout ce qu'il perçoit,
> un tel voyant ne renonce à rien.
> Aux yeux de l'illuminé, tout ce qui existe
> n'est rien sinon le Soi » (80).

Et le célèbre disciple de Ramakrishna, Swami Vivekânanda, affirme que « pour le libéré vivant, toute la nature est devenue son Moi... Il voit l'Esprit qui pénètre tout, au dedans et au dehors » (81)... Qu'il ait ou non été un « libéré vivant » tel que l'entendent les Hindous, il est certain que Thoreau goûta cette expérience, ainsi qu'en témoignent bien des pages de *Walden* ou du *Journal*. Le chapitre « Solitude » s'ouvre sur un passage dans lequel notre homme, seul en pleine nature, note avec satisfaction à quel point il se sent en communion avec le dehors :

C'est une soirée délicieuse, celle où le corps entier est un seul sens, et absorbe les délices à travers tous ses pores. Je vais et je viens dans la Nature avec une singulière liberté, étant une partie d'elle-même. Comme je marche en bras de chemise le long de la rive pierreuse de l'étang, bien qu'il fasse frais, qu'il y ait des nuages et du vent, et je ne vois rien de particulier qui m'attire, tous les éléments sont plus que d'habitude en affinité avec moi. Les grenouilles-taureaux trompettent pour annoncer la nuit, et le vent par-dessus l'eau qu'il ride porte la note de l'engoulevent. La sympathie entre moi et les feuilles tremblantes de l'aulne et du peuplier me coupe presque le souffle ; cependant, comme le lac, ma sérénité se ride mais ne se trouble pas (82).

Cependant, il semble que pour Thoreau, cette intimité avec la nature soit particulièrement liée à la prime jeunesse, voire à l'enfance. Dans ses « Indices d'immortalité tirés de souvenirs de la première enfance », le romantique anglais Wordsworth déplore la fuite de l'enfance et de son regard frais apte à discerner les subtiles splendeurs de l'univers :

« Que sont ces gloires devenues ?
Où que je dirige mes yeux,
Vers l'océan ou vers les Cieux,
Je ne puis plus revoir les choses que j'ai vues » (83).

De même, Thoreau, en 1851, songe avec nostalgie au temps où « sa vie était une extase » :

Je crois que rien, dans l'expérience que j'ai acquise jusqu'ici, ne peut égaler, ni approcher de l'expérience de mon enfance... Autrefois, me semblait-il, la Nature se développait en même temps que je me développais et elle croissait avec moi. Ma vie était une extase... La terre me semblait le plus superbe instrument et j'étais sensible à ses harmonies. Ah ! ressentir des impressions si suaves, recevoir de la brise de telles extases ! Je me souviens de ma surprise. Je me disais, je disais aux autres : « J'ai le cœur rempli d'une joie céleste, divine, indéfinissable, totale, infinie, d'un sentiment d'élévation et d'épanouissement, et je n'y suis pour rien » (84).

Deux ans plus tard, en un autre passage du *Journal*, Thoreau évoque plus précisément, et en termes très proches de ceux de Vivekânanda, la relation qu'il entretenait alors avec l'univers :

Jours de notre jeunesse, ne reviendrez-vous donc jamais ? Jours où le promeneur, au lieu de s'attacher minutieusement aux détails des choses, ne voit, n'entend, ne flaire, ne goûte et ne sent que lui-même, tous les phénomènes qu'il perçoit en lui, son corps qui croît, son intelligence et son cœur. Ni le ver ni l'insecte, ni le quadrupède ni l'oiseau ne bornent sa vision, l'univers sans limites est à lui. Un oiseau n'est plus alors qu'un atome devant ses yeux (85).

Si ces lignes laissent bien percer quelques regrets, elles ne suffisent pas à faire du *Journal* une ode romantique à la gloire des premières années évanouies. Bien qu'avec le temps, Thoreau constate en lui une certaine tendance à se fixer sur le détail (inclination qui le rapproche, à son grand dam, des scientifiques orthodoxes), il n'en perd pas pour autant la sensation du paysage en tant que Tout vivant dont il serait une parcelle. Il entretint jusqu'à sa fin avec la nature des rapports privilégiés, y discernant un immense réseau de subtiles correspondances, s'initiant au « langage des fleurs et des choses muettes ». Ses promenades quotidiennes l'introduisent « à travers des forêts de symboles/qui l'observent avec des regards familiers », ainsi que le dirait Baudelaire. Abordant le dehors dans la plénitude d'une conscience unifiée, il prête l'oreille au « langage que parlent toutes choses et tous événements, sans métaphore, le seul qui soit la profusion et le modèle » (86). Un paragraphe du *Journal* expose la manière dont Thoreau conçoit cette étude de la nature :

L'homme le plus riche est celui qui trouve dans la Nature une réserve toute fraîche de tropes et de symboles, avec quoi décrire sa vie. Si ces portiques que forment les saules dorés me touchent, c'est parce qu'ils correspondent à la beauté et à la promesse d'une expérience qui débute pour moi. Si je déborde de vie, si je ressens des émotions pour lesquelles l'expression me manque, alors la Nature sera mon langage plein de poésie, toute la Nature sera fabuleuse, tous ses phénomènes seront des mythes. Le savant qui ne cherche pas l'expression pour elle-même mais seulement pour un fait à exprimer, étudie la Nature comme une langue morte. Puissé-je avoir des expériences intérieures telles que la Nature devienne un symbole pour moi (87).

L'auteur de *Walden* envisage donc sa solitude non comme une manière de se couper du monde, mais au contraire comme une condition essentielle à ses retrouvailles avec l'univers. Alors que les hommes vivent la plupart du temps seuls parmi la foule, coupés des autres et reclus dans la cage de leurs opinions et de leur image sociale, tristes et à l'étroit dans le minuscule espace qu'ils se sont concédés, oublieux de l'ampleur et de la variété du dehors, Thoreau réapprend à habiter la terre. Citoyen du cosmos, ses sources de récréation sont sans cesse renouvelées : « J'avais cet avantage, au moins, dans ma façon de vivre, sur ceux qui étaient obligés de rechercher plus loin l'amusement, dans la société et le théâtre, que ma vie elle-même était devenue mon amusement et qu'elle ne cessait jamais d'être nouvelle » (88). S'il est exact qu'« un homme qui pense ou qui travaille est toujours seul, où qu'il soit » (89), il est également vrai qu'il demeure établi en une communion inconnue et insoupçonnée des êtres pris au piège des apparences. Pour l'auteur de *Walden* comme pour les rishis, la vie doit être mise à l'épreuve de la joie et du contentement intérieur. Seul dans les bois, Thoreau se sent *relié*, et par conséquent heureux. « ... Et je vécus, étincelle d'or de la lumière *nature*... »

Chapitre 7
Éthique à Walden Pond

On ne peut nier que les transcendantalistes soient également des moralistes. Tous s'inscrivent dans la tradition américaine de l'autobiographie spirituelle, pratiquée par les puritains, perpétuée par Emerson et ses amis, puis par des auteurs aussi divers qu'Emily Dickinson, Thomas Wolfe, Henry Miller, Thomas Merton, sans oublier les chantres de la Beat-Generation. Nul doute que Thoreau, en écrivant *Walden*, ait eu le désir d'édifier ses concitoyens. Il n'en fait d'ailleurs pas mystère, déclarant dès les premières pages : « C'est avec plaisir que je parlerais, non pas tant des Chinois et des habitants des îles Sandwich, mais de vous qui lisez ces pages, qu'on dit habiter la Nouvelle-Angleterre ; quelque chose à propos de votre condition ou de votre situation dans ce monde » (1)... Le transcendantalisme enrichit la réflexion éthique qui imprègne la littérature coloniale en y introduisant la nature et les sens. Peut-être serait-il plus juste de dire qu'il réhabilite les bois et l'instinct, parfois très présents parmi les textes puritains, mais toujours abordés avec méfiance, en tant que forces devant être dominées par l'homme.

Moraliste, Thoreau l'est donc, mais il se montre rarement moralisant. De fait, au fil des pages de *Walden*, le lecteur, français désireux de cerner l'éthique de Thoreau ne trouvera guère de quoi satisfaire son appétit de logique. La pensée de notre homme sur ce point délicat apparaît incohérente, tissée de contradictions difficilement acceptables pour des esprits imprégnés de cartésianisme. Ni la logique grecque ni le système judéo-chrétien ne permettent de résoudre ces contradictions qui sont pourtant au centre de l'œuvre et de la personnalité de Thoreau. A la lecture du chapitre « Les lois supérieures », l'on se trouve confronté à un mode de pensée différent dont la clef doit être cherchée du côté de ce que les Occidentaux ont nommé l'hindouisme. En examinant les contradictions apparentes de l'auteur de *Walden* sous l'angle de l'hindouisme, ce chapitre se propose de jeter un regard nouveau sur l'un des aspects les plus problématiques de l'œuvre de Thoreau.

Dans leur quête de l'essentiel, les transcendantalistes ne se souciaient guère d'être intellectuellement logiques, et allaient même jusqu'à revendiquer leurs contradictions. On songe au verdict sans appel d'Emerson : « Une sotte persévérance dans la même pensée est la manie des petits esprits, adorée par les petits hommes d'État et d'Église, par les petits philosophes, par les petits artistes. Une âme grande ne s'en inquiète pas » (2). Comment ne pas évoquer également l'ombre de Whitman s'exclamant vers la fin du « Chant de Moi-même » :

> « Est-ce que je me contredis ?
> Très bien alors, je me contredis,
> (je suis vaste, je contiens des multitudes) » (3).

Ce goût de la contradiction tient sans doute à ce qu'elle est une porte entrouverte sur la transcendance du discours. L'affrontement des opposés nous propulse vers ce point de jonction où la logique s'effrite, vers ce creux susceptible de déboucher sur un « espace blanc ». En elle-même, cette apparente incohérence ne singularise donc pas Thoreau de ses contemporains transcendantalistes. Mais la coexistence des opposés apparaît si marquée chez l'auteur de Walden qu'il semble qu'il y ait, pour ainsi dire, deux Thoreau : d'une part celui qui affirme : « Béni soit celui qui est sûr que l'animal en lui décline jour après jour, et que s'y établit l'être divin » (4) et d'autre part celui qui, dans le même chapitre, évoque le « frisson de plaisir féroce » ressenti à l'idée de dévorer une marmotte toute crue, et se décrit lui-même comme « un chien de chasse à moitié affamé », parcourant les bois dans une sorte de transe, à la recherche d'une proie : « Je me surpris à rôder dans les bois, comme un chien de chasse à moitié affamé, en proie à un étrange abandon, cherchant quelque venaison que j'aurais pu dévorer » (5)...

Toute l'œuvre de Thoreau semble osciller entre les sommets de l'ascétisme et une extrême sensualité. L'éternel célibataire, l'ascète renonçant même au thé et au café, l'apôtre du dépouillement est, d'une certaine manière, un sensuel qui vit intensément dans son corps, au point de confier à son *Journal* : « Je ne me sens jamais inspiré que mon corps ne le soit aussi » (6).

Il est surprenant de constater que l'auteur de *Walden* ne semble pas ressentir sa tendance à l'ascétisme et son appréhension sensuelle du monde comme deux forces antagonistes. Il aspire, au contraire, à les unir, comme il le laisse entendre dans un passage révolutionnaire : « Je trouvais en moi-même, et je le trouve encore, un élan vers une vie plus élevée, ou, comme on l'appelle, une vie spirituelle, comme la plupart des hommes, et un autre vers une vie rude, primitive et sauvage, et je les révère tous les deux. J'aime autant la vie sauvage que la vie ordonnée. » (« I love the wild not less than the good ») (7). Toute réflexion sur l'éthique de

Thoreau sera nécessairement un commentaire de ces lignes surprenantes dont la vision hindoue est susceptible de fournir une clef.

Pour la tradition hindoue, l'opposition rigide entre le bien et le mal sur laquelle se fonde la morale judéo-chrétienne apparaît comme primaire. L'ascèse tend vers un but qui a nom réel ou vérité (sans que ce terme implique d'ailleurs la moindre condamnation des voies différentes : selon les Hindous, la vérité réside en effet au-delà de toute dualité et par conséquent transcende les querelles théologiques). Le péché est simplement une erreur, une mauvaise orientation par rapport à l'objet de la quête. Dans ce contexte, le remords n'est d'aucune utilité mais serait plutôt considéré comme une émotion égoïste, susceptible de provoquer un important gaspillage d'énergie et de freiner les progrès du disciple. Dans son *Journal*, Thoreau exprime à plusieurs reprises sa méfiance à l'égard du repentir, en se référant spécifiquement à la tradition hindoue. Vers 1850, il note :

La religiosité des Hindous est plus sereine et réfléchie que celle des Hébreux. Peut-être leur connaissance de Dieu est-elle plus pure, plus indépendante et impersonnelle. Leurs écritures décrivent la première approche de Dieu, curieuse et contemplative ; la bible des Hébreux un retour consciencieux, un repentir plus grossier et plus personnel. Le repentir n'est pas une manière libre et belle d'aller vers Dieu. Le sage se dispensera du repentir, qui est choquant et émotionnel. Dieu préfère qu'on l'approche de manière réfléchie, et non pas en pénitent, même si l'on se trouve être le plus grand des pécheurs (8).

L'année suivante, il observe :

C'est incroyable, incroyable, cette perpétuelle exigence du christianisme qui nous demande de toujours parler d'un point de vue moral. Vous avez beau être un bébé, on vous serine : repends-

toi, repends-toi ! Le monde chrétien est incapable d'admettre qu'un homme puisse clairement percevoir une quelconque vérité s'il ne s'écrie pas en même temps : « Seigneur, prends pitié de moi qui suis un pécheur » (9).

Thoreau oppose ici une religion émotionnelle à une approche sereine du divin. Or, les mots « remords » et « repentir » ne figurent pratiquement jamais dans les écritures hindoues ou les recueils de paroles de maîtres. L'Hindou cherche parfois à connaître avec précision la nature de ses fautes passées, non pour se frapper la poitrine et regretter ce qui a été, mais afin de saisir la cause passée par l'effet de laquelle il souffre aujourd'hui. Il désire voir l'erreur commise pour éviter qu'elle ne se reproduise à l'avenir. L'important est de progresser vers la perception de la vérité, qui ne peut être découverte au sein de l'opposition entre bien et mal. Le bien et le mal sont tenus, non pour des valeurs absolues qui ne sauraient être remises en cause, mais pour des conceptions tout à fait relatives, variables selon les situations. Selon Arnaud Desjardins, qui se fait ici le porte-parole du vedanta :

« En soi, ou métaphysiquement parlant, tout fait est neutre et ne devient bon ou mauvais qu'en fonction de celui qui l'envisage. C'est le mental qui projette sur les faits ses propres conceptions et les qualifie intrinsèquement de bons ou mauvais, comme si la même chose était toujours bonne ou toujours mauvaise, pour tout le monde, en tout lieu, à tout moment et en toute circonstance. Le bien et le mal sont, au contraire, des notions aussi dépendantes et relatives que tous les autres phénomènes » (10).

Fonder son existence sur une opposition, fût-ce celle du bien et du mal, constitue l'erreur fondamentale, car la caractéristique de l'ignorance est précisément la dualité. Toute la *sadhana* ne vise qu'à une chose : le dépassement des opposés, l'accès à un état de conscience situé au-delà de toute dualité. Et, comme l'exprime Arnaud Desjardins en un chapitre dont le titre, « Se délivrer du bien », est significatif : « De toutes les dualités, une est particulièrement subtile et particulièrement puissante pour nous maintenir dans la servitude, c'est celle du bien et du mal... Le bien autant que le mal est un obstacle à la libération » (11).

Thoreau se sent manifestement à l'étroit à l'intérieur de cette sacro-sainte dualité du bien et du mal. S'affranchir de tout un lourd héritage puritain n'est cependant pas facile ; aussi a-t-il recours à cet humour provoquant qu'il affectionne parfois, se plaisant à jouer avec ces notions délicates : « Je crois du fond de mon âme que la plus grande partie de ce que mes voisins appellent le bien est le mal, et si je me repens de quelque chose, c'est vraisemblablement de ma bonne conduite. Quel démon me possédait pour m'être si bien comporté » (12) ?

Un premier pas vers la transcendance des opposés est leur acceptation totale. Lorsqu'il affirme révérer à la fois l'aspect « sauvage » et l'aspect « spirituel » en lui-même, Thoreau se situe donc dans le ton de la sagesse hindoue qui s'attache à reconnaître le droit à l'existence des deux aspects de la nature humaine, pour ensuite les transcender. Swami Ramdas enseigne que « Le bien et le mal... sont des révélations du Divin. Il y a place pour chaque chose. Il nous faut transcender les paires opposées et nous tenir sur un plan où tout nous apparaît comme le Divin » (13). Et dans la Bhagavad-Gita, Krishna affirme à Arjuna : « Celui dont l'intellect est uni (au Soi) s'émancipe lui-même du bien et du mal. Par conséquent, adonne-toi au Yoga » (14). De même, l'aspiration profonde de l'auteur de *Walden* n'est pas d'adopter un certain mode de vie en en rejetant un autre, mais de dépasser les opposés pour se situer au point de jonction en lequel tout cohabite. En mêlant dans son livre les comptes à la poésie, la métaphysique à la botanique et la jouissance physique à l'extase mystique, Thoreau affirme son désir d'englober, comme Brahman, la totalité de l'univers. Il s'agit d'ailleurs d'une aspiration commune aux transcendantalistes auxquels l'écriture fournit un moyen privilégié pour cristalliser l'expérience et concilier l'inconciliable. Dans le « Chant de moi-même », Whitman proclame la coexistence en lui de tous les opposés, l'incompréhensible universalité du poète :

« Je suis des vieux et des jeunes, des sots tout autant que [des sages,
Ne tenant pas compte des autres, tenant toujours compte [des autres,
Maternel aussi bien que paternel, un enfant aussi bien [qu'un homme,
Rempli de substance grossière et rempli de substance [raffinée » (15)...

Ainsi que l'affirme Shri Ramakrishna :

« Brahman n'est pas dans la dépendance du bien et du mal... Quels que soient le péché, le mal et la misère que nous trouvions en ce monde, ils ne sont misère, mal et péché que par rapport à nous. Brahman est au-dessus et au-delà de toutes ces choses. Ce que, dans la création, nous appelons bien ou mal n'est pas considéré comme tel par Brahman ; on ne peut le juger selon un critère humain du bien et du mal... Brahman est au-dessus et au-delà de la connaissance *(vidyâ)* et de l'ignorance *(avidyâ)* du bien et du mal... Il est en vérité au-delà de toutes les dualités » (16).

Le but n'est donc pas de faire le bien, mais de s'établir au-delà du bien, dans ce que l'on peut nommer le réel ou la vérité. Plus que le bien, Thoreau aime et recherche la vérité.

Il suffit pour s'en convaincre de voir avec quelle insistance il revient sur ce mot-clef tout au long de *Walden* : « Plutôt que l'amour, que l'argent, que la renommée, donnez-moi la vérité », s'écrie-t-il notamment en conclusion (17). Mais de quelle vérité s'agit-il ? Comment cette exigence de vérité non-duelle s'applique-t-elle concrètement sur le plan de la vie quotidienne, vécue non pas dans l'absolu mais dans le relatif ? Pour la spiritualité hindoue, il importe que le comportement adopté soit « l'action juste ». L'action juste n'est autre que la seule action possible répondant parfaitement aux exigences de la situation présente, une action déterminée en fonction de la vérité inhérente à cette situation. Si l'action du sage parvenu au terme de sa *sadhana* est toujours spontanément juste, comment le disciple parviendra-t-il à percevoir ce que les circonstances exigent de lui ? Il lui faudra se mettre à l'écoute de ce que les Hindous nomment le « Gourou intérieur ». Au fur et à mesure qu'il s'affine et progresse sur le chemin, le disciple « sent » de plus en plus l'action et l'attitude qui lui sont demandées ici et maintenant. Cette présence du « Gourou intérieur » qui, dans une certaine mesure, correspond à la voix de la conscience dans la tradition chrétienne (sans cependant impliquer la notion de culpabilité) n'est pas une émotion, une construction superficielle forgée par le mental, mais un sentiment. Cette conviction intime peut très bien être apparemment en contradiction avec la morale conventionnelle et aller à l'encontre de ce qu'il est convenu de faire dans certaines situations.

Cette valeur qu'attachent les Hindous au sentiment, à la voix intérieure indépendante de toute règle, les rapproche des transcendantalistes pour lesquels l'intuition est supérieure à tous les préceptes. Le célèbre essai d'Emerson intitulé « Confiance en soi » (« Self Reliance ») se fonde sur cette notion du « gourou intérieur » et Thoreau lui-même ne cesse d'insister sur ce qu'il ressent. Évoquant la pratique de la pêche, il remarque n'avoir pu l'abandonner dans la mesure où ses objections n'étaient qu'intellectuelles et n'impliquaient pas ses sentiments (18) et dans un passage fondamental du chapitre « Les lois supérieures », il proclame l'infaillibilité de la voix intérieure :

Si quelqu'un écoute les plus faibles mais constantes suggestions de son génie, qui sont certainement vraies, il ne voit pas à quelles extrémités — ou même jusqu'à quelle folie — cela peut le conduire ; et cependant c'est sur cette voie que le mène sa route, à mesure qu'il devient plus résolu et fidèle à lui-même. La ferme objection même la plus timide qu'un homme bien portant fait sentir finira par prévaloir contre les arguments et les coutumes de l'humanité. Aucun homme n'a jamais suivi son génie au point de s'égarer (19).

« Ce qui est folie aux yeux des hommes est sagesse aux yeux de Dieu », affirme le proverbe ; voilà bien un précepte dont Thoreau se réclamera tout au long de son existence. De même, parlant au nom de son gourou, Arnaud Desjardins remarque : « Pour devenir adulte, responsable, conscient, pour trouver notre dépendance en nous-mêmes et non au-dehors, nous devons éliminer les règles morales et les jugements de valeur qui nous ont été imposés du dehors et que nous avons enregistrés dans notre mental » (20). En décidant de marcher au seul rythme de son être, Thoreau proclame le droit à la différence, que n'admettent pas les jugements moraux. « Si un homme ne marche pas de pair avec ses compagnons, peut-être est-ce parce qu'il entend battre un tambour différent. Qu'il marche au rythme de la musique qu'il entend, quelle qu'en soit la mesure ou l'éloignement » (21). L'important est de se conformer aux lois de son être. Cette insistance sur le sentiment pourrait paraître contredire la méfiance de Thoreau vis-à-vis d'une religion émotionnelle, mais les Hindous (et en particulier les adeptes du *Jnana-Yoga*, fondé sur la discrimination) distinguent nettement l'émotion (agitation superficielle) du sentiment (perception intuitive de la vérité), ainsi que je l'ai dit plus haut. L'émotion est subjective, dictée par les peurs et les désirs à l'œuvre dans l'inconscient ; le sentiment, bien que propre à chacun, est objectif : il suggère une réponse adéquate à la circonstance du moment. Par l'un de ces paradoxes caractéristiques de l'hindouisme, le sentiment devient l'instrument d'une connaissance rationnelle.

Cependant, la perception de la vérité de chaque situation suppose qu'un important travail de purification ait déjà été accompli. C'est là que le mot d'ordre de Thoreau, « Simplifiez, simplifiez ! » prend tout son sens. Pour que naisse le sentiment du gourou intérieur, le disciple doit veiller à ne pas dissiper son attention, afin qu'elle puisse demeurer fixée sur l'essentiel. C'est pourquoi une simplification de la vie se révèle très utile. Il faut que le mental se taise de jour en jour, et cela n'est possible qu'en éliminant les soucis superflus et les informations de tous ordres qui ne font qu'encombrer et agiter l'esprit. A cet égard, l'un des fléaux de notre temps est aussi l'une de ses idoles : j'ai nommé la sacro-sainte « information ». En une société où la voix bruyante des médias couvre celle, silencieuse, des « voyants », bien des guides spirituels contemporains mettent leurs élèves en garde : est-il réellement indispensable d'être à tout prix « informé », ainsi qu'on nous l'affirme ? Du point de vue de la sagesse, l'inflation de « nouvelles » dont nous abreuvent quotidiennement télévision, journaux et radios contribue avant tout à solidifier notre aliénation. En saturant notre mental de multiples données, l'information nous programme : ce déferlement journalier d'opinions et d'idéologies contradictoires guerroyant sans cesse entre elles renforce notre vision binaire et nous enfonce dans le dualisme le plus primaire. Semblables à des perroquets, nous dégorgeons à notre tour les points de vue ressassés sur les ondes et devenons à notre insu inaptes à penser par nous-mêmes. Notre mental se trouve gavé de faits dont il n'a que faire et qu'il utilise alors comme supports à ses peurs et à ses désirs plus ou moins refoulés, s'éloignant toujours davantage du nécessaire silence et de la paix du cœur. Tandis qu'il s'indigne d'événements tragiques survenus à l'autre bout de la planète, l'Américain ou le Français moyen délaisse ses proches, se détourne des vraies questions et perd tout contact avec sa profondeur. En outre, tout en s'apitoyant entre la poire et le fromage, l'homme avide de « nouvelles » réclame sa dose quotidienne de catastrophes : le spectacle ou le récit de la souffrance des autres est devenu une drogue dont il ne saurait se passer, accoutumance d'ailleurs encouragée par l'ensemble des pouvoirs publics. La pensée de Thoreau dans ce domaine, exprimée en un dix-neuvième siècle américain où le télégraphe était en construction, est encore une fois celle d'un précurseur. Retrouvant le point de vue de la sagesse, Thoreau s'adresse à la conscience de notre temps, lorsqu'il ironise sur l'appétit de nouvelles de ses concitoyens :

Un homme a à peine fait un somme d'une demi-heure après dîner, qu'en se réveillant il lève la tête et demande : « Quelles sont les nouvelles ? », comme si le reste de l'humanité avait placé ses sentinelles. Certains donnent des ordres pour être réveillés chaque demi-heure, sans doute sans autre but ; et puis, pour payer ça, ils racontent ce qu'ils ont rêvé. Après une nuit de sommeil les nouvelles sont aussi indispensables que le petit déjeuner. « De grâce, dites-moi quelque chose de neuf qui soit arrivé à un homme *n'importe où sur ce globe » — et par-dessus son café complet, il lit qu'un homme a eu les yeux arrachés ce matin sur la rivière Wachito ; ne rêvant jamais, pendant qu'il vit dans l'obscure et insondée Mammoth Cave* (*) *de ce monde, que lui-même n'a que le rudiment d'un œil* (22).

De même, dans un remarquable ouvrage intitulé *Monde moderne et sagesse ancienne*, Arnaud Desjardins, se faisant une fois de plus le porte-parole des enseignements traditionnels visant à la connaissance de soi, pose le problème avec justesse :

« Cette tragique hypertrophie du mental est aggravée par la consommation d'idées et d'événements, appelée "information", qui détourne les hommes de la vérité et de la profondeur d'eux-mêmes. La consommation des nouvelles et des commentaires dans les journaux quotidiens ou hebdomadaires, à la radio ou à la télévision, représente une superproduction de pensées et d'émotions inutiles. Sans formation, sans préparation, sans étude approfondie, tout le monde a son idée sur tout, en économie, en politique, en diplomatie. Mais personne ne se connaît lui-même, personne ne mesure à quel point il ne se connaît pas lui-même... La sacro-sainte "information" est une immense duperie » (23).

Au chapitre « Économie », Thoreau met en cause l'utilité du télégraphe : les informations ainsi transmises vaudront-elles la peine d'être communiquées ?

Nos inventions sont d'habitude de gentils joujoux qui détournent notre attention des choses sérieuses. Ce ne sont que des moyens perfectionnés pour un but imparfait, un but qui déjà n'était que trop facile à atteindre ; comme le chemin de fer qui mène à Boston ou à New York. Nous avons grande hâte de

---

(*) Mammoth Cave : « Grotte gigantesque », dans le Kentucky.

construire un télégraphe électrique du Maine au Texas ; mais il se peut que le Maine et le Texas n'aient rien d'important à se communiquer... Comme si l'objet principal était de parler vite et non de parler sensément (24).

Même refrain en ce qui concerne la poste et les journaux :

Quant à moi, je me passerais facilement du bureau de poste. Je pense que très peu de communications importantes passent par lui... Et je suis sûr de n'avoir jamais lu aucune nouvelle mémorable dans un journal. Si nous y lisons qu'un homme a été volé, ou assassiné, ou tué accidentellement, ou qu'une maison a brûlé, ou qu'un navire a fait naufrage, ou qu'un bateau à vapeur a explosé, ou qu'une vache est passée sur le chemin de fer de l'Ouest, ou qu'un chien enragé a été abattu, ou qu'on a vu des sauterelles en hiver — nous n'avons pas besoin d'en lire un autre. Un seul suffit. Si vous connaissez le principe, pourquoi tenez-vous à cette myriade d'exemples et d'applications (25) ?

Dans un esprit similaire, Desjardins s'interroge à propos de l'analphabétisme considéré comme un fléau : « Apprendre à lire, pour lire quoi ? Des romans qui agitent le mental et attisent les émotions, des informations par lesquelles on n'est pas directement concerné et que chasseront les nouvelles du lendemain. Chacun sait ce qui se passe dans le monde entier, mais personne ne sait ce qui se passe au fond de lui-même » (26). Au chapitre « La lecture », Thoreau déplore la misère intellectuelle et spirituelle de ses concitoyens, lesquels n'ont appris à lire que pour se gaver de romans : « Le résultat en est une ternissure du regard, une stagnation du mouvement de vie, une déliquescence et une escarrification générale de toutes les facultés intellectuelles » (27). « Notre lecture », poursuit-il plus loin, « notre conversation et notre pensée, sont tous d'un très bas niveau, seulement dignes des pygmées et des nabots » (28). Verdict auquel fait écho cet autre jugement sans appel à la page suivante : « Nous sommes une race de linottes, et dans nos envolées intellectuelles nous ne nous élevons pas plus haut que les colonnes d'un quotidien » (29). Il m'arrive de rêver aux formules tranchantes qu'aurait inspiré à l'auteur de *Walden* la médiocrité en perpétuelle expansion de nos journaux et de nos ondes...

Pour Thoreau, comme pour les sages, s'informer réellement, c'est se mettre à l'écoute de ce qui, en nous, ne fait aucun bruit et ne change jamais. « Quelles nouvelles ! », s'écrie-t-il ; « combien il est plus important de savoir qu'est-ce qui ne vieillit jamais » (30) ! Le reste n'est que futilité : « Pour un philosophe toute *nouvelle*, comme on l'appelle, est du commérage, et ceux qui l'éditent et qui la lisent sont de vieilles femmes autour d'un thé. Pourtant bon nombre sont avides de ce commérage » (31). Vider le mental des informations superflues constitue donc un premier pas vers l'écoute du gourou intérieur. Une autre donnée importante dans le cas de Thoreau est ce contact direct avec les éléments et la nature dont nous avons parlé au chapitre précédent : une adhésion au monde se traduisant par un rapport quasiment sensuel avec la création.

Au début du chapitre « Les lois supérieures », Thoreau dit autant aimer la vie sauvage que la vie ordonnée, ou « morale », ce qui est une manière d'avouer qu'il préfère la vie « primitive » à une existence régie par cette pesante institution qu'est le bien. Thoreau se méfie beaucoup de la morale ; certains passages du *Journal* trahissent même une répugnance vis-à-vis de cette contrainte qu'il trouve malsaine : « Ce qui m'afflige le plus dans mes écrits, c'est leur aspect moral... A proprement parler, la moralité n'est pas saine », note-t-il en janvier 1842 (32). En août 1841, il observait : « Les meilleures pensées non seulement sont sans tristesse mais aussi sans moralité. L'univers s'offre à nos pensées dans un déluge de blanche lumière. L'aspect moral de la Nature est une jaunisse que lui prête l'homme » (33). Si la morale lui apparaît malsaine, c'est que Thoreau est fondamentalement un « homme du dehors », et que cette dernière sent trop le renfermé. L'« inspecteur des tempêtes », ainsi qu'il se qualifiait lui-même, aime trop l'espace et l'air pur pour se sentir à l'aise dans les institutions. Aux pensées vertueuses, Thoreau préfère les bois où il cesse de penser, la forêt, lieu « inhumain » où il va pouvoir se repaître de cette « sauvagerie » dont il dit avoir faim. La marmotte ne lui fait pas envie en elle-même mais « pour ce qu'elle représente de l'état sauvage » (« non pas qu'alors j'eusse faim, mais pour ce qu'elle représentait de l'état sauvage ») (34).

Si Thoreau recherche ainsi une certaine « sauvagerie », c'est afin de recouvrer une faculté qu'il juge essentielle : son instinct. C'est à partir d'un tel instinct primordial mais totalement développé qu'agit le sage situé au-delà du choix. Ce gourou intérieur, cette faculté permettant de *ressentir* en profondeur, a quelque chose d'indompté : certains maîtres comparent parfois le sage ou le disciple authentique à un lion rugissant, et symétriquement Thoreau note dans son *Journal* : « L'homme pour qui la loi existe, l'homme attaché aux formes, le conservateur, est un homme dompté » (35). La morale humaine, institution à laquelle chacun prétend se conformer sans réfléchir (« La plupart des hommes... ont *un peu vite* conclu qu'ici le but principal de l'homme est de « glorifier Dieu et de le trouver bon à jamais ») (36), par ses contraintes et son étroitesse, tend à anesthésier cet instinct ; elle s'ajoute donc aux facteurs d'aliénation qui privent l'homme de son aptitude à sentir ce qui est juste ou non pour lui, en particulier, à un moment et en un point donné. Si Thoreau, ainsi que les maîtres hindous ou bouddhistes, ne nie aucunement la nécessité d'une morale partagée par le groupe social, il n'en perçoit pas moins le caractère pernicieux pour l'individu dont la conscience est plus englobante et libre que celle de la masse. En superposant un « idéal » à la réalité présente, la morale prive l'individu d'une relation directe et innocente avec lui-même et avec la nature, elle lui interdit le contact brut avec le monde. « Méfiez-vous de l'idéalisme parce qu'il vous divise contre vous-même. Le réel doit être l'idéal », observe Swami Prajnanpad, le maître d'Arnaud Desjardins (37). Refusant de considérer le réel, l'homme par trop moral risque de devenir une créature édulcorée, pour ainsi dire castrée de ce que Thoreau nomme son « génie ». Vivre selon son génie, c'est voir, toucher la vie. Tenter de se conformer à des règles imposées de l'extérieur sans en avoir testé pour soi-même la validité revient à penser la vie et à ne la connaître que par procuration. Si Thoreau prône un quelconque retour à l'état sauvage, c'est la reprise d'une vie vécue selon l'instinct sous sa forme essentielle : la capacité de sentir, l'intelligence du cœur et du corps. Il ne s'agit donc pas de vivre grossièrement, mais au contraire d'affiner ses perceptions, et cet affinement s'opère plus facilement dans les bois. Ainsi que le souligne Arnaud Desjardins :

« Les conditions de la vie moderne ont beaucoup dégradé la capacité à sentir. Par rapport à un homme qui mène une vie naturelle, en contact avec une nature non sophistiquée, non transformée par la technique, l'homme moderne a des sens dégradés et cela ne peut pas être le chemin de la réalisation. Le travail sur le corps contribue à vous rendre plus sensible, pas au sens de fragile ou vulnérable, mais au sens de capable de sentir, de percevoir » (38).

Le fait que cette perception plus fine du monde passe par

le plaisir du corps ne devrait pas surprendre. En effet pour les Hindous, le corps dit la vérité et la sensation physique constitue, à condition d'être vécue consciemment et bien canalisée, un outil de connaissance de soi. Non seulement le plaisir physique total n'est pas incompatible avec la haute spiritualité, mais il peut même en être le signe. Selon la tradition spirituelle hindoue, les états de conscience supérieurs correspondent à une condition particulière du système nerveux et ne peuvent survenir sans une certaine transformation du corps. Aussi Thoreau retrouve-t-il une donnée fondamentale de tout yoga lorsqu'il affirme ne pouvoir se sentir inspiré si son corps ne l'est pas. Dans son commentaire de la Bhagavad-Gita, Maharishi Mahesh Yogi observe que le contact avec Brahma « exige un état de raffinement et de flexibilité extrêmes, qui n'est possible que lorsque le système nerveux est entièrement pur » (39). La vie spirituelle commence donc par l'affinement du corps, ainsi que le constate Thoreau :

Chaque homme est le bâtisseur d'un temple appelé son corps, dédié au dieu qu'il adore, d'après un style bien à lui, et ce n'est pas en donnant des coups de marteau sur le marbre qu'il s'en sortira. Nous sommes tous des sculpteurs et des peintres, et nos matériaux sont notre propre chair, notre sang et nos os. N'importe quelle noblesse commence tout de suite à épurer les traits d'un homme, n'importe quelle bassesse ou sensualité les abrutit (40).

Quel sens Thoreau donne-t-il aux mots « sensualité » et « pureté » ? Sa pensée s'avère difficile à saisir, car les connotations liées aux termes qu'il emploie le trahissent. Habituellement, les discours prônant la pureté et condamnant la sensualité paraissent considérer le corps lui-même comme l'ennemi à abattre. Ils semblent inviter à réprimer les sens afin de n'être plus qu'un pur esprit. Or, la sensualité que

Thoreau réprouve n'est pas celle que l'on pense. Pour lui, la pureté ne consiste pas à modifier le corps, mais à le travailler, à le perfectionner. Inversement, la sensualité qu'il dénonce n'est pas l'éveil du corps, mais au contraire son inertie, une sous-exploitation des possibilités physiques. Le sensuel, l'impur, est celui dont le corps dort. Bien que cet affinement de la physiologie si important dans le *hatha-yoga* (postures) et dans toute discipline spirituelle n'ait rien à voir avec le culte narcissique du corps, il ne serait pas faux de dire que le disciple engagé sur une voie de purification intérieure tend vers un corps, sinon parfait, du moins plus harmonieux et vivant. C'est ce qu'affirme Thoreau lorsqu'il note dans son *Journal* :

Je ne me sens jamais inspiré, que mon corps ne le soit aussi. Lui aussi repousse une vie médiocre et terne. Ils se trompent fatalement ceux qui pensent qu'ils peuvent exercer leur esprit et laisser leur corps croupir dans la volupté ou la fainéantise. Le corps est le premier disciple de l'âme. Notre vie n'est que l'âme manifestée par son fruit, le corps. Tout le devoir de l'homme peut tenir en une phrase : fais toi un corps parfait (41).

Thoreau a concentré en ces lignes l'essentiel de son éthique. Pour lui, la sensualité ne saurait être la fête du corps mais son étouffement. L'homme sensuel est donc celui dont le corps stagne. La sensualité est synonyme d'inertie, et le corps sensuel n'est autre que le corps dénaturé, dans lequel l'énergie ne circule plus. Si le corps ne respire pas, comment l'âme serait-elle vive ? Voilà pourquoi Thoreau associe la sensualité à l'inertie et la pureté à l'exercice :

De l'exercice viennent la sagesse et la pureté ; de l'indolence, l'ignorance et la sensualité. Chez l'étudiant la sensualité est la paresse de l'esprit. Une personne impure est une personne universellement indolente, quelqu'un qui reste assis près d'un poêle, que le soleil éclaire sur sa couche, qui se repose sans être fatigué. Si vous voulez éviter l'impureté et tous les péchés, travaillez avec sérieux, quand bien même ce serait au nettoyage d'une étable (42).

Notons qu'il retrouve un principe fondamental du *hatha-yoga* : tout est posture. Nos attitudes physiques quotidiennes témoignent de notre qualité d'être.

Toute sensualité n'est qu'une, bien qu'elle prenne de nombreuses formes ; toute pureté n'est qu'une. C'est pareil qu'un homme mange, boive, cohabite ou dorme avec sensualité. Ce n'est qu'un appétit, et il nous suffit de voir une personne faire n'importe laquelle de ces choses pour savoir combien c'est une grande sensuelle. L'impur ne peut rester ni debout ni assis avec pureté (43).

Que signifient donc des expressions comme « manger sensuellement » ou « s'asseoir sensuellement » ? Tout simplement manger sans vigilance, s'asseoir sans en être réellement conscient. Le but des postures de yoga n'est pas de parvenir à de spectaculaires contorsions, mais de développer une certaine *présence* à soi-même en *prenant appui* sur le corps. Pour Thoreau, comme pour la philosophie du yoga, aucune action n'est « impure » en elle-même. L'impureté d'un acte (qu'il s'agisse de manger, de se lever, de parler, etc.) réside dans le fait qu'il est accompli mécaniquement et non pas consciemment, par habitude (synonyme d'inertie) plutôt que par choix actif et délibéré en fonction de la situation présente.

La clef de l'ascèse n'est autre que la vigilance, sans laquelle le sujet se laisse engloutir par l'expérience de l'objet. Absent de lui-même, divorcé de son centre, l'homme se trouve *aliéné* et les expériences se déroulent pour ainsi dire toutes seules, faute d'un sujet suffisamment présent pour être vraiment à même de les vivre. Cette vigilance pourrait également être appelée « sobriété » : « Je resterais volontiers toujours sobre ; et il y a des degrés infinis dans l'ivresse », dit Thoreau (44).

Demeurer sobre, ne serait-ce pas faire l'expérience des sens sans être enivré par nos perceptions, en en conservant la maîtrise ? Être présent à la sensation sans que la conscience de soi s'en trouve moindrement altérée, voilà la pureté à laquelle aspire l'auteur de *Walden*. Arnaud Desjardins rapporte à ce propos une parole de son gourou : « To do, there must be a doer », « toute action nécessite un sujet agissant », et il poursuit :

« Et pour avoir l'expérience de la vie, l'expérience des satisfactions et des souffrances, pour avoir une vie pleine et savoir vraiment ce que c'est que ce monde et cette existence, il faut qu'il y ait aussi un sujet, et non rien, personne, "a non entity", comme disait Swamiji. "You are nowhere", "vous n'êtes nulle part" » (45) !

Thoreau, pour sa part, cite Tchouang-Tseu, l'homme du Tao : « "L'âme n'étant pas maîtresse d'elle-même", dit Thseng-tseu (sic), "on regarde, et on ne voit pas ; on écoute, et on n'entend pas ; on mange, et on ne connaît pas la saveur des aliments" » (46). La façon de se nourrir n'est bien sûr qu'un exemple, mais un exemple de choix, car pour les Upanishads, « tout est nourriture » : les impressions et les expériences diverses constituent, autant que les aliments, notre pain quotidien. Or, là encore, l'impureté ne réside pas tant dans la nourriture elle-même que dans l'attitude intérieure de celui qui l'absorbe. Faisant référence à l'Évangile selon Saint Matthieu, Thoreau note : « Un puritain peut se mettre à manger son croûton de pain bis avec un appétit aussi grossier qu'un échevin sa soupe à la tortue. Ce n'est pas l'aliment qui entre dans la bouche qui souille l'homme, mais l'appétit avec lequel il est mangé » (47). De même, Arnaud Desjardins rapporte dans un chapitre intitulé « Vivre consciemment » : « Swamiji insistait beaucoup sur ce que la façon dont on mange est encore plus importante que ce qu'on mange... Votre état intérieur et la conscience de la nourriture que vous absorbez sont plus importants que ce que vous mangez » (48). C'est dans le même esprit que Thoreau énonce la maxime suivante : « Celui qui distingue la véritable saveur de sa nourriture ne sera jamais un goinfre. Celui qui ne le fait pas ne peut pas être autrement » (49). Le secret du réel plaisir serait-il le détachement ? Je pense ici à ces mots qu'adressait à son mari, le voluptueux Philippe, la grande Alexandra David-Néel :

« Mon petit, tu as été un monsieur qui "s'est amusé" pour employer l'expression triviale courante, toi-même m'a souvent parlé de la place que la volupté devait tenir dans la vie d'un être bien portant. Veux-tu me laisser te dire une chose : tu n'as jamais su ce qu'était la sensualité... la grande... celle des "tout cerveaux"... » (50).

Le ventre tient lieu de tête et de cœur à bien des personnes dites « sensuelles », emportées par leurs appétits. Mais seule la présence à soi-même, présence qui procède de l'intelligence et des sentiments, conduit à la plénitude de la sensation. Celui qui parvient à manger en pleine conscience se nourrit, d'une certaine manière, pour la première fois. C'est son être entier, et non seulement son corps, qu'il sustente alors. Goûtant quelques baies sauvages, Thoreau constate que le palais peut aussi satisfaire l'esprit :

Qui n'a pas parfois tiré une inexprimable satisfaction de sa nourriture sans que l'appétit n'entre en ligne de compte ? J'ai frémi en pensant que j'étais redevable d'une perception mentale jusqu'en l'ordinaire et grossier sens du goût, d'avoir été inspiré par mon palais, que certaines baies que j'avais mangées sur le flanc d'une colline avaient nourri mon génie (51).

On voit donc que chez Thoreau, ainsi que pour les

Orientaux, la pureté ne procède pas de la négation du plaisir, mais au contraire de sa consommation totale, vécue les yeux grands ouverts. On n'est en effet libre que de ce que l'on a pleinement accompli, et la « libération », but de la *sadhana*, ne saurait résulter de la frustration et des demandes non satisfaites. Ainsi, se purifier, c'est en quelque sorte se donner les moyens d'accéder au plaisir réel : devenir celui que les Hindous nomment *bhokta*, l'appréciateur, pour un jour mériter d'être appelé *mahabhokta*, le grand appréciateur, celui dont le Yoga Vasishtha dit : « Il est le Grand Jouissant, le Grand Appréciateur, celui qui ne rejette rien et ne recherche intensément rien, celui qui, sans émotions, apprécie pleinement et complètement toutes les choses qui viennent à lui » (52).

Il n'est alors plus nécessaire de rechercher émotions fortes et expériences hors du commun pour se sentir un tant soit peu exister. Le Grand Appréciateur est un homme heureux, car il est passé maître en l'art de jouir totalement des choses les plus quotidiennes. « Je voulais vivre profondément et sucer toute la moelle de la vie... » Il semble que Thoreau ait atteint son objectif. Il connaît la saveur des fruits subtils de l'existence, délaissés par les insensés poursuivant sans cesse leur ombre. Telle est la récolte ineffable dont il fait ses délices sur les rives de l'étang :

Les valeurs et les gains les plus grands sont les plus difficiles à apprécier. Nous en venons aisément à douter de leur existence. Nous les oublions vite. Ils sont la plus haute réalité. Peut-être les faits les plus déroutants et les plus réels ne sont-ils jamais communiqués d'homme à homme. La véritable moisson de ma vie quotidienne est à peu près aussi intangible et indescriptible que les teintes du matin et du soir. C'est un peu de poussière d'étoiles de pris, un morceau de l'arc-en-ciel que j'ai saisi (53).

Quel rôle la chasteté, à laquelle Thoreau fait souvent allusion, joue-t-elle dans cette ascèse, et comment faut-il l'entendre ? La spiritualité hindoue conçoit la *sadhana* comme, entre autres, un travail d'économie d'énergie. Être continent signifie veiller à conserver ses forces vitales afin de structurer ce continuum de vigilance qui seul permettra de devenir *bhokta*, l'appéciateur. Le disciple va devoir transformer une énergie grossière en énergie subtile. Mais le but de l'ascèse étant la plénitude et non la frustration, bien des maîtres demandent à leurs élèves insérés dans le monde de remplacer la quantité par la qualité, en matière de sexualité comme d'ailleurs de nourriture. Y a-t-il appellation plus fausse que celle de notre monde occidental baptisé, à tort, « société de consommation », alors même que rares sont ses membres pouvant prétendre avoir *consommé* quoi que ce soit, au sens premier du terme (du latin *consummare* : « faire la somme » ; Mener une chose au terme de son accomplissement, achever, couronner, parfaire — selon le Robert) sinon leur propre délabrement intellectuel et spirituel ? La quantité d'excitations imposées bon gré mal gré à nos sens saturés nous barre souvent l'accès à une certaine perfection. Dans le domaine sexuel, ainsi que dans les autres champs d'activité, la multiplication sans fin des expériences supplante la qualité et l'approfondissement sans pour autant éliminer refoulement et frustrations. Aussi les difficultés sexuelles abondent-elles en cette civilisation qui se targue d'avoir accompli sa libération.

Dans son commentaire de la Bhagavad-Gita, Maharishi Mahesh Yogi définit simplement le célibat comme « un état où la force vitale de l'homme est toujours dirigée vers le haut » (54) ; le commentateur précise qu'il ne s'agit pas tant d'avoir prononcé des vœux de chasteté que d'orienter la vitalité de son corps, de son esprit et de ses sens « vers des niveaux d'évolution supérieurs » (55).

Les propos tenus par Thoreau sur la chasteté montrent qu'il semble l'avoir envisagée dans la perspective hindoue. Il y voit une transmutation des énergies grossières en force subtile permettant de structurer des états de conscience plus fins :

... *L'âme peut pour un temps pénétrer et contrôler chaque membre et chaque fonction du corps, et transmuer ce qui dans les formes est la plus grossière sensualité en pureté et en dévotion. L'énergie génératrice, qui, lorsque nous sommes relâchés, nous dissipe et nous rend impurs, nous fortifie et nous inspire lorsque nous sommes continents. La chasteté est l'épanouissement de l'homme ; et ce qu'on appelle le Génie, l'Héroïsme, la Sainteté et autres, ne sont que les fruits variés qui lui succèdent. L'homme vogue vers Dieu dès que la voie de la pureté est ouverte* (56).

Nul doute que le fond puritain de l'auteur de *Walden* trouvait son compte en de telles considérations. Et pourtant, le succès de son expérience de vie peut difficilement être nié, bien que quelques critiques, probablement navrés de se trouver confrontés au bonheur d'un auteur si éloigné de leur cercle et de leurs préoccupations, aient voulu voir en lui un raté triomphaliste. Ainsi que le constate Arnaud Desjardins au début du présent essai, « un très grand nombre des confessions de Thoreau ont le goût si particulier des paroles de ceux qui ont *vu* et qui *savent* ». La réussite d'une telle tentative de vie profonde se mesure à la joie. Parlant de son gourou, Arnaud Desjardins observe :

« Vous pouvez regarder la photo de Swamiji, ce n'est pas le visage d'un homme qui à force de se mutiler, de se brimer, de se conduire à coups de trique a réussi à se libérer. Cette libération là n'existe pas. "Un saint triste est un triste saint." Ce n'est pas un saint, c'est un homme qu'on appelle saint parce qu'il a renoncé à tout. Il s'est mortifié sur toute la ligne. Il est triste. Il a raté, c'est tout » (57).

Thoreau n'est pas triste ; il connaît la jubilation silencieuse face à la merveille d'être au monde, et c'est sur cette joie merveilleusement et simplement évoquée par l'auteur de *Walden* que je souhaite clore ce chapitre consacré à un sujet apparemment austère car ainsi que le dit la Taittiriya Upanishad :

« C'est en effet de la béatitude
que naissent tous les êtres.
C'est par la béatitude qu'ils subsistent,
c'est à la béatitude qu'ils retournent » (58).

De son côté, Thoreau exulte :

Si le jour et la nuit sont tels que vous les accueillez avec joie, et si la vie exhale un parfum comme des fleurs et des herbes odorantes, si elle est plus souple, plus étoilée, plus immortelle — c'est là votre succès. Toute la nature vous congratule, et vous avez un motif de vous bénir à tout moment (59).

Oui, vraiment, qu'il en soit ainsi.

Chapitre 8

L'aube à poindre : l'héritage de Thoreau

« Nul ne fut plus authentiquement américain que Thoreau », affirmait Emerson le jour où l'on mettait son ami en terre. Certes. Mais de quelle Amérique s'agit-il ? Celle du paysage, de l'espace, d'un « Nouveau Monde » en perpétuelle recréation. Cette Amérique là est, bien que difficile, possible en tous temps et peut-être en tous lieux. Elle figure sur la carte intérieure, la seule où il soit possible de retrouver les contours de la prairie perdue.

Cependant, pourquoi ne pas relier Thoreau à l'élan créateur propre au « génie » de son pays ? Ces États-Unis en lesquels les transcendantalistes habitent sont encore riches de possibilités : à l'heure où l'industrie commence à saisir la nation, Thoreau et ses amis entrevoient autre chose. L'Amérique se trouve, Emerson prononce en 1837 son célèbre discours exaltant l'émergence de « L'intellectuel américain » : « C'est avec une certaine joie que je discerne dans mes lectures les signes annonciateurs des jours à venir, qui filtrent déjà à travers la poésie et l'art, la philosophie et la science, l'Église et l'État... Nous avons trop longtemps écouté les muses raffinées de l'Europe » (1). Culturellement, le pays connaît ce qu'un critique nommera plus tard sa « Renaissance ». Emerson, Thoreau, Whitman, Poe, Melville, Hawthorne vivent et créent, ou se préparent, en ces temps féconds. Des voix retentissent, façonnant un nouveau paysage intellectuel. Toutes aspirent à faire table rase du passé. L'esprit pionnier et révolutionnaire passe dans la littérature qui cesse de singer les romans anglais et se fait vigoureuse, habitée par les espaces du Nouveau Monde.

« En toi se trouve la loi de toute nature, et tu ne sais pas encore comment monte une seule gouttelette de sève ; en toi sommeille toute la Raison ; il t'appartient de tout connaître ; il t'appartient de tout oser. M. le président, Messieurs, cette confiance en la puissance inexplorée de l'homme revient, de par tous les motifs, de par toutes les prophéties, de par tous les préparatifs, à l'intellectuel américain », proclame Emerson devant l'élite de Harvard (2). Cheminer ainsi vers sa propre vérité et son identité profonde, entreprendre ce que l'on nomme en Inde une *sadhana*, constitue une démarche proprement révolutionnaire. Peut-être s'agit-il de la forme la plus élevée et authentique de la protestation : refus des conventions, des bornes et des règles usées qui enserrent l'esprit ; refus du cauchemar de l'histoire, désir de commencement à travers l'accès à la seconde présente située hors chronologie... Les lettres américaines sont le paradis des insoumis. En compagnie de ses amis, Thoreau poursuit la tradition révolutionnaire de son pays, où bien des écrivains s'évertuent encore aujourd'hui à traverser toutes les couches du mensonge pour toucher à leur « terre ferme ». C'est le 4 juillet, jour anniversaire de la Déclaration d'Indépendance, que notre homme prend ses quartiers à Walden Pond. Coïncidence ? Peut-être. Mais de telles coïncidences n'en sont pas moins signifiantes.

Les écrits de Thoreau et son existence même procèdent d'une tentative de vivre jusqu'au bout cette volonté d'indépendance. L'auteur de *Walden* se montre résolu à user de son droit « à la vie, la liberté et la recherche du bonheur ». Adepte de la « désobéissance civile », il prend les institutions à la lettre et les pousse dans leurs retranchements avec toute l'intransigeance de l'idéaliste en action.

S'il expose la faillite et l'hypocrisie du « rêve américain » chez la plupart de ses concitoyens, Thoreau en réaffirme également la substance. *Walden* est tout le contraire d'un livre pessimiste : « Je ne me propose pas d'écrire une ode de la mélancolie, mais de me vanter aussi vigoureusement que Chantecler le matin, debout sur son perchoir, ne fût-ce que pour réveiller mes voisins » (3). C'est un hymne à la réussite et à l'épanouissement qu'a voulu nous léguer l'homme de l'étang. Il suffit, pour s'en convaincre, de relire la foisonnante « Conclusion » de *Walden*. Elle incite à « aller au-devant de ses rêves », c'est-à-dire à oser se donner les moyens de les réaliser. A cet optimisme tout à fait américain s'ajoute une conviction très orientale : le courant de la vie va vers l'expansion de la joie. C'est vers la béatitude que cheminent tous les êtres. L'homme agissant selon son *dharma*, accomplissant l'action conforme à sa nature et à la loi cosmique triomphe des obstacles car il se trouve soutenu par le mouvement même de l'évolution. Ses entreprises ne peuvent qu'être vouées au succès et se dérouleront dans l'aisance. Dans son commentaire de la Bhagavad-Gita, Maharishi Mahesh Yogi parle ainsi du *dharma* :

« "Le devoir prescrit" est celui qu'il est naturel d'accomplir, celui pour lequel on est né. C'est l'action naturelle en accord avec les lois de la nature, l'action selon son propre dharma, l'action qui va dans le sens du courant naturel de l'évolution, l'action qui est un lien innocent entre la conscience du soi et la conscience cosmique, et qui sert de moyen pour réaliser la conscience de Dieu, l'épanouissement parfait de la vie... La légitimité de telles actions réside dans le fait qu'en les accomplissant, on n'éprouve aucune tension. Elles ne sont pas un fardeau dans la vie. Elles soutiennent la vie et favorisent en même temps l'évolution » (4).

De même, Thoreau a su prêter l'oreille aux suggestions de son « génie » et s'engager dans ce qui, pour lui, constituait la voie juste :

J'appris ceci, au moins, de par mon expérience : si quelqu'un avance avec confiance dans la direction de ses rêves et essaie de vivre la vie qu'il a imaginée, il trouvera des succès inattendus en des moments ordinaires. Il laissera derrière lui un certain nombre de choses, franchira une frontière invisible ; des lois nouvelles, universelles et plus libérales, commenceront à s'établir au-dedans et autour de lui ; ou les anciennes lois seront élargies et interprétées en sa faveur dans un sens plus libéral, et il vivra avec la licence d'une catégorie d'êtres plus élevée. A mesure qu'il simplifie sa vie, les lois de l'univers paraîtront moins complexes, et la solitude ne sera pas de la solitude, ni la pauvreté de la pauvreté ni la faiblesse de la faiblesse. Si vous avez bâti des châteaux en Espagne, votre travail ne sera pas nécessairement perdu ; c'est là qu'ils devaient se trouver. Maintenant posez les fondations au-dessous d'eux (5).

Si « la majorité des hommes mène une vie de tranquille désespoir » (6) c'est parce qu'elle se fait violence, va contre la nature et ne tient pas compte du conseil de Thoreau, qui est en fait celui des sages en tous temps : « Que chacun s'occupe de ses affaires, et essaie d'être ce qu'il a été créé » (7).

L'action contraire au *dharma* ne peut qu'engendrer souffrances et insatisfaction, ainsi que le mentionne Maharishi

Mahesh Yogi : « Il est également essentiel de comprendre que l'action qui n'est pas naturelle produit inévitablement des efforts et des tensions à la fois pour son auteur et pour son environnement » (8). Aux tensions, l'auteur de *Walden* préfère la détente, inséparable de tout réel épanouissement. Thoreau n'a donc pas proprement rejeté l'évangile du succès cher aux Américains : il l'a revitalisé en le spiritualisant. Il s'agit toujours de réussir dans les affaires ; mais ces affaires-là sont extrêmement « privées », ainsi que le rappelle Thoreau. Elles se concluent sur le plan de l'être et non pas de l'avoir. Un tel optimisme, un semblable refus de se complaire dans la souffrance et les aspects noirs ou torturés de l'existence est chose assez rare en littérature pour mériter d'être notée. C'est là que réside sans doute l'américanisme de Thoreau. Je pense ici à Henri Michaux, méditant sur la prédilection de l'Europe pour le tragique :

« En Europe, tout finit en tragique. Il n'y a jamais eu attrait pour la sagesse, en Europe (tout au moins après les Grecs... déjà bien discutables). Le tragique de société des Français, l'Œdipe des Grecs, le goût du malheur des Russes, le tragique vantard des Italiens, l'obsession du tragique des Espagnols, l'hamlétisme, etc.

Si le Christ n'avait pas été crucifié, il n'aurait pas fait cent disciples en Europe. Sur sa *Passion*, on s'est excité.

Qu'est-ce que les Espagnols feraient s'ils ne voyaient pas les plaies du Christ ? Et toute la littérature européenne est de souffrance, jamais de sagesse. Il faut attendre les Américains Walt Whitman et l'auteur de *Walden* pour entendre un autre accent » (9).

La tentation de l'Orient parcourt en filigrane une grande part de la littérature américaine : des transcendantalistes à la Beat-Generation, en passant par Emily Dickinson, T.S. Eliot et Ezra Pound, Henry Miller, Thomas Merton, J.D. Salinger, un peuple nostalgique de la prairie perdue se tourne vers l'Orient des espaces intérieurs illimités. Imprégnés des mythes fondateurs de leur civilisation, les écrivains des États-Unis constituent une force de contestation paradoxale. Tout en dénonçant le discours que l'Amérique tient sur elle-même, poètes, essayistes et romanciers ravivent le regret de la prairie, de l'histoire recommencée et du héros solitaire. Aussi leur orientalisme n'est-il finalement qu'une formulation nouvelle des idéaux premiers, un retour au rêve originel auquel la coloration hindouiste ou bouddhiste confère un visage nouveau. A travers leur lecture des Upanishads ou leur pratique du zen, quelques écrivains entrevoient la possibilité d'une Amérique différente, la prairie perdue devenant la prairie intérieure, le trappeur solitaire le méditant isolé vivant à la lisière de la société ; ils dénoncent en même temps la faute d'une civilisation infidèle à son idéal fondateur.

D'autre part, la quête du soi prônée par l'hindouisme (et exaltée par Whitman) rejoint parfaitement la prédilection des auteurs américains pour l'autobiographie spirituelle. Des journaux intimes que tenaient les puritains aux romans de Kerouac, la tradition littéraire des États-Unis est emplie de cette fascination à l'égard du soi en quête de son identité profonde.

Thoreau demeure néanmoins, avec peut-être Gary Snyder dont nous reparlerons plus loin, le plus oriental des écrivains américains, de par son obstination à *vivre* ce dont ses écrits parlent. « Si Ralph Waldo Emerson fut le grand théoricien du transcendantalisme, Henry David Thoreau en fut certainement le grand praticien », remarque Donald N. Koster dans un petit ouvrage intitulé *Transcendentalism in America* (10). Il serait injuste de ne voir en Emerson qu'un philosophe de salon, car ce fut loin d'être le cas. Mais celui que l'on nommait « le sage de Concord » demeure un homme fort civil, un distingué gentleman, somme toute plus « vivable » que son intransigeant ami dont il dira plus tard : « Dire non ne lui coûtait rien... Son premier mouvement instinctif en entendant une proposition était de la réfuter, tant il était impatient de ce qui borne habituellement nos pensées » (11). Capable d'une grande bonté comme d'une rigueur spartiate, Thoreau ignore les compromis et incarne pleinement les retentissantes formules des essais d'Emerson. S'il existe une différence radicale entre les mentalités occidentale et orientale, elle réside dans le fait que nous tendons à dissocier la pensée de l'existence. Pour les Hindous comme pour les maîtres zen, la réflexion et la recherche n'ont de valeur que si elles transfigurent la vie quotidienne. Bien que la *saddhana* déplace la réussite, la situant non plus sur le plan de l'avoir mais sur celui de l'être, le but demeure toujours un accomplissement tangible. Selon Arnaud Desjardins, il arrive même aux Tibétains, dont les diverses méthodes et étapes seraient extrêmement précises, de parler en termes de rendement ! Il ne s'agit là, bien sûr, que d'une manière de s'exprimer, car la quantité de sagesse ne se mesure pas au moyen d'une calculatrice électronique. La moisson de la *saddhana* demeure en un sens aussi indicible que les teintes du matin et du soir, ainsi que le disait Thoreau. Elle se distingue cependant d'une vague rêverie ésotérique et le « libéré vivant », selon tous les témoignages, se trouve établi en une transcendante certitude et une plénitude substantielle.

La connaissance réelle ne peut donc en aucun cas être dissociée de l'expérience journalière. Son souci de transformation au jour le jour, si manifeste pour qui suit Thoreau pas à pas à travers son *Journal* fait de l'auteur de *Walden* un *sadhâka*, chercheur travaillant à vivre l'essence des vedas, à devenir « l'homme du Tao » en se dépouillant de tous les revêtements qui lui barrent l'accès à sa nature profonde. *Walden* est un livre de bord retraçant un « passage », ou du moins une tentative de transmutation de la conscience. Les œuvres les plus marquantes et les plus durables sont celles par lesquelles l'on bascule du particulier à l'universel. Je pense ici à une formule d'Anaïs Nin, auteur, comme Thoreau, d'un remarquable *Journal* · « La vie personnelle vécue en profondeur débouche toujours sur des vérités qui la dépassent. » L'entreprise de Thoreau est la nôtre. Nulle petite histoire complaisante, nul cinéma psycho-mental : seulement la respiration d'un homme tendant de toutes ses forces vers davantage de vie, vers un peu de lumière et de densité.

Livre du devenir, *Walden* nous met en mouvement. Cheminant pour ainsi dire sous nos yeux, Thoreau nous fait nous sentir mal à l'aise dans nos catégories et notre vieille peau figée. Il n'a cependant aucune intention de « waldeniser » ses lecteurs et ne propose pas de recettes. Arnaud Desjardins met en garde les apprentis disciples prompts à tomber dans le piège de l'imitation, alors que le gourou ne doit que les aider à devenir eux-mêmes :

« Chacun est appelé à trouver le chemin qui lui convient, à lui, exactement pour pouvoir changer, progresser, devenir libre, se retrouver soi-même, débarrassé de tous les oripeaux dont il a été affublé. Vous ne savez plus ce qui est vous ; vous ne savez plus ce qui n'est pas vous ; vous ne savez plus ce que vous êtes.

Est-ce qu'un gourou nous rend à nous-mêmes ou est-ce qu'un gourou fait de nous sa propre caricature ? Est-ce que notre but est de tellement admirer un homme que nous voudrions l'imiter ? Ou est-ce que notre but est de redevenir nous-mêmes, d'être libres même de notre gourou et de le rejoindre sur le plan suprême de la liberté ? Vous connaissez probablement tous la parole du zen qui dit : "Si vous rencontrez le Bouddha, tuez-le !" Je n'hésite pas à faire appel à cette parole célèbre : "Si vous rencontrez Swamiji, tuez-le !" Sinon, vous demeurez des esclaves et la relation avec le gourou, aussi admirable qu'elle soit, demeure dans la dualité... Alors l'apparence du gourou compte exagérément. On finit par imiter même son apparence. Ce n'est pas l'apparence du gourou qui importe mais la fonction. La fonction non pas de nous amener à lui de plus en plus mais de nous ramener à nous-mêmes de plus en plus. Dans beaucoup d'ashrams, toute la vie tourne autour du gourou mais, auprès de Swamiji, tout tournait autour de chaque disciple... La saddhana ne consiste pas à diviniser un gourou. La saddhana consiste à nous diviniser nous-mêmes » (12).

Thoreau ne nous exhorte donc pas à nous bâtir une cabane sur les rives d'un étang pour y faire pousser nos haricots, mais à devenir, enfin, ce que nous sommes. Être fidèles à nous-mêmes, tels que nous sommes situés ici et maintenant, oser voir ce qui *est* et non ce qui pourrait ou devrait être afin de nous mettre en route sur un sol ferme :

Généralement, nous ne sommes pas là où nous sommes, mais dans une position fausse. Par suite d'une infirmité de nos natures, nous imaginons une circonstance, nous nous plaçons dedans, et ainsi nous sommes dans deux circonstances en même temps, et c'est doublement difficile d'en sortir. Dans des moments de lucidité nous ne regardons que les faits, c'est-à-dire la circonstance (13).

Thoreau nous incite donc à faire le grand plongeon. S'il préconise le moindre remède à tous nos maux, il ne peut s'agir que d'une médecine naturelle : le retour au soi. « Voyager », disait Emerson, « est le paradis des sots ». Fort de cette conviction, Thoreau s'enracine en son propre centre ; c'est en son lieu intime qu'il trouvera le soulagement que d'autres s'en vont traquer au bout du monde :

L'autre côté du globe n'est que la demeure de notre correspondant. Notre traversée n'est que de la navigation autour d'un grand cercle, et les docteurs ne prescrivent un traitement que pour les maladies de peau. On se précipite en Afrique du Sud pour chasser la girafe ; mais ce n'est sûrement pas après ce gibier-là qu'on devrait courir. Combien de temps, je vous prie, un homme poursuivrait-il les girafes s'il le pouvait ? Les bécassines et les bécasses aussi peuvent procurer un fameux amusement ; mais je crois que le gibier serait plus noble si on tirait sur soi (14).

Au plus fort des grandes odyssées de l'espace, tandis que des astronautes s'en allaient planter la bannière étoilée sur la lune, les Américains parlaient de « Nouvelle frontière ». Je doute fort que Thoreau se fusse enthousiasmé pour de tels exploits car les explorateurs, selon lui, se bornent à perpétuer la tradition de l'égarement et leurs migrations nous détournent de la vraie question, de l'unique voyage. La frontière est intérieure. La « conquête de l'espace » lui aurait probablement inspiré des paragraphes semblables à celui-ci où il fait allusion aux voyageurs de son temps à la recherche du passage du nord-ouest :

Qu'est-ce que l'Afrique — qu'est-ce que l'Ouest représentent ? Notre propre monde intérieur n'est-il pas blanc sur la carte bien qu'il puisse s'avérer noir quand on le découvre, comme la côte ? Est-ce la source du Nil, du Niger ou du Mississippi, ou un passage au nord-ouest de ce continent, que nous trouverions ? Sont-ce ces problèmes qui concernent le plus l'humanité ? Franklin (*)

(*) Franklin : marin et explorateur disparu alors qu'il cherchait le passage du nord-ouest ; Grinnell, de New York, envoya une expédition à la recherche de Franklin.

est-il le seul homme qui se soit perdu, pour que sa femme soit si pressée de le retrouver ? Mr. Grinnell sait-il où il se trouve lui-même ? Soyez plutôt le Mungo Park, le Lewis, le Clarke et le Frobisher de vos propres rivières et océans ; explorez vos plus hautes latitudes... Soyez un Christophe Colomb pour tous les nouveaux continents et nouveaux mondes en vous, ouvrant de nouvelles passes, pas pour le commerce, mais pour la pensée (15).

Bien peu, cependant, sont armés pour de telles pérégrinations introspectives, lesquelles exigent des nerfs d'acier et une forte dose de confiance en soi. « Allez-y courageusement, allez-y en héros, engagez-vous dans ces terres inconnues de la conscience à l'intérieur de vous », lance Arnaud Desjardins aux chercheurs timorés (16). Desjardins aime également à citer une parole de son maître : « Dès que le chemin devenait difficile, j'avais droit à cette parole de Swamiji : "The way is not for the coward but for the hero", "la voie n'est pas pour le lâche, mais pour le héros" » (17). Et la Katha Upanishad laisse bien entendre que le chemin du réel n'est pas une petite excursion de tout repos :

> « Prends garde !
> Le chemin est étroit,
> le parcours difficile.
> S'y engager c'est marcher
> sur le fil du rasoir.
> Tel est l'avertissement des sages » (18).

De même Thoreau mesure toute l'exigence et le caractère accidenté de la voie qu'il a choisie :

Que signifiait cette expédition pour explorer les mers du Sud, avec tout cet étalage et toute cette dépense, sinon une reconnaissance indirecte du fait qu'il y a des continents et des mers dans le monde moral, pour lesquels chaque homme est un isthme ou un chenal, encore inexploré par lui, mais qu'il est plus facile de naviguer plusieurs milliers de milles à travers le froid, la tempête et les cannibales, sur un navire du gouvernement, avec cinq cents hommes et garçons pour en assister un seul, que ce ne l'est d'explorer la mer personnelle, l'océan Atlantique et Pacifique de son être seul (19).

Voilà sans doute pourquoi la plupart préfèrent la fuite à travers les routes balisées de l'avoir et d'un quotidien vécu sans joie, ou, plus sournoisement, dans le mirage des grandes causes et des retentissants engagements, certes plus gratifiants pour l'ego. Par l'un de ces paradoxes qu'il affectionne, Thoreau voit en ceux qui sacrifient leur vie à une idée telle que celle de la patrie des déserteurs et des vaincus :

*Cependant ceux qui n'ont pas le respect d'*eux-mêmes *peuvent être patriotiques, sacrifier le plus grand au profit du moindre. Ils aiment le sol qui fait leurs tombes, mais n'ont aucune sympathie pour l'esprit qui peut encore animer leur argile. Le patriotisme est un ver dans leurs têtes* (20).

Et il ajoute un peu plus loin : « Seuls les vaincus et les déserteurs vont à la guerre, lâches qui s'enfuient et s'enrôlent » (21). Provocation ? Certainement. Mais les maîtres zen ne pratiquent-ils pas de semblables outrages ? Il est de salutaires secousses, et Thoreau s'y entend à les administrer. « Go west, young man — Va vers l'ouest, jeune homme ! » Soit. Mais alors, que cet Ouest soit infini, que la route demeure à jamais ouverte.

« Soto, explore-toi !
C'est là que tu trouveras
le "continent inconnu"
Nul n'a colonisé l'âme » (22).

Emily Dickinson écrivait ce poème deux années après la publication de *Walden* qu'elle n'avait peut-être pas lu. C'est à cette même migration que Thoreau convie ses lecteurs :

Si tu veux apprendre à parler toutes les langues et te conformer aux coutumes de toutes les nations, si tu veux voyager plus loin que tous les voyageurs, être acclimaté à tous les pays, pousser le Sphinx à se frapper la tête contre une pierre, suis quand même le précepte du vieux philosophe, et explore-toi toi-même. Ceci demande d'avoir l'œil et du nerf... Partez maintenant sur ce chemin le plus à l'ouest, qui ne s'arrête pas au Mississippi ou au Pacifique, ni ne mène à une Chine ou un Japon usés, mais qui vous entraîne directement le long d'une tangente à cette sphère, été comme hiver, jour et nuit, au coucher du soleil, au coucher de la lune, enfin et aussi au coucher de la terre (23).

Ce grand voyage commence et se poursuit ici et maintenant. « Voyagez aux quatre coins de la terre, vous ne trouverez rien nulle part. Tout ce qui est, est ici », affirmait Ramâkrishna (24). Le véhicule importe peu, son choix est l'affaire de chacun. Au contact des écritures orientales, Thoreau a saisi toute la vanité de ces querelles théologiques pourtant si prisées de bien des adeptes zélés de telle ou telle « voie royale ». « Je vois en arrière de moi le temps où je suais et me débattais dans le brouillard avec les linguistes et les disputeurs », observe Whitman (25). Fort méfiants à l'égard de ceux qui se prétendent détenteurs d'une quelconque « Vérité » exclusive, les maîtres hindous ou bouddhistes prêchent la tolérance, le chemin étant avant tout affaire d'ouverture : « Ramdas n'appartenait pas à une secte particulière », dit de lui-même l'auteur des merveilleux *Carnets de pèlerinage*. « Il est fermement convaincu que tous les credos, les fois et les religions sont autant de sentiers différents qui convergent vers le même but » (26). Propos qui ne constituent pas pour autant, quoi qu'en disent certains, un appel au syncrétisme, mais encouragent seulement une approche *détendue* de sa propre voie et de celle des autres. De même Thoreau note dans ses propres carnets de bord :

Je ne préfère pas une religion ou une philosophie aux autres. Je n'ai aucune sympathie pour la bigoterie et l'ignorance qui établissent des distinctions arbitraires, partiales et puériles, entre la croyance d'un homme ou d'un autre, et les formes de ces croyances — comme celle des chrétiens et des païens. Puissé-je être délivré de l'étroitesse, de la partialité, de l'exagération et de la bigoterie (27) *!*

Foin de ces ergotages. J'entends Thoreau nous apostropher, par la bouche de son contemporain et compagnon de voyage, Walt Whitman :

« Allons la route est devant nous !

Elle est sûre — je l'ai essayée — mes propres pieds l'ont soigneusement essayée — que rien ne te retienne » (28) !

Les appels de Thoreau, d'Emerson, de Whitman, ont été entendus. Nombreux sont ceux qui, à la suite des pionniers transcendantalistes, se sont mis en chemin vers l'ouest de l'esprit. Sans prétendre toutes les recenser, ne serait-il pas stimulant d'évoquer ici quelques-unes de ces figures, parmi les plus marquantes, en guise de conclusion ouverte à ce livre ? Par-delà les États-Unis, Thoreau et ses amis ont mis en mouvement une énergie culturelle dont le jaillissement provoque, çà et là, des trouées. Par le fait d'individus isolés ou, parfois, de groupes œuvrant à l'intérieur d'un même espace, des voix s'élèvent pour un temps, traversent telles des éclairs blancs la médiocrité verbeuse de « la littérature ». Les petites histoires et tous les autres bruits socio-culturels n'en continuent pas moins, mais un nouveau paysage, plus vaste et vigoureux, s'ouvre en Occident, dans le prolongement du travail de Thoreau qui méditait ainsi en conclusion de son *Walden* :

Je ne dis pas que Pierre et Paul réaliseront tout cela ; mais tel est le caractère de ce lendemain qu'un simple laps de temps ne peut jamais faire poindre. La lumière qui trouble nos yeux est pour nous de l'obscurité. Seul le jour auquel nous sommes éveillés commence à poindre. Il y a plus d'un jour à poindre. Le soleil n'est qu'une étoile du matin (29).

C'est ce nouveau paysage que je voudrais maintenant brièvement cerner, à cette restriction près que je m'en tiendrais ici à ses principaux défricheurs, pour la plupart américains, tout en terminant cette approche par une petite promenade du côté de notre vieille France où quelque chose de neuf semble actuellement possible. Laissant volontairement de côté l'horizon politique au profit des vents poétiques, je ne reviendrais pas sur la dette de Gandhi ou de Martin Luther King envers l'auteur de *Walden*, sans toutefois oublier la dimension contestataire de poètes tels que Ginsberg ou Snyder.

C'est à travers ceux qui, peu à peu, le dessinent, que ce paysage se cerne encore le mieux. Pris individuellement, ces explorateurs qui cheminent à la suite de Thoreau se révèlent finalement inclassables et rebelles aux écoles. Si les groupes et autres mouvements font bien l'affaire des historiens de la littérature, ils sont souvent récusés par leurs propres figures de proue. S'il est vrai que certaines énergies créatrices se rassemblent parfois en une époque et/ou en un lieu afin de catalyser des aspirations circulant dans l'air du temps, l'écrivain n'en demeure pas moins seul face à son travail. L'œuvre de réelle valeur se suffit à elle-même, elle sera préservée et lue pour ses qualités intrinsèques. Seuls les écrivains mineurs ne subsisteront que par leur affiliation à tel ou tel courant d'importance. Ce sont des écrivains majeurs, attachés ou non à un groupe mais toujours fondamentalement isolés, que je voudrais à présent évoquer.

Ces explorateurs, inspecteurs de bien des tempêtes, je les nommerais volontiers des individualistes cosmiques.

Individualistes, dans la mesure où leur démarche consiste à aller à la pointe de leur propre singularité ; cosmique, parce que leur individualisme dépasse de beaucoup leurs identités respectives. En poussant jusqu'à l'extrême l'affirmation de leur spécificité, les membres de cette informelle confrérie accèdent à une sorte d'identité suprême et basculent paradoxalement au-delà de la seule psychologie. Par l'investigation systématique de leur être, tous contribuent à ouvrir un autre espace, hors des voies étriquées et usées de ce que Thoreau appelait « gingerbread literature » (« littérature de pain d'épice »). Chez ces extravagants, qui s'aventurent *dehors*, le particulier débouche toujours sur une sensation plus dense de l'univers.

Avant Thoreau et ses compères, ils ont pour ancêtres les coureurs des bois qui, à défaut d'écrire, lisaient, paraît-il, de la poésie, romantique de préférence. La première et imposante figure de l'individualiste cosmique américain doit, en littérature, être celle de Bas de Cuir, le trappeur créé par Feminore Cooper. Demeurant seul dans la prairie, gardien de la nature sauvage en butte aux assauts de la civilisation, philosophe à l'écoute du jour et de la nuit, il meurt debout en s'écriant « Ici ! », le regard fixé sur l'horizon. Bas de Cuir est certes un personnage de fiction, un trappeur de papier sans doute plus pur que ses confrères dans le réel ; mais en tant que tel, il incarne la nostalgie naissante d'une Amérique ouverte.

Avant lui étaient les Indiens, premiers compagnons de la terre, auxquels Thoreau consacrera une grande part de ses études durant ses dernières années et dont plusieurs poètes du vingtième siècle, notamment Gary Snyder, célèbreront la noblesse et voudront retrouver le cri. Ce sera « Le retour des tribus », en passant par un détour du côté de ces Indes que Christophe Colomb croyait bien avoir découvertes...

Les Quakers et la Sainte Expérience de Pennsylvanie méritent également d'être mentionnés. Trop souvent négligés et laissés dans l'ombre, les membres de la Société des Amis furent pourtant en un sens des précurseurs du transcendantalisme. Henry Van Etten, auteur d'un ouvrage général sur les Quakers qualifie cette religion de « mouvement individualiste chrétien... n'ayant jamais reposé ni sur des dogmes ni sur des masses » mais sur « la vie spirituelle de ses membres » (30). L'abandon à la « Lumière Intérieure » rejoint la « Self-reliance » d'Emerson et son souci de ne pas vivre sa vie spirituelle par procuration mais en s'en remettant à son intuition et au contact fécond avec la profondeur. Si les transcendantalistes donnèrent son plein essor à la culture américaine et surent entrevoir, à l'orée des bouleversements technologiques, la possibilité d'une Amérique autre, les Quakers osèrent établir dans leur colonie baptisée d'après le nom du fondateur William Penn une société radicalement différente. Tandis que les colons puritains massacraient les Indiens qui pour eux n'étaient que de « misérables sauvages » à peine dotés d'une âme, les Amis se refusaient à recourir aux armes et mettaient leur confiance en l'honnêteté et la tolérance. Bien que la couronne d'Angleterre lui ai fait don des terres qui allaient devenir la Pennsylvanie, Penn tint à négocier avec les Indiens l'achat du sol dont ils restaient pour lui les légitimes propriétaires. Concluant avec eux un traité scrupuleusement respecté quarante années durant, jusqu'à ce que des éléments nuisibles profitent de la tolérance des Quakers pour venir déstabiliser la colonie, il fit preuve d'un respect des « droits de l'homme » qui n'était guère de mise.

Ainsi que le rapporte Van Etten, Voltaire fit un éloge dithyrambique de ce traité et de la tentative réussie de William Penn. « C'est le seul traité », écrivit l'auteur de *Candide*

« entre ces peuples et les chrétiens qui n'ait point été juré et qui n'ait point été rompu... Autant ils détestaient les autres chrétiens conquérants et destructeurs de l'Amérique, autant ils aimaient ces nouveaux venus... Guillaume Penn pouvait se vanter d'avoir apporté sur la terre l'âge d'or dont on parle tant, et qui n'a vraisemblablement existé qu'en Pennsylvanie » (31).

La « Sainte Expérience » dura près de trois quarts de siècle (1684-1756) et sema sans nul doute dans la conscience américaine bien des graines que Thoreau et ses amis récoltèrent en leur temps. En proposant une alternative nonviolente au sein d'une époque de conflits et en faisant passer l'homme de bien avant les lois, William Penn prépara le terrain de la désobéissance civile et de la pensée politique de l'auteur de *Walden.* « Quelques excellentes que soient les lois, des hommes de bien sont encore mieux, car des bonnes lois peuvent être éludées par de mauvais hommes, mais les hommes de bien n'exécutent jamais de mauvaises lois » écrivait le fondateur de la Pennsylvanie (32). Voilà bien une phrase que Thoreau n'aurait pas désavouée.

L'importance de la pensée et des tentatives concrètes des Quakers n'a pas encore été pleinement appréciée. Des historiens s'emploient cependant aujourd'hui à remettre en lumière le germe de Nouveau Monde que constitua l'expérience des Amis (33).

Des Amérindiens au « hurlement barbare » (« barbaric yawp ») poussé par Whitman en passant par la bénignité des Quakers, nous voici aux alentours des années 1860. A Amherst, Massachusetts, une demoiselle approchant la trentaine, du nom d'Emily Dickinson, demeure calfeutrée dans la maison de ses parents. Elle y fait du pain, craint son père, soigne ses fleurs et sa mère. Mais elle griffonne aussi de petits poèmes d'une densité passionnée, fait fi des règles de la ponctuation, refuse obstinément de se faire publier (« Publier, c'est mettre à l'encan un esprit humain ») (34) et d'aller comme tout le monde à l'église.

Dans la bibliothèque personnelle d'Emily Dickinson, aujourd'hui conservée à l'Université de Harvard, se trouvent quatre volumes de Thoreau dont une édition de *Walden* comportant de petites marques au crayon, ce qui semble indiquer que la recluse d'Amherst avait effectivement lu la prose de l'homme de l'étang. Quoi qu'il en soit, elle chemine à sa suite et glisse sur les mêmes eaux. Il est en tout cas certain que « l'étrange fille du Squire Dickinson » s'était abreuvée d'Emerson. Bien que le « sage de Concord » se soit à plusieurs reprises rendu à Amherst pour y donner des conférences, passant même une nuit sous le toit du frère d'Emily, rien ne dit que cette dernière soit sortie de sa réserve pour aller rencontrer le grand homme et converser avec lui.

La rencontre eut cependant lieu sur le plan spirituel grâce aux écrits d'Emerson dont la farouche poétesse sut extraire la quintessence. « Celui qui veut être un homme doit être un non-conformiste... » En son ami Thoreau, Emerson trouva l'incarnation de sa célèbre formule ; Emily me semble en être la manifestation féminine. Avec ceux, forts différents, de Walt Whitman, aussi amples et torrentiels que les siens sont brefs et tranchants, les poèmes d'Emily, ou du moins nombre d'entre eux, constituent une parfaite expression lyrique de cet individualisme cosmique exalté par ses aînés et plus tard repris par les nouveaux voyants de la Beat Generation.

Comme Thoreau, Emerson, ou aujourd'hui Snyder, Ginsberg et White, Emily fuit la fiction et ne parle que d'elle-même, construisant par petites touches une autobiographie du dedans. Comme le journal de Thoreau, ses poèmes constituent un « calendrier des marées de l'âme ». Elle reprend à son compte cette « Self-reliance » prônée par Emerson. Elle sait qu'elle doit accomplir seule sa tâche la plus élevée :

> « Chacun doit accomplir sans aide
> Son idéal absolu,
> Vivant un exploit solitaire
> Et silencieux » (35).

J'ai cité plus haut un poème d'Emily montrant que, comme Thoreau, elle voit en son propre dedans la véritable terre vierge, l'authentique Nouveau monde dont elle sera la pionnière ; l'homme de l'étang et la recluse d'Amherst choisissent tous deux la navigation solitaire. Leurs espaces inviolés, ils les abordent seuls :

> « Les instants supérieurs de l'âme
> Surviennent sans témoins
> Lorsque l'ami, la circonstance,
> Se sont retirés tout au loin » (36)...

Comme Thoreau, Emily chemine en dehors des églises qui souvent perpétuent la lettre au détriment de l'esprit :

> « Certains vont le dimanche à l'église
> Et moi — je reste à la maison
> Avec un merle pour choriste
> Et pour voûte un verger » (37).

Elle préfère donc également la nature au temple. Ce que Thoreau ressentait dans les bois, Emily le goûte à l'intérieur de son jardin. « De toutes les ébriétés, qui ne préfère pas être enivré par l'air qu'il respire ? » demandait l'auteur de *Walden* ; (38) comme en écho, Emily consacre un poème à l'ivresse que lui procure un moment passé à l'air libre :

« Je suis grisée par l'air
Et débauchée par la rosée ;
Je titube les jours d'été sans fin
Hors des auberges bleu fondu » (39).

Sa spiritualité, ainsi que celle de Thoreau, n'est nullement désincarnée : « Je ne me sens jamais inspiré, que mon corps ne le soit aussi », notait, on s'en souvient, l'homme de Walden dans son *Journal* ; (40) Emily, pour sa part, se montre encore plus radicale : « Si je lis un livre et que cela rend mon corps si froid que jamais aucun feu ne pourrait me réchauffer, je sais que c'est de la poésie. Si je me sens physiquement comme si le haut de ma tête avait été enlevé, je sais que c'est de la poésie. Voilà les seules manières auxquelles je la reconnais. Y en a-t-il d'autres » (41) ? Oui, Emily est bien du nombre des extra-vagants... Aux incessants projets d'avenir, elle préfère, comme Thoreau, la plénitude du présent. Elle fait corps avec l'instant, sachant que « "A jamais" se compose de mille "à présent" / Qui lui sont tous contemporains » (42). Cette *présence*, là encore, aboutit à une extase où le temps n'a plus cours, la conscience demeurant suspendue en un intervalle infini :

« Il est une zone aux années égales
Qu'aucun solstice n'interrompt —
Où le soleil fait un Midi constant,
Où les saisons sont perfection —
L'été y finit par l'été ;
Les siècles de juin rejoignent
Les siècles du mois d'août —
La conscience est à son Midi » (43).

Située à la pointe de l'extra-vagance et de la singularité, cette extase, paradoxalement, semble bien abolir l'individualité, ou plutôt l'élargir aux dimensions de l'univers. Voilà pourquoi j'appelle Thoreau et Emily des « individualistes cosmiques ». Mais il faut d'abord passer par la dissolution du petit moi, de l'identité sociale limitée. Il y a chez Emily un intense désir de cesser d'être quelqu'un, de cesser de répondre aux exigences d'identité imposées par la société : « Je suis personne ! Qui es-tu » (44) ? N'être plus rien, c'est être tout ; la petite identité est d'un mortel ennui : « C'est si triste d'être quelqu'un ! C'est si public » (45)... Devenue enfin « personne », elle pourrait s'inclure dans quelque chose de plus vaste, recouvrer l'insouciance du brin d'herbe et du caillou. On retrouve chez elle comme chez Thoreau et les transcendantalistes cette attirance pour la matière ; sur la pierre ou le grain de sable, l'individualiste cosmique projette son désir de vide, son aspiration à exister de manière brute. « L'herbe a si peu de chose à faire. Que je voudrais être du foin ! » s'exclame Emily qui chante ailleurs le bonheur du petit caillou (46). A l'instar de Thoreau, la recluse d'Amherst me semble donc être allée au bout du transcendantalisme, avec une intensité qui, selon ses propres termes, est celle d'une « âme chauffée à blanc » (47). Notons cependant que sa sérénité se révèle moins constante que celle de l'auteur de *Walden* : son côté extatique se trouve contrebalancé par une angoisse bien réelle qui la distingue donc des transcendantalistes :

> « Chaque moment d'extase
> Se paie d'une angoisse
> Vive et frémissante
> Tout à proportion
> Chaque heure adorée
> D'années faméliques,
> De liards amers et disputés,
> De coffres remplis de larmes » (48) !

« Si médiocre que soit votre vie, affrontez-la et vivez-la », conseillait Thoreau (49). C'est précisément ce que fit Emily Dickinson. Ses poèmes frappent droit au but et paraissent illustrer la remarque suivante de l'homme de l'étang : « La poésie n'est autre chose que la santé du discours... Les meilleurs vers ne suggèrent peut-être que ceci : un homme / où une femme, cher Henry ! / qui a vraiment vu, entendu ou senti ce qu'il y a de plus ordinaire dans l'expérience » (50).

Bien que la première moitié du vingtième siècle américain soit en apparence dominée par le matérialisme et les romans dits « réalistes », l'influence de Thoreau et des transcendantalistes demeure cependant présente. L'auteur de *Walden* est particulièrement écouté dans la mesure où son œuvre constitue *aussi* une virulente critique de cette société mécanisée et fondée sur le profit dont il pressentait l'avènement. Pour Sinclair Lewis, l'un des romanciers les plus importants de cette période qui se verra, en 1930, attribuer le prix Nobel, « *Walden* est l'un des trois ou quatre indiscutables classiques de la littérature américaine » (51). Dans son célèbre roman intitulé *Babbitt* (1922), Lewis met en scène le parfait petit-bourgeois américain dont l'existence de « désespoir tranquille » n'est qu'une suite de conditionnements, toute velléité d'individualisme et d'authenticité étant aussitôt sacrifiée au mensonge collectif. Cette figure pathétique incarne en quelque sorte l'autre pôle de la conscience américaine : Babbitt est l'anti-Thoreau. Pantin du capitalisme, il vit à l'encontre de toute « self-reliance » « Vos pensées sont des citations, vos émotions des imitations, vos actions des carricatures ». A qui, mieux qu'à Babbitt, s'appliquerait cette parole terrible de Swami Prajnanpad ? En sa personne se trouvent rassemblés tous les esclavages que Thoreau, déjà, dénonçait et dont il travaillait à se libérer. Dépouillé de son individualité,

« réceptacle où se déversent tous les clichés de la mythologie sociale américaine » (52), Babbitt s'impose comme l'homme standardisé, le contraire de l'individualiste cosmique. Dénué de toute prise sur le réel, il ne cesse de refouler cette voix intérieure à laquelle Thoreau et ses amis attachaient tant de prix. Nulle voix ne semble se faire entendre en lui sinon celle de ce que Barthes nommera plus tard la *doxa* : « La *Doxa*... c'est l'Opinion publique, l'Esprit majoritaire, le Consensus petit-bourgeois, la Voix du Naturel, la Violence du Préjugé » (53).

Il arrive pourtant que l'individualité tente — vainement — de ressurgir. C'est cette conscience latente du lamentable échec de son existence qui confère à ce personnage ridicule sa dimension tragique. Aussi robotisé qu'il soit, vidé de sa substance par la société, Babbitt conserve en son tréfonds un peu de cet instinct que Thoreau nommait son « génie ». Aussi se livre-t-il à quelques piètres tentatives de rebellion : c'est au cours d'une brève escapade dans les bois du Maine, ces mêmes bois célébrés par Thoreau dans son essai *The Maine Woods*, qu'il retrouve un semblant d'authenticité. Mais il ne s'agit là encore que d'une caricature d'insurrection, vouée dès le départ à l'échec. Ainsi que le remarque Michel Terrier à propos des romans de Lewis : « Le message constant dans la tradition de Thoreau est la nécessité de la révolte individuelle contre tous les conformismes et du refus de l'asservissement de l'esprit au matérialisme vulgaire. Mais la société dans sa masse finit toujours par l'emporter » (54). Bien qu'elle soit en droite ligne issue des dénonciations de Thoreau, la protestation de Lewis est dépourvue d'espoir. Le pessimisme de l'auteur de Babbitt est à la mesure de l'optimisme de l'auteur de *Walden*. S'ils se dressent contre le conformisme et l'inertie de la société, les transcendantalistes demeurent toujours confiants, persuadés du triomphe final de l'individu. Leur Amérique reste ouverte. Le monde de Lewis est, par contre, comme celui de Dreiser, soumis à un implacable déterminisme. Idéaliste amer, l'auteur de Babbitt a perdu sa foi en cette possibilité « d'avancer avec confiance dans la direction de ses rêves » exaltée par Thoreau dans la conclusion de *Walden.* Obsédé par la toute-puissance du laminoir social, il a cessé de croire en quelque irréductible vitalité de l'individu. Ainsi que le souligne encore Michel Terrier : « Une des significations de Babbitt est que dans l'univers bourgeois il n'y a pas d'alternative autre que de s'adapter ou de se briser, le conformisme et la névrose » (55).

Mais les choses n'en restent pas là : douze années plus tard, un expatrié nommé Henry Miller reprend le flambeau de la révolte individuelle et de l'anarchisme mystique en se réclamant explicitement des transcendantalistes. Son premier livre intitulé *Tropique du Cancer* (1934) porte en épigraphe une citation d'Emerson à travers laquelle l'auteur manifeste son intention de perpétuer la tradition de l'autobiographie spirituelle : « Ces romans céderont peu à peu la place à des journaux intimes ou des autobiographies — livres captivants, à condition qu'un homme sache choisir parmi ce qu'il nomme ses expériences ce qui constitue réellement son expérience et voie comment rapporter vraiment la vérité. » D'abord associé au succès de scandale que lui valurent ses ouvrages jugés pornographiques, Miller s'imposera comme l'un des plus grands écrivains de ce siècle, vigoureux émule de Thoreau auquel il ne manquera pas de rendre hommage tout au long de sa carrière : « Il y a à peine une demi-douzaine de noms dans l'histoire de l'Amérique qui ont une signification pour moi : celui de Thoreau est l'un d'eux » (56). Il préfacera d'ailleurs en 1954 l'anthologie de textes critiques sur Thoreau établie par Walter Harding (57).

A l'instar de Thoreau, Miller choisit donc de ne parler que de lui. Il reprend à son compte l'avertissement lancé dès la première page de son livre par l'auteur de *Walden* (« Dans la plupart des livres, la première personne : le « je » est évitée ; ici c'est elle que l'on retiendra... En outre, pour ma part, je réclame tôt ou tard de chaque écrivain un récit simple et sincère de sa propre vie... ») (58) et fait de son œuvre « une immense confession », selon l'expression de Michel Terrier (59). Nous sommes là encore en présence d'un individualiste cosmique. L'auteur des *Tropiques* ne décortique pas son petit moi et ne conte nulle petite histoire : sa quête est celle de l'identité profonde, cheminement qu'il prend soin d'inscrire dans un vaste mouvement de retour à la source qui dépasse de très loin les individualités. Emerson, Thoreau, Whitman, Dickinson, tous à leur manière entonnaient un puissant « Chant de moi-même », ouvrant ainsi la route à la littérature américaine. De même, ainsi que le remarque son ami Lawrence Durrell, « une littérature américaine aujourd'hui commence et finit avec la signification de ce qu'il (Miller) a fait » (60).

Au départ, cependant, le « je » des *Tropiques* (livres qu'il serait impropre de qualifier de « romans », à moins que *Walden* n'appartienne à cette catégorie) croupit dans un univers de « désespoir tranquille » proche de celui de *Babbitt*, à cette différence près que Miller, héritier en cela de D.H. Lawrence, lui confère une dimension cauchemardesque, voire apocalyptique. Lawrence dénonçait l'obsédante laideur, l'inhumanité de l'Angleterre industrielle, faite de villes minières ; tel un Jérome Bosch ayant vu le jour à Brooklyn, Miller dépeint une Amérique absurde, dominée par les énergies destructrices de l'hypocrisie et de l'avidité, peuplée de fous et d'idiots réduits à l'état de morts-vivants par un labeur aussi stupide qu'incessant, errant dans des rues privées d'âme. Les États-Unis présentés par Miller sont une machine à fabriquer l'horreur, par l'annihilation systématique de l'individu et la négation de toute profondeur. Parcourant les rues de Concord, Thoreau y voyait déjà une sorte de *Purgatorio* rempli de « pauvres âmes immortelles presque écrasées et étouffées sous leur fardeau » (61) et dont les habitants « faisaient pénitence de mille façons singulières », s'infligeant de barbares tortures. L'Amérique de Miller a fait le plongeon dans l'*Inferno*. Les premières pages de *Tropique du Capricorne* poursuivent sur le mode infernal la promenade évoquée par Thoreau à l'ouverture de *Walden* :

« Je ne vois pas une seule rue d'Amérique, pas une seule foule la peuplant qui soit capables d'entraîner qui que ce soit jusqu'à la découverte de soi-même. J'ai parcouru les rues de bien des pays au monde ; nulle part je n'ai connu dégradation, humiliation plus grande qu'en Amérique. Je les vois, toutes ces rues d'Amérique, combinant toutes ensemble une énorme fosse d'aisances, la fosse d'aisances de l'esprit, pompant et drainant toute choses au royaume de la merde éternelle. Et sur ce cloaque, le démon du travail tisse et jette une trame magique ; usines et palais surgissent côte à côte avec les fabriques de munitions et de produits chimiques, les aciéries, les sanas, les prisons, les asiles d'aliénés. Le continent entier n'est plus qu'un cauchemar à fabriquer la plus grande misère possible pour le plus grand nombre de gens possible » (62).

Même déambulation d'un esprit lucide parmi la foule égarée, même dénonciation de l'omnipotence du travail érigé en Dieu (ou démon) dévoreur. Dans un Concord champêtre qui demeure aujourd'hui encore à nos yeux une charmante petite ville, Thoreau voyait les fermiers bousculés, prisonniers de leurs terres et de leur bétail et pressentait avec génie l'avènement d'une civilisation mécanisée. Mais il s'y promenait en spectateur curieux et ne doutait pas de sa capacité à s'extraire de ce monde qui, déjà, sentait la mort, bien qu'il ne prononce pas le mot : « Je ne souhaitais pas vivre *ce qui n'était pas la vie* (c'est moi qui souligne), l'existence est tellement précieuse » (63)... Cette omniprésence de la mort, Miller, lui, ne craint pas de la proclamer : nous ne sommes plus dans les quelques rues commerçantes d'un gros village, mais au cœur de l'enfer new-yorkais, parmi lequel le narrateur en vient à douter de sa propre existence ; il ne regarde plus en effet la procession de loin, il en est devenu un maillon anonyme :

« ... En traversant le pont, le soleil couchant, les gratte-ciel luisant doucement comme des cadavres phosphorescents... je me revois passant sur le pont pour me rendre à mon travail qui était la mort, et le franchissant à rebours encore pour regagner un foyer qui était une morgue, me récitant Faust par cœur tout en regardant le cimetière en bas, crachant sur le cimetière du haut du métro aérien, et le même employé sur la plate-forme tous les matins, une espèce de crétin, et les autres crétins le nez dans leurs journaux, de nouveaux gratte-ciel en construction, tombeaux tout neufs où travailler et mourir, les bateaux défilant en contrebas, « Fall River Line », « Albany Day Line », pourquoi diable vais-je travailler » (64) ?

On retrouve d'ailleurs cette même horreur d'appartenir à un univers de morts-vivants dans le grand poème de T.S. Eliot intitulé « La Terre vaine » (« The Wasteland », 1922). Autre américain expatrié, Eliot y chante le déclin de l'Occident. Londres (et plus précisément la City, le quartier des affaires) devient une « cité fantôme » (« unreal city »), peuplée d'ombres pour l'évocation desquelles le poète puise spécifiquement dans l'*Inferno* de Dante :

« Cité fantôme
Sous le fauve brouillard d'une aurore hivernale :
La foule s'écoulait sur le Pont de Londres : tant de gens...
Qui eût dit que la mort eût défait tant de gens ?
Des soupirs s'exhalaient, espacés et rapides,
Et chacun fixait son regard devant ses pas.
S'écoulait, dis-je, à contre-pente, et dévalait King William Street,
Vers où Sainte-Marie Woolnoth comptait les heures
Avec un son éteint au coup final de neuf.
Là j'aperçus quelqu'un et le hélai : « Stetson !
« Toi qui fus avec moi dans la flotte à Mylae !
« Ce cadavre que tu plantas l'année dernière dans ton jardin,
« A-t-il déjà levé ? Va-t-il pas fleurir cette année ?
« Ou si la gelée blanche a dérangé sa couche » ? (65)

Notons que cette scène se déroule, elle aussi, sur un pont. Du pont de Londres à celui de Brooklyn, les mêmes « malheureux qui n'ont jamais été vivants » (ainsi que nous les décrivent les *Notes* de « La Terre vaine ») (66) forment un lugubre défilé. Thoreau *regardait* le paysan traîner son fardeau sur la route, il observait des cimes de sa plénitude la vacuité de leur destin ; Eliot et Miller sont du nombre de ces êtres que l'auteur de la « Terre vaine » nomme les « Hommes creux », produits du monde de l'avoir. Pour sortir de la vallée de la mort, il suffisait à Thoreau de faire quelques pas en direction de l'étang et des bois où il retrouvait la nature et la trace du Peau-Rouge (Walden pond ayant reçu son nom d'une squaw). Pour l'auteur des *Tropiques*, les choses sont moins simples. Prisonnier du « cauchemar climatisé », il lui faut, pour survivre, renoncer à exister en tant qu'individu, à moins d'opter pour une échappée radicale :

« Je n'avais pas le choix, pas le droit de faire la fine bouche. Il me fallait prendre ce qui était à portée de la main et apprendre à l'aimer. Il me fallait apprendre à vivre avec la lie, à nager comme un rat d'égoût, sous peine de me noyer. Quand on choisit de se joindre au troupeau, on est immunisé. Pour se faire accepter, apprécier, il faut se réduire à zéro, ne pas sortir du troupeau. On a le droit de rêver ce qu'un million d'autres rêvent en même temps. Et si par hasard vos rêves sont différents, vous n'êtes pas en Amérique, vous n'êtes pas un Américain d'Amérique, vous êtes un Hottentot d'Afrique, un Kalmouk ou un chimpanzé. Dès que vous vous payez le luxe de penser "différemment", vous cessez d'appartenir à l'Amérique. Et du jour où vous devenez différent, vous vous trouvez transporté en Alaska, dans l'île de Pâques ou en Islande » (67).

Emerson et Thoreau entrevoyaient, dans la foulée des rêves de Thomas Jefferson qui voulait que son pays demeure une Arcadie, la possibilité d'une Amérique préservée, tout en multipliant déjà les mises en garde. Le temps d'une rebellion avortée, Babbitt s'en va jouer les trappeurs d'occasion dans un Maine à l'affût des touristes. Miller a retenu la leçon. La vraie vie, si elle existe, est ailleurs, la « Route ouverte » célébrée par Whitman semble désormais fermée. Pour la retrouver, il est devenu nécessaire de *sortir*, de quitter — pour un temps — le pays. A l'instar de tant d'autres écrivains américains (dont Eliot qui sera, avec Pound, autre expatrié, parmi les premiers à saluer l'émergence de son œuvre) Miller ira vivre et créer en Europe, tout en n'en demeurant que plus foncièrement américain. « Nous n'avons besoin de voyage que juste assez pour faire prendre l'air à nos pensées », notait Thoreau (68). Maxime à laquelle souscrit Miller qui, une fois ses pensées suffisamment fouettées par l'air européen s'installera à Big Sur, paradis californien où il finira ses jours. Il se sera seulement aventuré plus loin et pour plus longtemps, à la recherche d'une brise que le territoire aseptisé des États-Unis n'était plus en mesure de lui offrir.

L'une des vivifiantes odeurs dont Miller est venu s'emplir les narines en Europe, et notamment en France, est celle de la sexualité. Lors d'un excellent entretien accordé à la *Paris Review*, l'auteur des *Tropiques* observe : « Après avoir vécu en Amérique, on se rend compte qu'en France, la sexualité est dans l'air. Elle est là, tout autour de vous, comme un fluide » (69). Non que l'Amérique, encore quelque peu puritaine, ne cultive aucune vie sexuelle ; mais au pays de Rabelais, Miller trouve en quelque sorte la possibilité de la vivre à l'air libre. Comme j'ai tenté de le montrer au chapitre précédent, une certaine forme de sensualité à la fois brute et affinée tenait une grande place dans l'existence de Thoreau ; mais de sexualité, point (bien que quelques critiques n'aient pas manqué de débusquer des pulsions homosexuelles à travers ses écrits). Dans ses œuvres, Miller fait par contre résolument figure de Priape. Les pages consacrées à ses copulations (pages que la verve millérienne rend à mon avis plus humoristiques qu'érotiques) sont relativement nombreuses et lui ont valu tracasseries et procès dans son pays où veillent encore les ombres noires des Mather et autres Pères Fondateurs puritains : publiés en France dans les années trente, les premiers livres de Miller, se verront interdits aux États-Unis, interdiction qui ne sera levée qu'en 1961. Le vieux « gars de Brooklyn » aux allures de poète chinois prendra certes une éclatante revanche puisque *Tropique du Cancer* atteindra le million d'exemplaires en 1963... Au fil d'une œuvre telle que *Tropique du Capricorne*, les passages les plus salaces voisinnent avec les envolées les plus mystiques, dans la meilleure tradition orientale. Ainsi que le déclare l'auteur lui-même dans l'entretien précédemment cité : « Vous savez, je crois avoir écrit autant de ce que mes critiques hostiles nomment le « gribouillis excité » (« flapdoodle ») — c'est-à-dire des absurdités métaphysiques — que de pages sur la sexualité. Mais c'est la sexualité qu'ils choisissent de regarder... J'ai connu une vie sexuelle riche et bonne, et je ne vois pas pourquoi elle devrait être mise de côté » (70).

D'un point de vue artistique, cette grande part accordée à la vie sexuelle relève chez l'écrivain d'une volonté de tout dire, de ne rien dissimuler et de dépeindre honnêtement, sans complaisance ni dégoût, les multiples aspects de son existence dans le réel. « Qu'elle soit vie ou mort, nous implorons seulement la réalité » s'exclamait Thoreau (71) ; Miller pourrait ajouter : « qu'elle soit contemplation ou copulation... », les deux n'étant d'ailleurs nullement incompatibles. Sur un plan plus « métaphysique » et personnel, Miller s'attache à ne nier aucun aspect de la vie et lance un authentique défi à la morale conventionnelle en posant sur le monde du sexe un regard neutre, détaché : « Je n'avais pas d'idée concertée d'une façon ou d'une autre sur ce sujet (le sexe) quand j'écrivais », confie-t-il dans une correspondance privée ; « Je ne pensais pas au sexe comme à quelque chose de "spécial" — mais juste comme à manger, boire, penser, etc. » (72). L'obscénité de Miller constitue en fait sa « désobéissance civile ». C'est, entre autres, à travers elle qu'il se désolidarise d'une société hypocrite et étroite qui préfère au souffle de l'Esprit la lettre morte d'une pseudo-morale. A l'instar de Thoreau, il prend lui-même la plume afin d'accuser ses accusateurs : en ceux qui l'attaquent au nom de la pureté, Miller voit des esprits pervers. Il leur lance à la face sa propre intégrité et sa vie spirituelle qu'il estime autrement profonde. Ce faisant, il se réclame une fois encore de l'Amérique intérieure, celle rêvée par ses maîtres et bafouée par les États-Unis dont l'avidité n'a d'égale que la pudibonderie :

« Est-ce ainsi que l'on comprend la liberté ? Je doute fort qu'un homme comme Henry David Thoreau, un homme comme Walt Whitman ou comme Thomas Jefferson aurait interprété ainsi la liberté... Vivons-nous dans un monde si pur, si fragile, si délicat qu'un peu d'obscénité puisse le détruire ?... Je pourrai citer bien des choses qui ont l'approbation de nos gouvernements, de nos tribunaux, de nos écoles et même de nos églises, qui constituent une menace bien plus grave pour nous tous et condamnent notre monde civilisé. Nous avons affaire ici, à mon avis, à des lois archaïques, des esprits de l'Age de Pierre, des sadiques déguisés en bienfaiteurs, des impotents revêtus d'autorité, des rabat-joie, des hypocrites et des pervertis. Je ne suis pas en train de me défendre — j'accuse. Prouvez-moi que vous êtes dignes de juger ce livre et je vous écouterai avec respect. Montrez-moi si vos mains sont propres, votre cœur pur, votre conscience claire. Je vous mets au défi » (73).

Thoreau, nous l'avons vu au chapitre précédent, se défiait de la morale qu'il jugeait « malsaine » et le bouddhisme zen, dont Miller s'inspirera, préconise, plus nettement encore que l'hindouisme, un dépassement des notions de bien et de mal, devenues caduques pour l'homme réellement inspiré. S'interrogeant à propos de la reconnaissance de ce qui est ou non moral, l'auteur des *Tropiques* pose le problème en des termes que Thoreau n'aurait pas reniés :

« Personne ne peut donner une réponse satisfaisante. Non parce que la morale évolue sans cesse, mais parce que le principe sur lequel elle repose est factice. La morale est faite pour les gens serviles, pour ceux qui ne possèdent pas une vie de l'esprit. Et quand je dis esprit, je veux dire Saint-Esprit » (74).

Quant à la question de l'obscénité, elle s'avère tout aussi factice et procède d'une peur de faire face à *ce qui est* car, selon Miller, « rien ne serait tenu pour obscène si les hommes allaient jusqu'au bout de leurs plus secrets désirs. Ce qu'un homme redoute le plus est d'être mis devant la manifestation en mots ou en actes de ce qu'il a refusé de vivre, de ce qu'il a étranglé ou refoulé dans son inconscient » (75). Paroles que ne désavoueraient pas, me semble-t-il, Arnaud Desjardins ou son gourou Swami Prajnanpad.

D'autre part, pour l'homme des villes qu'est Miller, la sexualité débridée tient lieu de contact avec la nature. En marchant dans les bois, Emerson et Thoreau s'échappaient hors du mental et s'enracinaient en une conscience primordiale. Face à un horizon de macadam et de rues sales, c'est en faisant l'amour que Miller opère sa percée et revient à la vie hors de la conscience mécanisée. Lorsqu'il fait ainsi frayer copulation et contemplation, l'auteur des *Tropiques* se situe davantage dans la lignée de Whitman, autre citadin de Brooklyn en son temps accusé d'enfreindre les « bonnes mœurs ». Serions-nous en présence d'un phénomène urbain ? Notons en tout cas que les écrivains de la « Beat Generation », eux aussi victimes des cité américaines, truffferont également leurs textes d'épisodes sexuels. Whitman, cependant, célébrait la grande ville ; Miller et les Beats la vomissent ou nourrissent à son égard des sentiments ambivalents.

Les prouesses de Miller s'accomplissent dans une atmosphère d'apocalypse. Les cloisons du moi sautent et nous pénétrons en une autre dimension que l'auteur nomme « Land of fuck », par delà la vie et la mort. Mais la sexualité n'est somme toute qu'un exercice d'abandon, une manière de pratiquer ce « lâcher-prise » au cœur de toutes les spiritualités et qui fonde l'illumination de Miller, comme d'ailleurs celle de Thoreau. « Si nous sommes vraiment moribonds, écoutons le râle dans nos gorges et sentons le froid gagner nos extrémités » conseillait ce dernier (76). De même, l'auteur de *La crucifixion en rose* sait toute la puissance que recèle l'acceptation du réel. Aussi déclare-t-il à la *Paris Review* :

« J'ai découvert que cette souffrance était bonne pour moi, qu'elle ouvrait la voie à une vie joyeuse, à travers l'acceptation de la souffrance. Lorsqu'un homme est crucifié, lorsqu'il meurt à lui-même, le cœur s'ouvre comme une fleur. Bien sûr, on ne meurt pas, personne ne meurt, la mort n'existe pas, on ne fait qu'atteindre un nouveau plan de vision, un nouveau royaume de conscience, un nouveau monde inconnu » (77).

Toute l'horreur et l'absurdité du monde, si puissamment évoquées par Miller, se résolvent finalement en un immense Oui au réel, non moins vigoureusement transmis en un très beau paragraphe de *Tropique du Capricorne* : « Seul, celui qui comme moi a su ouvrir la bouche et parler, seul celui qui a su dire Oui, Oui, Oui et encore Oui ! a le droit d'ouvrir tout grand les bras à la mort, sans avoir peur d'elle. La mort en tant que récompense, oui ! La mort en tant que fruit de l'accomplissement, oui ! La mort en tant que couronne et bouclier, oui ! Mais non pas la mort qui vous prend aux racines, qui isole les hommes, qui les rend amers et peureux et solitaires, leur donne une énergie stérile et les emplit d'une volonté qui ne sait dire que Non ! Le premier mot que trace quiconque a fini par se trouver soi-même, par trouver son rythme, qui est le rythme de vie, ce premier mot c'est Oui ? tout ce qu'il écrira ensuite, ce sera Oui, Oui, Oui — Oui de mille et mille façons. Nulle dynamo, si énorme soit-elle — pas même une dynamo de cent millions d'âmes mortes — ne peut rien contre un homme qui dit Oui, serait-il seul au monde » (78).

De ce Oui jaillit l'Homme rené de ses cendres, passé par toutes les épreuves et les initiations, entretenant avec l'existence un rapport de jubilation primitive. Miller semble donc avoir suivi à la lettre le programme tracé par Thoreau (« Installons-nous, remuons nos pieds et enfonçons-les en bas dans la boue et la fange de l'opinion, des préjugés, de la tradition, de l'illusion, de l'apparence... l'église et l'État, la poésie et la philosophie la religion ») (79) jusqu'à parvenir lui aussi « à un fond solide et aux rochers en place, que nous pouvons appeler *réalité* » (80). A l'issue de sa longue et pénible traversée de la civilisation, après s'être livré à une exubérante peinture du « cauchemar climatisé », Miller prend pied sur la rive d'un Nouveau Monde intérieur :

« Je dis que c'était un Monde Nouveau que je décrivais, mais comme le Nouveau Monde que découvrit Colomb, il se trouva que c'était un monde infiniment plus ancien qu'aucun de ceux que nous connaissions. Par-dessous la physionomie superficielle de la peau et de l'ossature, je pouvais voir l'univers indestructible que l'homme n'a jamais cessé de porter en lui ; ni vieux ni veuf à vrai dire ; rien que le monde éternellement vrai qui change d'instant en instant » (81).

Abordant cette terre ferme, il renoue avec l'optimisme pionnier et retrouve cette invincible confiance en lui-même et en la destinée ultime de l'Homme que proclamait Thoreau : « Il n'y a qu'*un seul fait*, qui est que l'homme, n'importe quel homme, n'importe où dans le monde, est en voie d'ordination » (82).

La biographie de l'auteur des *Tropiques* s'impose d'ailleurs comme l'illustration de cette parole. Établi en Californie, élu membre de l'Institut National des Arts et des Lettres, le Miller des dernières années fait figure de sage bouddhiste ou de mystique chrétien du désert auquel une foule de pélerins accourt rendre hommage en sa sainte retraite. Il fréquente Krishnamurti et, aux côtés de ce dernier ou de l'orientaliste Alan Watts, est l'objet d'un culte de la part des chantres de la contre-culture. Il se voit même tenu pour un saint ou un quasi-prophète par de nombreux chrétiens, dont le Père Bruckberger et les Carmélites d'Aylesford en Angleterre qui déclarent à son propos : « Il est possible que Miller se considère sans doute comme un adversaire de l'Église, tout au moins dans quelques-uns de ses aspects temporels ; mais comme il le dit dans une lettre qu'il nous écrivit le 3 janvier 1962, il est capable de renifler la sainteté de loin » (83). Il correspond avec le trappiste Thomas Merton ainsi qu'avec un pasteur du nom de Jean-Michel Hornus pour lequel :

« Miller, c'est simplement l'hérésie mystique qui, commencée dans l'Église avec Saint Denys l'Aréopagite et son Eros universel, se continue hors d'elle et avoue enfin ses sources véritables : l'homme naturel, et la Grèce, qui en a fourni la plus belle expression. Donc si vous mettez Miller au bûcher, n'oubliez pas d'y jeter avec lui les mystiques » (84).

Après avoir été conspué et mis au banc de la société, le vieil anarchiste assiste, non sans jubilation, à l'érection de sa statue et prend place parmi les héros de la culture américaine. Saint Miller, priez pour nous ! Comparant son ami à Christophe Colomb, Lawrence Durrell remarque qu'afin de découvrir les « Amériques inconnues de l'âme américaine », Miller a dû « choquer la sensibilité de ses contemporains, fracturer les serrures d'acier des tabous, livrer bataille et gesticuler comme une baleine harponnée, se contorsionner, rompre et frapper. Et maintenant il est passé à travers, il est canonisé » (85) !

Récupération ? Du point de vue du système, certainement. La machine médiatique et culturelle s'est fabriqué un Henry Miller respectable et rangé, comme elle s'était auparavant octroyée pour les besoins de la sensation un renégat pornographe. La société aboie ou chante ses louanges, mais l'artiste, lui, semble bien continuer à cheminer le long de sa route ouverte sans avoir rien renié de ses outrances passées. L'image est une chose, l'homme qui demeure en est une autre. Jusqu'à sa mort survenue en 1980 l'auteur des *Tropiques*, dont le faciès ressemblait de plus en plus à celui d'un vieux moine zen s'est voulu le « fou de Dieu », « un homme qui est tout à fait libre, et qui se sert de sa liberté pour faire le bien et pour rendre heureux, un homme sans péché, sans tristesse, qui fait rire, de sorte qu'il est un outil aux mains de Dieu » (86).

« Je suis passionné », écrivait Miller à ses correspondantes carmélites, « par les Pères du Désert, au sujet desquels notre moine américain Thomas Merton écrit avec tant de profondeur et d'audace » (87). Les grands esprits se rencontrent et malgré son appartenance à l'Église, Merton (1915-1968) ne paraît être aux côtés de Miller, de tous les écrivains américains de ce siècle antérieurs à l'explosion « beat », l'un des plus proches de Thoreau. Ce trappiste rendu célèbre par la publication en 1948 d'une autobiographie écrite avec la bénédiction de son abbé, livre prenant dans lequel il conte sa propre échappée hors d'un monde de « désespoir tranquille », ne manqua pas de rendre à plusieurs reprises hommage à Thoreau. « L'oisiveté de Thoreau fut un don incomparable et ses fruits des bienfaits que l'Amérique n'a jamais vraiment appris à apprécier » observe-t-il dans ses *Réflexions d'un spectateur coupable* (88). Sans doute songeait-il en écrivant ces lignes à sa propre existence, celle d'un moine souvent solitaire au sein de sa propre communauté. Figure adulée par les uns et fort contestée par les autres, Merton, comme Thoreau, choisit de « marcher au rythme d'un tambour différent », s'exposant ainsi à la critique et l'incompréhension. Si l'auteur de *Walden* fut longtemps tenu pour un égotiste et considéré avec suspicion, Merton se transforma, au fil des années en une sorte de « moine free-lance » (selon le mot d'un de ses amis, et bien qu'il n'ait jamais quitté l'Église ou rompu avec son monastère), combattant les censeurs de l'ordre cistercien et choquant bien des catholiques par ses propos sur le zen ou les armes nucléaires. Tous deux furent des hommes cultivés qui très tôt se détournèrent du mode de vie que l'on s'attendait à les voir adopter. Thoreau, on le sait, abandonna une carrière d'enseignant ou de fabricant de crayons pour se consacrer à ce qu'il nommait sa « profession » : « être toujours en alerte pour trouver Dieu dans la Nature » (89). Une fois installé et adopté en tant qu'ermite de Walden Pond, il brisa cette admirable routine afin de se sentir toujours libre de cheminer ailleurs. Merton commença par rejeter la vie de jeune écrivain et d'intellectuel quelque peu cynique qu'il menait à l'Université de Columbia. Devenu à travers ses propres « confessions » une sorte de Saint Augustin américain, il voulut casser cette image pour explorer le zen, la question des droits civiques et celle de la non-violence, tout en poursuivant une œuvre proprement contemplative. Il finit d'ailleurs, avant son départ pour l'Orient à l'occasion d'une conférence inter-monastique où il devait trouver la mort, par habiter sur les terres du monastère un ermitage situé non loin d'un étang qu'il baptisa « Monk's Pond » (« L'étang du moine »). Nul doute que Thoreau s'imposa alors à lui comme un compagnon de route. En 1950, il avait déjà recopié dans son journal (par la suite publié sous le titre *Le signe de Jonas*) (90) le passage où

Thoreau énumère les raisons l'ayant poussé à se retirer en forêt. Reconnaissant certaines de ses propres motivations, il commenta la citation en ces termes :

« Si l'on compare l'ascétisme fondamental de *Walden* et celui de saint Jean de la Croix, on voit qu'ils sont essentiellement analogues, naturellement pas du point de vue moyens ou technique (ou du moins jusqu'à un certain point). Ascèse de la solitude. Simplification de la vie. Séparation de la réalité et de l'illusion » (91).

Merton est, comme Miller et dans le sillage de Thoreau, un écrivain de la première personne du singulier, un individualiste cosmique soucieux de rapporter son expérience profonde pour finalement déboucher sur une conscience plus vaste. Son autobiographie — best-seller, *La nuit privée d'étoiles* satisfait les exigences formulées par Thoreau en matière de littérature dans les premières pages de *Walden*. De même que les meilleurs textes de Thoreau furent extraits de son *Journal*, la plupart des grands livres de Merton (*Le signe de Jonas*, *Réflexions d'un spectateur coupable*, *The Asian Journals*) consistent en des réflexions ou observations tirées de ses carnets. Il n'est pas jusqu'aux articles et essais de Thoreau (dont *La désobéissance civile*) qui ne jaillissent directement de sa propre expérience et ne puissent être considérés comme une forme d'autobiographie spirituelle. Les essais de Merton obéissent à cette même loi. Plus que des démonstrations ou des prises de position intellectuelles, ils formulent des intuitions et des sentiments touchant de très près le quotidien de l'auteur. Ses pénétrants écrits sur le zen, par exemple, constituent un compte rendu de ses propres recherches et cheminements intérieurs. Ce trappiste voué à la parole silencieuse que peut être l'écriture passa donc sa vie à noter le détail de ses pérégrinations spirituelles.

C'est dans les bois, on le sait, que Thoreau s'adonnait à la contemplation ; bien que Merton ait d'abord été un citadin et n'ait jamais atteint le degré d'intimité entretenu par Thoreau avec la nature, il découvrait souvent une *présence* dans les bois. La troisième partie des *Réflexions* s'ouvre sur un beau passage où l'on retrouve le climat des pages consacrées par Thoreau aux heures matinales de l'éveil. Le trappiste et l'homme de l'étang vouent le même culte à l'aurore, moment privilégié durant lequel ils entrevoient ce que T.S. Eliot nomme « le point-repos du monde qui tourne ». Le contact avec ce « point vierge » en lequel Thoreau voit « la jonction de deux éternités » (92) fait d'eux les témoins de la création du monde. Spectateurs du premier matin de la terre, il leur semble alors s'ébattre dans le jardin d'Eden, momentanément libres de toute souillure. Tout catholique qu'il soit, Merton paraît donc faire fi, pour un temps du moins, du péché originel en reprenant le thème de l'innocence retrouvée chers aux Américains et magnifiquement exploité par Thoreau pour lequel, on s'en souvient, « par une plaisante matinée de printemps tous les péchés de l'homme sont pardonnés » (93). Quoi qu'en dise Merton, le « spectateur » cesse, l'espace de quelques pages, de se sentir « coupable ». L'auteur de *Walden* comme celui de ces *Réflexions* savent que le miracle quotidien s'accomplit sans que la masse en tienne compte : « Pourquoi le geôlier ne laisse-t-il pas les portes de sa prison ouvertes — pourquoi le juge ne rejette-t-il pas sa cause — pourquoi le prédicateur ne renvoie-t-il pas sa congrégation ! C'est parce qu'ils n'obéissent pas au signe que Dieu leur envoie, ni n'acceptent le pardon qu'il offre librement à tous », observait Thoreau (94). Dans la quiétude de ses bois monastiques, Merton parvient à la même conclusion. Comment résister au plaisir de presque intégralement citer les premières pages de cette section intitulée « L'esprit nocturne et l'air matinal » :

« La vallée s'éveille... A deux heures quinze du matin, on n'entend pas un bruit sauf au monastère : la cloche sonne, l'office commence. Au dehors, rien, sauf peut-être le "Om" d'une grenouille dans la crique ou la mare de l'hôtellerie. Certaines nuits elle est absente ; son "Om" ne trouble pas le silence. Le cri mystérieux et ininterrompu de l'engoulevent commence vers trois heures, ces matins-là. Il n'est pas toujours proche. Parfois s'élèvent deux cris, à un kilomètre environ, dans les bois, vers l'est.

Les premiers pépiements des oiseaux de jour marquent le "point vierge" de l'aube sous un ciel qui n'a encore aucune véritable lumière, un moment de crainte et d'inexprimable innocence, quand le Père, dans un silence parfait, ouvre leurs yeux...

L'instant le plus merveilleux du jour se produit lorsque la création, dans son innocence, demande la permission "d'être", comme au premier matin. Toute sagesse cherche à se retrouver et à se manifester en cet instant doux et aveugle...

Les oiseaux ne chantent pas l'heure, mais le point vierge entre les ténèbres et la lumière, le non-être et l'être. Vous pouvez savoir l'heure d'après eux, si vous êtes sage... mais c'est vous qui êtes fou, pas eux... Vous êtes encore plus fou si vous croyez qu'ils vous apprennent une chose que vous jugez utile : qu'il est quatre heures, par exemple.

Donc ils s'éveillent : d'abord les grives et les cardinaux et d'autres que je ne connais pas. Plus tard, les moineaux et les fauvettes. En dernier lieu, les tourterelles et les corbeaux.

Le réveil des corbeaux est celui qui ressemble le plus au réveil des hommes : plaintif, bruyant, aigre.

C'est un secret inexplicable : le paradis nous entoure et nous ne le comprenons pas. Il est grand ouvert. Il n'y a plus d'épée menaçante, mais nous l'ignorons : nous partons, “celui-ci à sa ferme, l'autre à son négoce”. Nous allumons. Les pendules tictaquent. Les thermostats se mettent en marche. Les fourneaux chauffent. Les rasoirs se remplissent d'électricité. Le diacre de l'aube crie “Sagesse !” mais nous ne faisons pas attention à lui » (95).

A l'écoute des oiseaux, Merton retrouve également une sensibilité amérindienne qu'il partage avec Thoreau. Notons à ce propos que le trappiste — décidément peu orthodoxe — écrivit un essai sur les Amérindiens publié à titre posthume (96). Les similitudes entre ce passage et ceux où Thoreau célèbre l'aube et le printemps sont en tout cas trop nombreuses pour n'être pas relevées.

Autre point de rencontre : bien que Thoreau et Merton soient avant tout demeurés des « loups solitaires » privilégiant l'étude et la contemplation, tous deux n'ont pas craint de prendre vigoureusement position lorsque la gravité des faits leur imposait de sortir de leur réserve. J'ai longuement évoqué dans l'introduction du présent essai les épisodes « politiques » de l'existence de Thoreau, péripéties toujours liées à la question raciale ou à celle de la violence. Face à des événements du même ordre, Merton fit retentir sa voix, d'autant plus écoutée qu'elle jaillissait du silence et ne servait aucun parti, pas même celui de l'Église, ce qui ne manqua pas de lui attirer divers ennuis. Longtemps considéré comme un tenant de la tradition réaffirmant avec poésie les valeurs mystiques dans un contexte profane, le trappiste-écrivain semblait soudain passer du côté des prêtres extrémistes et débraillés tant redoutés de bien des catholiques conservateurs. En fait, Merton n'avait cure de se ranger dans un camp, car il travaillait, comme Thoreau, à s'établir au-delà de toute dualité, ce qui n'était somme toute qu'une manière d'aller jusqu'au bout de son catholicisme. Il ne cessa donc de cultiver le paradoxe, rappelant aux modernistes la valeur de la tradition et plaidant pour l'ouverture auprès des conservateurs, sans redouter de choquer l'un ou l'autre parti. Prenant la parole à Calcutta peu de temps avant sa mort, il éprouva le besoin de clarifier ce que signifiait pour lui le fait d'être moine et s'exprima en des termes qui auraient probablement ravi l'auteur de *Walden* :

« Prenant la parole au nom des moines, je parle vraiment pour un type de personne très étrange, un marginal, car dans le monde moderne, le moine n'est plus une personne établie jouissant d'une place bien définie dans la société. En Amérique, nous comprenons aujourd'hui très nettement que le moine se situe essentiellement en dehors de tous les "establishments". Il n'appartient à aucun d'entre eux. Il est une personne marginale qui se retire délibérément à la lisière de la société afin d'approfondir l'expérience humaine fondamentale. Par conséquent, étant moi-même du nombre de ces personnes étranges, je m'adresse à vous en tant que représentant de tous les marginaux qui ont délibérément fait ce type de choix » (97).

Dans ces conditions, nul doute que Thoreau n'aurait pas hésité à se ranger au nombre des « moines » tels que les concevait Thomas Merton. Cette volonté de se situer « en dehors » et au-delà de toutes les étiquettes sociales rapproche Merton des spiritualités orientales dont il fut, comme Thoreau, un ardent explorateur. Ayant su très tôt (dès les années 50) voir dans la manière orientale d'appréhender le monde, particulièrement dans le zen, un moyen de revivifier par une approche radicale un christianisme malade, il osa dialoguer avec D.T. Susuki (98), rapprocher les sentences des Pères du désert des koans zen et traduire avec bonheur le grand Tchouang-

Tseu, l'homme du Tao. Dans ce dernier livre intitulé *The Way of Chuang Tzu* et dont il se disait particulièrement satisfait, l'extravagant trappiste administre la preuve de son *intelligence* des textes taoistes. Ouvert au Tao *en tant que tel*, il s'extirpe avec humour des approches « chrétiennes » couramment pratiquées, lesquelles s'avèrent souvent pleines de « bonne volonté » mais faussées dès le départ par une volonté de plaquer un langage et des concepts religieux sur une pensée poétique radicalement autre : présentant son livre, il prend sans tarder ses distances vis-à-vis de ce type de pieuse entreprise :

« Ce livre ne se propose pas de prouver quoi que ce soit, ni de convaincre quiconque de quelque chose dont il ne désire pas entendre parler en premier lieu. Autrement dit, ce n'est pas une nouvelle subtilité apologétique (ni certes un tour de prestidigitation jésuitique) dans laquelle des lapins chrétiens sortiront par magie d'un chapeau taoiste. J'aime simplement Tchouang-Tseu parce qu'il est ce qu'il est, et je ne sens aucune nécessité de justifier cet attrait ni à mes propres yeux ni à ceux de quiconque. Il est beaucoup trop grand pour avoir besoin d'apologies venant de moi » (99).

Et il ajoute malicieusement :

« Si Teilhard de Chardin pouvait faire ample usage de Marx et d'Engels dans sa synthèse, on me pardonnera bien de frayer avec un reclus chinois qui partage le climat et la paix de mon propre genre de solitude et qui est le même genre de personne que moi » (100).

Invité en Asie pour un congrès, il mourra accidentellement à Bangkok, après avoir rencontré différents maîtres bouddhistes dont le Dalai-Lama, sur lequel il exerça une vive impression.

En 1850, Thoreau consignait dans son *Journal* son désir

d'évoluer en un espace nettoyé des distinctions théologiques trop marquées :

Je ne préfère pas une religion ou une philosophie aux autres. Je n'ai aucune sympathie pour la bigoterie et l'ignorance qui établissent des distinctions arbitraires, partiales et puériles, entre la croyance d'un homme ou d'un autre, et les formes de ces croyances — comme celle des chrétiens et des païens. Puissé-je être délivré de l'étroitesse, de la partialité, de l'exagération et de la bigoterie ! Pour le philosophe, toutes les sectes, toutes les nations sont semblables. J'aime Brahma, Hari, Bouddha et le Grand Esprit autant que Dieu (101).

Une déclaration de ce genre sera facilement balayée comme la manifestation d'un syncrétisme adolescent ; et pourtant, une telle prise de position pourrait bien être, chez Thoreau, le signe d'une maturité *différente*, semblable à celle dont fera ensuite preuve un Ramakrishna, par exemple. Ne s'agirait-il pas, non d'un aveuglement puéril aux différences, bien réelles, de forme et d'expression, mais d'une aptitude à se situer au-delà, en une plate-forme de conscience intuitive où les apparentes incompatibilités manifestées dans le monde de la dualité se trouvent en quelque sorte transcendées ? Bien que de son côté, Merton ait toujours pris garde à ne point céder à ce qu'il nomme « un certain genre de pensée concordiste » (102), il ne fait pas moins preuve d'une capacité à dépasser le plan des comparaisons et des querelles de mots pour parvenir à un état de communion à l'intérieur duquel ces questions ne se posent tout simplement plus. Dans son intervention de Calcutta auprès de moines issus de religions diverses, il exprime sa conviction intime de l'existence d'une unité antérieure et supérieure aux concepts :

« Le niveau le plus profond de la communication n'est pas la communication mais la communion. La communion se passe de mots, elle est indicible, au-delà de la parole et des concepts. Non que nous découvrions une nouvelle unité. Nous découvrons une unité antérieure, très ancienne. Mes chers frères, nous ne faisons déjà qu'un. Mais nous imaginons qu'il en est autrement. Ce qu'il nous faut recouvrer, c'est notre unité originelle. Il nous faut devenir ce que nous sommes déjà » (103).

Ouverture d'autant plus remarquable de la part d'un religieux malgré tout imprégné de théologie « dualiste » plus soucieuse d'opposer le « vrai » au « faux » que de surmonter cet antagonisme. Le fait que le trappiste ait d'abord été et soit resté poète n'y est sans doute pas étranger. Voilà en tout cas un point où Thoreau et Merton se rejoignent encore une fois. Leur ouverture fondamentale me semble manifester non seulement l'intelligence, mais également une authentique « non-violence » intérieure, rendue possible par leur refus de jamais composer avec le mensonge. Pour Thoreau, nous l'avons vu, le désespoir tranquille dont est tissée la société provient des infidélités commises par l'individu envers sa propre vérité. L'homme qui se nie lui-même ne cesse de se faire violence : le monde de *Babbitt* est celui du mensonge institué en code et générateur d'une sourde violence qui, parfois, éclate au grand jour lorsque, par exemple, le grand ami de Babbitt, Paul Riesling, tente de tuer sa femme. Les pulsions meurtrières nées de la frustration causée par une existence contre nature sont très présentes dans certaines pages de Miller. Dans le sillage de Thoreau et à travers Gandhi, lui-même inspiré par l'auteur de *Walden*, Merton comprend que le « désespoir tranquille » est prompt à se changer en une haine destructrice. « Du mensonge naît la violence », affirmait Gandhi ; méditant sur cette parole, le trappiste note dans ses *Réflexions* :

« Le mensonge apporte la violence et le désordre dans notre nature même. Il nous divise, nous aliène, nous rend ennemis de nous-mêmes et de la vérité qui est en nous ; et c'est de cette division que naissent la violence et la haine. Nous détestons les autres parce que nous ne supportons pas le désordre et l'intolérable division qui règnent en nous. Nous sommes violents envers les autres parce que nous sommes déjà divisés par la violence intérieure de notre infidélité à notre vérité propre, et que la haine projette cette division, hors de nous, sur la société » (104).

L'impact exercé par des auteurs tels que Thoreau, Miller et Merton sur l'existence de milliers de lecteurs provient peut-être, entre autres, de l'authenticité dont leurs écrits sont imprégnés. Thoreau croyait au pouvoir de transformation exercé par les « bons livres » et Miller insiste parfois sur les vertus thérapeutiques de son œuvre, confiant à un éditeur : « Je reçois des centaines de lettres, et elles commencent toujours de la même façon, vous savez : "Je n'ai jamais encore écrit à un auteur — vous êtes le premier écrivain à qui j'écris, et je tiens à vous remercier d'avoir sauvé ma vie, car avant de vous lire, j'étais misérable et frustré", etc. » (105). Merton, quant à lui, commença par susciter d'innombrables vocations et, durant ses dernières années, entretenait une correspondance proliférante avec une foule de lecteurs. De tels écrivains font respirer à leur public l'air vivifiant jailli des profondeurs de l'expérience intérieure, air raréfié en un temps où beaucoup écrivent non « parce qu'ils ont quelque chose à dire, mais parce qu'ils jugent important pour eux d'être publiés » (106). Toute voix qui secoue les fondements du mensonge, individuel et collectif, finit par être entendue, car elle touche et nourrit la part la plus affamée de nous-mêmes.

L'un des derniers auteurs à faire retentir le cri de l'authenticité et de l'intégrité avant l'explosion Beat est J.D. Salinger dont le roman *L'attrape-cœurs*, publié en 1952, connaît un énorme succès (107). Nombre de critiques ont vu en Holden Caulfield, le jeune protagoniste du livre, un Huckleberry Finn transposé au vingtième siècle. Du héros de Mark Twain, Holden possède la verve exprimée en une langue savoureuse qui est effectivement celle des « teenagers » américains. Mais l'on pourrait également considérer ce lycéen en fugue parmi la jungle de New-York comme un Thoreau adolescent et affligé de la névrose commune aux enfants de ce siècle. Les « feintes » et apparences stigmatisées par l'auteur de *Walden* constituent également la cible favorite d'Holden qui systématiquement s'en prend à ce qui, selon lui, est « phony » (« faux », « hypocrite », « bidon »). Le traducteur français de Salinger, visiblement peu à son aise face à la langue du héros et n'ayant pas pris la peine de consulter un dictionnaire approprié — manque de conscience professionnelle regrettable mais hélas fréquent, comme le savent les anglicistes contraints de référer les lecteurs aux traductions disponibles — s'obstine malheureusement à traduire ce mot-clef par l'adjectif français « idiot »... Contresens particulièrement malvenu puisque ce qui fonde le personnage d'Holden, c'est précisément sa résistance à l'univers « toc » des adultes. Renvoyé de son école de riches après avoir tout fait pour, l'adolescent remarque : « Une des bonnes raisons pour lesquelles j'ai quitté Elkton Hills, c'est que j'étais entouré d'hypocrites » (le substantif « phonies » devenant « petzouilles » dans la traduction française) (108)... Comme Thoreau, Holden ne veut pas « faire naufrage sur une vaine réalité ». Nous avons cependant affaire à un personnage résolument moderne dans la mesure où il perçoit que la fausseté des adultes prend corps et se structure à travers le langage, langage dont il ressent physiquement les effets : les discours convenus auxquels il se trouve sans cesse confronté le « tuent » ou le « font vomir » ; expressions adolescentes employées bien sûr au sens figuré, mais qui n'en sont pas moins parlantes. Un exemple parmi bien d'autres : un professeur s'apprêtant à sermonner Holden commence par lui parler de ses parents :

« "J'ai eu le privilège de rencontrer votre père et votre mère lors de leur petit entretien avec M. Thurmer, il y a quelques semaines. Ce sont des gens formidables."

"Oui, c'est vrai. Ils sont vraiment bien."

Formidables. Voilà un mot que j'ai vraiment en horreur. C'est un mot bidon. Je vomirais chaque fois que je l'entends » (109).

Dialogue typique des rapports entretenus par Holden avec le monde adulte. Ne pouvant, comme Thoreau, s'offrir le luxe de l'intransigeance, l'adolescent temporise et « sert la soupe » à ses interlocuteurs, utilisant pour leur répondre les platitudes qu'ils attendent de lui. Les jugeant incapables de s'ouvrir à sa vérité, il leur renvoie constamment la balle du mensonge, habitude dont il se sent vaguement coupable : « Je suis le plus épouvantable menteur que vous ayez vu dans votre vie. C'est terrible » (110). Mais qu'y faire ? La fausseté est partout, chez les professeurs comme chez les jeunes gens, chez son propre frère, excellent écrivain parti « se prostituer » à Hollywood. Seuls sa sœur cadette Phoebe et son petit frère Allie, mort quelques années plus tôt, trouvent grâce à ses yeux. (La mémoire vénérée du jeune frère mort en odeur de sainteté sera, notons-le, l'un des thèmes obsessionnels de Kerouac qui lui consacrera ses *Visions de Gérard*) (111). Bien qu'ils usent toujours du langage cru auquel les adultes et les jeunes gens ont renoncé, les camarades d'Holden n'en sont pas moins déjà complices de la convention et des faux-semblants. Tout laisse prévoir qu'ils sauront s'adapter, contrairement à Holden qui, tout en jouant mal son rôle, ne cesse de prendre des notes en son for intérieur :

« Le type de la Navy et moi nous nous assurâmes l'un et l'autre que nous étions contents d'avoir fait connaissance l'un de l'autre. Ce qui me tue toujours. Je dis toujours : "Content d'avoir fait votre connaissance" à quelqu'un que je ne suis pas du tout content d'avoir connu. Il faut bien que vous disiez ce genre de truc, pourtant, si vous voulez continuer à vivre » (112).

Au code du « monde », le héros de *L'attrape-cœurs* oppose son langage souterrain dont il use dans son récit afin de ridiculiser et finalement d'affaiblir la puissance des adultes. Un langage en affronte un autre. Mais tandis que son professeur le sermonne, et tout en lui servant « le vieux baratin » (113) en retour, Holden pense à ce qui réside en deçà du langage. A l'instar de Thoreau, il conserve en lui-même l'image d'un « étang en hiver » (titre de l'un des chapitres de *Walden*) autour duquel volent des canards :

« ... Il n'était vraiment pas fier de m'avoir sabré. Aussi, pendant un moment, je lui fis tout un baratin. Je lui racontai que j'étais un vrai cancre et tout le tremblement. Je lui racontai que j'aurais fait exactement la même chose si j'avais été à sa place et que la plupart des gens ne comprennent pas combien c'est dur d'être prof. Ce genre de truc. Le vieux baratin.

Le plus marrant, d'ailleurs, c'est que je pensais à autre chose en le lui faisant. J'habite New York et je pensais au bassin de Central Park, en bas, près de Central Park Sud. Je me demandais s'il serait gelé quand je rentrerais à la maison, et s'il l'était, où iraient les canards. Je me demandais où allaient les canards quand le bassin était tout gelé, tout couvert de glace. Je me demandai tout à coup si un type venait avec un camion et les emmenait au zoo ou je ne sais quoi. Ou s'ils s'envolaient, tout simplement.

Je suis veinard, quand même. Je pouvais faire tout le baratin habituel à Vieux Spencer et, en même temps, penser à ces canards. C'est marrant. Vous n'avez pas à réfléchir beaucoup quand vous parlez à un prof » (114).

Plus tard, Holden rêve d'une vie de silence qui ferait l'économie du langage, instrument de l'aliénation, et d'une cabane non loin des bois, quelque part dans l'ouest, en un territoire neuf :

« ... Je serais quelque part dans l'ouest où ce serait chouette et ensoleillé, et où nul ne me connaîtrait, et là je trouverais du boulot... Peu m'importait quelle sorte de boulot ce serait, d'ailleurs, pourvu que les gens ne me connussent pas et que je ne connusse personne. Ce que je ferais, je ferais semblant d'être un de ces sourds-muets. De cette manière, je n'aurais pas à avoir de ces saletés de stupides conversations d'usage avec qui que ce fût. Quand quelqu'un voudrait me dire quelque chose, il n'aurait qu'à l'écrire sur un morceau de papier et me le passer. Ça les enquiquinerait de faire ça au bout d'un moment, et alors j'en serais quitte avec les conversations pour le restant de mes jours... Avec le fric que je ferais je bâtirais une petite cabane quelque part et je vivrais là le reste de ma vie. Je la bâtirais tout près des bois, mais pas dedans, car il me faudrait tout le temps un soleil à tout casser. Je cuisinerais moi-même mes repas et plus tard, si je voulais me marier ou quelque chose, je rencontrerais cette belle fille qui serait sourde-muette, elle aussi, et nous nous marierions. Elle viendrait vivre avec moi dans la cabane, et quand elle voudrait me dire quelque chose, elle n'aurait qu'à l'écrire sur une saleté de morceau de papier, comme les autres. Si nous avions des enfants, nous les cacherions quelque part. Nous pourrions leur acheter beaucoup de livres et leur apprendre à lire et à écrire » (115).

Mais ce ne sont là que des velléités. L'Amérique d'Holden n'est plus la Nouvelle-Angleterre des transcendantalistes et le système broie ceux qui prétendent lui résister. A l'issue de sa fugue, le héros de *L'attrape-cœurs* échoue à l'asile psychiatrique d'où il rédige la confession de ses mésaventures. Comment ne pas songer au premier vers du fameux poème d'Allen Ginsberg, « Howl », dédié à un jeune juif homosexuel du nom de Carl Solomon rencontré à l'institut psychiatrique de Columbia University : « J'ai vu les plus grands esprits de ma génération détruits par la folie, affamés, hystériques, nus » (116)... Quelques années avant l'explosion au grand jour du mouvement Beat, Holden Caulfield est déjà l'un des personnages de Kerouac ou des « saints » chantés par Ginsberg : un inadapté oscillant entre la débauche et le mysticisme, la tendresse et le cynisme, héros « beat » (à la fois « battu », « lessivé » et « béatifique ») affamé d'amour, de pureté et de vie. Après *L'attrape-cœurs*, Salinger ne publiera d'ailleurs que des nouvelles dans lesquelles il se montre de plus en plus influencé par le zen et un christianisme mystique devant beaucoup à l'Orient.

Il semble bien qu'en Amérique, toutes les énergies d'abord jaillies dans l'est soient appelées à se diriger ensuite vers l'ouest. La culture elle-même s'inscrit dans cette migration, ainsi que le montre l'irruption de la Beat Generation et de la « contre-culture ». Dickinson, Miller, Merton, Salinger, étaient des isolés ; fondamentalement, Kerouac, Ginsberg, Snyder et les autres figures clefs de ce mouvement le demeurent. A l'instar des transcendantalistes, ces écrivains œuvrent en un même espace géographique et littéraire mais n'en suivent pas moins des chemins différents. Beaucoup émettront par la suite des réserves quant à l'existence réelle d'un mouvement à leurs yeux forgé par les médias. Lors d'un entretien accordé à la *Paris Review*, Kerouac n'hésite pas à déclarer :

« J'étais un solitaire. Snyder n'est pas comme Whalen, Whalen n'est pas comme McClure, je ne suis pas comme McClure, McClure n'est pas comme Ferlinghetti, mais nous prenions tous plaisir à boire du vin ensemble. Nous connaissions des milliers de poètes, de peintres et de musiciens de jazz — il n'y a pas de "groupe beat" comme vous dites... et Scott Fitzgerald et son "groupe perdu", est-ce que ça sonne si bien que ça ? Ou Goethe et son "groupe Wilhem Meister" ? Quel ennui, ce sujet. Passez-moi ce verre » (117).

La réalité d'un certain courant spirituel et sociologique s'incarnant à travers une poignée d'écrivains et d'artistes reste néanmoins indéniable. Le partage d'une sensibilité et d'une attitude particulière face à la vie autorise donc à parler d'un « groupe Beat », tout en se souvenant que celui-ci n'eut guère d'existence institutionnelle.

Le jaillissement de ce courant peut à bien des égards apparaître comme la résurgence, moins d'un siècle plus tard, de l'esprit transcendantaliste qui demeure, ainsi que l'a montré Roger Asselineau (118), une constante de la littérature américaine et dont la flamme avait été entretenue par des auteurs tels que ceux évoqués dans les pages précédentes. En 1941, le critique F.O. Matthiessen avait employé l'expression de « Renaissance américaine » pour désigner le puissant élan créateur manifesté aux États-Unis durant la seconde moitié du dix-neuvième siècle. En 1955, l'explosion poétique de la côte ouest se voit qualifiée de « Renaissance de San Francisco ». Les historiens aiment à choisir quelques dates, en guise de points de repère : l'on pourrait donc situer les premières poussées du transcendantalisme aux alentours de 1836, année de la publication du *Nature* d'Emerson qui en 1837 prononce devant l'élite de Harvard son fameux discours sur « L'intellectuel américain » et en 1838 fait scandale en assénant aux futurs pasteurs son audacieuse « allocution à l'école de théologie » (« Divinity School Address »). C'est par la désormais légendaire lecture de poésie à la Six Gallery que s'ouvre en octobre 1955, cent ans après la première publication des *Feuilles d'herbe* de Walt Whitman, la Renaissance de San Francisco. A cette mémorable soirée participent ou assistent les principaux poètes et écrivains de la Beat Generation : Jack Kerouac, Neal Cassady (modèle du héros de *Sur la route*, Dean Moriarty), Peter Orlovsky, Lawrence Ferlinghetti, Gary Snyder, Philip Whalen, Philip Lamantia, Michael McClure, Lew Welch... sans oublier Allen Ginsberg, organisateur et vedette de cette manifestation à la fin de laquelle il donne pour la première fois lecture de son poème incantatoire « Howl ». Dans son roman intitulé en français *Les clochards célestes (The Dharma Bums)* et consacré à cette période, Kerouac nous a laissé une description de l'événement présidé par Kenneth Rexroth (rebaptisé Rheinhold Cacoethes), poète plus âgé et précurseur des « Beats » :

« Quoiqu'il en fût, je suivis la meute hurlante des poètes jusqu'à la Galerie Six où devait avoir lieu la lecture ce soir-là qui marqua, entre autres choses importantes, la première manifestation de la renaissance poétique de San Francisco. Tout le monde était présent. Ce fut une nuit de folie. Et je fus celui qui prépara, en cette occasion, l'avenir, en faisant circuler la sébile parmi les spectateurs plutôt guindés de la Galerie, après quoi je revins chargé de trois magnums de bourgogne californien, ce qui maintint l'esprit de chacun à un niveau élevé. De telle sorte que vers onze heures, Alvah

Goldbook, complètement ivre, put lire ou plutôt vagir son poème *Vagissements*, les bras en croix, devant un public qui scandait : "Al-lez Al-lez" comme à une "jam session", tandis que Rheinhold Cacoethes, le père de la poésie san franciscaine, essuyait des larmes de joie.

... Tout le monde s'éparpillait en commentant la soirée avec émerveillement, en discutant de l'avenir de la poésie américaine » (119).

Howl est publié en 1956, *Sur la route* et *Les clochards célestes* respectivement en 57 et 58 ; quant à Gary Snyder, c'est en 1959 que paraît son premier livre de poèmes intitulé *Riprap* (120). Dans sa préface à la première édition des *Feuilles d'herbe*, Whitman prédisait l'avènement d'un poète-prophète qui bouleverserait les normes établies, ainsi que lui-même l'avait fait, et saurait à sa suite chanter l'Amérique dans sa vérité :

« Les poètes américains doivent réunir l'ancien et le nouveau car l'Amérique est la race des races. Parmi eux un barde doit être à la taille d'un peuple...

Son cerveau est l'ultime cerveau. Il ne dispute pas... il est jugement. Il ne juge pas comme juge le juge mais comme le soleil qui enveloppe une pauvre créature...

Il est voyant... Il se suffit à lui-même... Il n'est pas membre du chœur... aucune règle ne l'arrête... il est le maître de la règle » (121).

Si les incantations bibliques de Ginsberg montèrent jusqu'au ciel des poètes, nul doute que l'auteur du « Chant de moi-même » dut en tressaillir de joie.

La floraison transcendantaliste n'était pas issue du néant. De multiples influences s'étaient conjuguées dans la Nouvelle-Angleterre de la seconde moitié du siècle dernier pour permettre à ces novateurs de se faire entendre pleinement. De même la Californie était-elle, vers 1955, toute prête à accueillir l'explosion Beat. Seule ville des États-Unis à n'avoir été fondée ni sur la tradition puritaine ni sur l'héritage sudiste, San Francisco constituait depuis longtemps un foyer d'énergies révolutionnaires et créatrices, ainsi que le rappelle Kenneth Rexroth dans son roman autobiobraphique (122). Des écrivains tels que Miller, Robinson Jeffers, et Robert Duncan s'étaient établis dans les parages. L'influence de l'Orient se faisait vivement sentir bien avant l'émergence de Kerouac et de ses amis. Christopher Isherwood et Aldous Huxley, auteurs britanniques émigrés aux États-Unis, fréquentaient tous deux le Centre védantique de Los Angeles dirigé par Swami Prabhavananda et publiaient des livres fortement imprégnés de leur expérience des spiritualités orientales.

Rexroth, qui se plaisait à répéter que les Beats ne découvraient rien et perpétuaient un mode de vie adopté par lui-même quelques décades auparavant parlait couramment le japonais et le chinois ; fin connaisseur du bouddhisme zen, il aimait à traduire des poèmes et des koans. L'un des plus brillants orientalistes de notre temps, le philosophe Alan Watts, enseignait depuis 1951 à l'Académie des Études Asiatiques dont il allait devenir le doyen et où l'un de ses meilleurs étudiants se nommerait Gary Snyder. Ainsi que le note Watts dans ses mémoires : « L'Académie américaine d'Études Asiatiques fut l'une des principales racines de ce que l'on connut plus tard, au début des années soixante, sous le nom de la Renaissance de San Francisco » (123). Le terrain était donc fertile et l'éclosion Beat fut un aboutissement plus qu'un commencement.

A peine jailli, le transcendantalisme fut aussitôt attaqué et traité avec mépris par l'intelligentsia en place ; il ne pouvait en être autrement des écrivains et poètes du groupe beat. En littérature comme ailleurs, les leçons de l'histoire sont fort peu méditées, et les auteurs auxquels vingt ans plus tard sont consacrés thèses et colloques doivent en premier lieu être vilipendés. Seul Norman Mailer sut très tôt amorcer une réflexion positive à propos de Kerouac et consorts (124).

Hormis leurs démêlés avec les institutions, ces écrivains partagent bien des aspirations et des attitudes avec les transcendantalistes dont ils sont les héritiers. « Pour eux », écrit Jacqueline Starer, « l'homme est d'abord un individu qui doit être considéré dans sa singularité. Son appartenance à la société est d'importance secondaire car il n'est pas vu comme un animal collectif. Il leur paraît clair qu'il n'existe pas une réponse unique valable pour tous mais que les réponses aux questions que se posent les hommes doivent venir du fond de chacun » (125). Autant de postulats qui furent ceux d'Emerson et de ses amis. A l'instar de leurs illustres ancêtres, les membres du groupe beat sont avant tout des individualistes visant à s'épanouir en dehors des normes et des traditions de la société. Leur quête est religieuse, mais ils se défient de la morale conventionnelle et regardent au dedans d'eux-mêmes afin de découvrir leur propre éthique. « Vous-mêmes, bardes nouveau-nés de l'Esprit-Saint, rejetez derrière vous tout conformisme et amenez les hommes à la communion directe avec la Divinité » (126). Cette exhortation d'Emerson, ils la reprennent à leur compte et n'hésitent pas à assumer, la célébrité venue, un rôle de prophètes dont la tâche serait de réinsuffler le sacré dans la vie intellectuelle et politique de l'Amérique. Conférencier de grand renom, Emerson parcourait le pays en tous sens, prêchant la bonne parole transcendantaliste qui n'était pas un dogme mais une invitation à ne prendre appui que sur soi (« Self reliance ») ; bien que piêtre conférencier, Thoreau lui-même ne dédaignait pas de se produire devant le public des lyceums, ces maisons de la culture avant la lettre qui jouèrent un grand rôle en Nouvelle-Angleterre. Les poètes de la Beat Generation, en particulier Ginsberg, reprendront le flambeau, semant les graines de la contre-culture dans des amphithéâtres bondés, déclamant leurs textes sous l'œil inquiet des professeurs. Ayant choisi de cheminer à l'écart d'une société qu'ils jugent à bien des égards barbares, ils se tiennent en dehors des partis, mais n'en exercent pas moins une action. Leur engagement, à l'instar de celui des transcendantalistes, est moral avant d'être politique. A leur pays détourné de la voie juste ou « voie du dharma », ils rappellent ses responsabilités. C'est pourquoi l'Amérique est l'un de leurs grands thèmes ; à elle ils dédient une grande part de leurs poèmes et de leurs textes-fleuve, dans la lignée de Whitman. « Amérique je t'ai tout donné et maintenant je ne suis rien » (127)... Ces anarchistes trahissent sans cesse une très vive conscience de leur identité nationale, qu'ils font cependant passer après leur désir de se fondre dans la conscience plus vaste de la divinité. Comme leurs grands ancêtres, et bien qu'ils aient eux aussi fréquenté l'université, ils acquièrent en autodidactes l'essentiel de leur éducation et se tiennent à distance de l'intellectualisme. Pour eux, ainsi que pour Emerson, les livres « n'existent que pour nous inspirer » (128). Aussi puisent-ils allègrement dans les bibliothèques du monde, cherchant les mots qui leur ressemblent. L'Orient exerce sur eux un attrait particulier et ils dévorent les écritures, notamment les textes bouddhistes, pour les mêmes raisons qui poussèrent les transcendantalistes à explorer les premiers les splendeurs de la Bhagavad-Gita. A la différence de ces derniers, cependant, les portes de l'Orient réel leur sont ouvertes, à quelques heures d'avion de la Californie, et plusieurs d'entre eux s'y rendront, voire y étudieront, en ramenant sinon la sagesse du moins quelques témoignages vécus.

Nonobstant ces nombreuses parentés rapidement évoquées, les écrivains de la Beat Generation ne reprennent pas les choses là où les avaient laissées les transcendantalistes. L'industrialisation et son cortège de foules mécanisées, le Maccarthysme et la guerre du Vietnam ont souillé les consciences, s'ajoutant à l'esclavage et au génocide des indiens. Ginsberg et ses confrères mettent en accusation l'Amérique inhumaine qu'avait en son temps fui Henry Miller, en lequel ils saluent un maître :

« Moloch ! Solitude ! Saleté ! Laideur ! Poubelles et dollars impossibles à obtenir ! Enfants hurlant sous les escaliers ! Garçons sanglotant sous les drapeaux ! Vieillards pleurant dans les parcs !

Moloch ! Moloch ! Appartements robots ! banlieues invisibles ! trésors squelettiques ! capitales aveugles ! industries démoniaques ! nations spectres ! asiles invincibles ! queues de granit ! bombes monstres !

Visions ! augures ! hallucinations ! miracles ! extases ! disparus dans le cours du fleuve américain (129) !

C'est pourquoi ces poètes sont quelque peu névrosés. Aux extases mystiques, ils mêlent l'alcool, la drogue, ainsi qu'une sexualité aussi effrénée mais peut-être moins joyeuse que celle d'un Miller. Si ces expériences traduisent une volonté de briser les limites et de célébrer, comme le faisait l'auteur des *Tropiques*, tous les aspects de l'existence (« Le monde est sacré ! L'âme est sacrée ! La peau est sacrée ! Le nez est sacré ! La langue et la queue et la main et l'anus sacrés ! proclame Ginsberg) (130), elles sont également l'expression d'un mal d'être que les transcendantalistes ne ressentaient pas ou du moins abordaient d'une manière radicalement autre. La plupart des écrivains beat ont connu leur saison en enfer. Avant d'être à même de se sentir à l'aise dans leur révolte et leur non-conformisme il leur a fallu payer un prix parfois élevé. « Éclatés » vers la fin des années cinquante, ils ont d'abord été brisés. Leur révolte adolescente s'est parfois terminée, comme celle d'Holden Caulfield, à l'asile psychiatrique. Aussi en demeurent-ils marqués et leur « sainteté » (mot qu'ils affectionnent) a quelque chose de trouble, voire de confus. L'auteur des *Essais sur le bouddhisme zen*, D.T. Susuki (131) émettra des réserves quant à la profondeur de leur démarche spirituelle, remarquant que l'innocence prônée par le zen ne saurait être confondue avec l'infantilisme. « La spontanéité », dira-t-il, « n'est pas tout, elle doit avoir des racines » (132). Alan Watts lui-même, bien que proche des grandes figures beat, éprouvera le besoin de nuancer les choses en publiant un essai dans lequel il fait gentiment observer à ses amis que « confondre le zen avec la bohème affectée ou avec cinq heures dans la position du lotus, c'est faire toute une histoire, du tapage pour rien, encore qu'il n'y ait pas de mal à ça » (133). Leurs « visions » et leurs « satoris » doivent donc être considérés avec une certaine prudence. Mais il n'en demeure pas moins qu'en osant réaffirmer la puissance de la conscience et en popularisant un mode de vie autre, la Beat Generation a pulvérisé des barrières et réouvert des voies qui depuis Whitman semblaient condamnées ou réservées à quelques rebelles isolés. S'efforçant de dépasser leur névrose pour s'ouvrir aux fleurs de la vie, ils ont mis en mouvement des énergies et indiqué des pistes que chacun explorera désormais à sa manière. Peut-être ont-ils ainsi préparé le terrain pour une mutation sociale et culturelle plus radicale encore.

Ginsberg, qui se partage avec Kerouac la vedette au sein du mouvement Beat est, à la vérité, plus proche de Whitman, auquel il a consacré un poème, que de l'homme de Walden. Le vers torrentiel qui parcourt les grands poèmes de *Feuilles d'herbe* n'avait par la suite guère été exploité ; stimulé par les recherches formelles des poètes du Black Mountain College (Olson, Creeley, Duncan), Ginsberg renoue avec des textes amples, faits pour être déclamés. Usant d'une langue simple axée sur l'idiome américain, cette poésie est, ainsi qu'il le dit lui-même, « une sorte d'articulation rythmique des sentiments » (134) en partie redevable aux exercices respiratoires enseignés dans le yoga et auxquels Ginsberg attache une grande importance.

En dehors des parentés avec Thoreau communes à tous les écrivains de la Beat Generation, Ginsberg perpétue, voire approfondit par certaines facettes de son action politique, la désobéissance civile instituée par Thoreau. Dans une lettre ouverte au ministre de la Défense Robert McNamara, il réaffirme en 1966 la primauté des valeurs de l'être sur celles de l'avoir et invite les dirigeants politiques à se tourner vers l'intérieur : les conflits doivent d'abord être résolus au dedans. « Votre caprice », écrit-il au ministre, « domine les représentations mentales de vastes couches — pas toutes — du peuple... La guerre n'existe pas réellement, si ce n'est dans votre esprit et dans l'esprit des puissances qui vous correspondent de "l'autre côté"... Le changement doit commencer au dedans de vous, pas au dehors... Voilà où "tout se situe", nulle part ailleurs, ni dans une dialectique préordonnancée ni dans quelque impératif logique de l'Histoire » (135). Ces encouragements à dépasser un dualisme primaire fondé sur la peur que s'inspirent mutuellement les adversaires et cette volonté de restituer le spirituel au sein du politique s'inscrivent bien dans la lignée de la pensée de Thoreau.

Kerouac, de son côté, fut très tôt fasciné par l'expérience de Thoreau. Son biographe, Gerald Nicosia, rapporte qu'ayant obtenu une bourse pour aller étudier à l'Université Columbia, le jeune Jack faillit la refuser pour aller suivre l'exemple de l'auteur de *Walden* et élire domicile dans une cabane au fond des bois (136). Rendu à la « raison » par ses parents, Kerouac partira pour New York mais gardera sa vie durant la nostalgie d'une existence solitaire, à l'écart du bruit et de la fureur, en communion avec la nature. Il affirme souvent la nécessité et les bienfaits d'une solitude « saine » semblable à celle pratiquée par Thoreau, grâce à laquelle l'explorateur du dedans apprend à s'en remettre à lui-même et découvre ses intimes possibilités : « Aucun homme », écrit-il dans *Le vagabond solitaire*, « ne devrait achever son existence sans avoir une fois connu cette solitude saine, même si elle est ennuyeuse, dans un endroit désertique ; on ne dépend plus que de soi et on apprend ainsi à connaître sa force véritable et cachée » (137).

Honnête, Kerouac tentera à plusieurs reprises de mettre en pratique ce qu'il prêche : sous l'influence de Gary Snyder, il s'initie aux joies de la randonnée en montagne. Las de la civilisation, Thoreau avait fait l'ascension du Mont Katadhin dans le Maine ; en compagnie de Snyder, Kerouac grimpe allègrement au sommet du Matterhorn, qui sera sa montagne sacrée, ainsi qu'il le raconte dans *Les clochards célestes.* Au contact de celui qui, dans le roman, se nomme Japhy Ryder, l'auteur de *Sur la route* pressent pour lui-même la possibilité de vivre cette expérience qui le captive depuis l'adolescence, d'autant plus que Snyder s'impose à bien des égards comme une incarnation contemporaine de Thoreau, un héros de chair et d'os venu donner vie à ses lectures de jeunesse. « Japhy, je suis content de t'avoir rencontré. Je vais apprendre à boucler convenablement un sac et à courir sur la montagne quand j'en ai marre de la vie civilisée » dit à Snyder-Ryder l'alter ego de Kerouac dans *Les clochards*, Ray Smith (138).

A la suite de son mentor, l'auteur de *Sur la route* s'engage comme guetteur d'incendie dans les montagnes de l'état de Washington, emploi par lequel il s'impose deux mois d'absolue solitude, livré à lui-même et au « Desolation Peak » où se trouve son poste. Confronté au vide-plein des sommets, il lui arrive de basculer dans l'extase, qu'il transcrit ensuite en une prose typique où une emphase adolescente et les références au bouddhisme se mêlent en un touchant cocktail :

« Un doux soir d'août, je dévale la pente de la montagne et trouve un endroit escarpé où m'asseoir dans la position du lotus près des sapins et des vieilles souches d'arbres brûlées, la lune en face de moi... Je prie et demande à Avalokitesvara l'Éveilleur de poser sa main de diamant sur mon front et de me donner l'intelligence immortelle.

O quelle paix et quelle satisfaction je ressens, en revenant à ma cabane, sachant que le monde est un rêve de bébé, que l'extase de l'éternité dorée est notre unique point de retour, l'essence du pouvoir — et l'extase primordiale, *nous le savons tous* — Je suis couché sur le dos dans l'obscurité, les mains jointes, tandis que les lumières brillent au nord comme à une première d'Hollywood » (139)...

Mais contrairement à Thoreau et à son héritier spirituel Snyder, Kerouac ne connaît que rarement la dimension bienheureuse de la solitude. Être conflictuel, déchiré entre la culpabilité chrétienne et la paix bouddhique, enfant tourmenté, il est loin de posséder l'assise intérieure indispensable à toute retraite prolongée. Thoreau, Snyder (ou, en France, Kenneth White), abordent leur isolement temporaire comme une chance d'approfondir et d'intensifier un équilibre humain et spirituel en grande partie acquis. L'appel de la forêt ou de la montagne est chez eux une invitation à bâtir sur une structure déjà en place. Pour un Kerouac erratique et passablement alcoolique, la retraite tient davantage de la cure de désintoxication, elle est une tentative désespérée pour retrouver un semblant de paix durable. Ses fantômes l'accompagnent sur ce sommet qui, pour lui, méritera souvent son nom de « Pic de la Désolation ». L'auteur de *Sur la route* transporte le tragique dans son sac et malgré ses prières et ses incantations, le mot « beat » doit à son sujet être plus fréquemment entendu dans son sens négatif « brisé, battu », plutôt que « béatifique ». Si extases il y a, elles ne sont chez Kerouac que l'autre face du désespoir. Produit des villes et de leur folie, il ne peut longtemps se priver de l'agitation qui règne à New York ou à San Francisco. Mais de retour au sein du vivier, il se languit très vite du silence des hauteurs, tout en sachant qu'il ne saurait s'y maintenir longuement.

Dans une cabane au Mexique, il travaillera de nouveau à se couper du cauchemar de l'histoire dans la tradition de Thoreau :

« C'était aussi d'un style de vie que j'étais en quête : considérer le monde au point de vue de la solitude et méditer sur lui sans s'empêtrer dans les imbroglios de ses actions aujourd'hui célèbres par leur atrocité et leur abomination. Je voulais être un Homme du Tao qui observe les nuages et laisse l'Histoire faire rage en dessous (quelque chose qui n'est plus permis après Mao et Camus) (Cela sera un jour) » (140).

A la fin de sa vie, Kerouac vivra trois semaines à Big Sur dans la cabane du poète-éditeur Lawrence Ferlinghetti, attentif aux rythmes de l'océan qui lui inspireront un long poème, « Sea » ; mais ces différentes retraites ne lui procureront pas la stabilité intérieure recherchée. L'auteur des *Clochards célestes* ne parviendra pas à échapper à son personnage de « vagabond solitaire ». Contrairement à Thoreau et à Snyder, il demeurera pour son malheur un citadin angoissé, adolescent vieilli rongé par la fatigue et l'alcool. Obsédé par la pensée de la mort, l'organisme détraqué par ses excès, Kerouac doit fuir la cabane de Big Sur pour s'en aller chercher à San Francisco des compagnons de beuverie.

Son échec existentiel va de pair avec la faillite du rêve américain dont il est l'un des chroniqueurs désabusés. Traversant les États-Unis de part en part à la recherche de cette « route ouverte » célébrée par Whitman, il constate avec dépit que les autorités s'acharnent à la fermer. Dans ce pays obsédé par le démon de la production et où les loisirs sont, comme tout le reste, codés, il est devenu difficile de passer une nuit à la belle étoile et de ressentir la terre : grillages et policiers longent la route. Les « sales institutions » dénoncées par Thoreau se sont infiltrées partout :

« Il n'est pas un seul shériff ni un seul garde-forestier dans aucun des cinquante états de l'Union qui vous laissera cuire votre manger sur quelques brindilles enflammées, dans la broussaille de la vallée cachée, ni nulle part ailleurs, parce qu'il n'a rien d'autre à faire que d'appréhender ce qu'il voit se déplacer au dehors, sans le secours de l'essence, de la vapeur, de l'armée ou du commissariat de police — Je ne m'obstine pas... Je me contente d'aller dans un autre monde » (141).

Dans son roman-fleuve *Visions of Cody*, Kerouac identifie délibérément son héros en marche vers la mort à l'Amérique elle-même. A la suite de Miller, il dénonce une nation malade du manque d'amour : « Les péchés de l'Amérique », écrit-il, « tiennent précisément à ce que les rues sont vides là où se trouvent les maisons, le sens du voisinage a disparu...

Il est devenu bizarre de regarder un homme droit dans les yeux » (142). L'agonie de Cody est celle du pays des possibles où demeurait Thoreau. Les forces de destruction sont inexorablement à l'œuvre, la dernière baleine blanche a été massacrée. Pour Kerouac, l'auteur de *Walden* avait prévu cette inévitable disparition du côté sauvage de l'Amérique : s'il avait vu la baleine blanche, symbole d'absolu exploré par Melville, « Thoreau aurait dit "Humph", prédit le canon-lance-harpon, et tourné les talons ». La conclusion de cet étrange livre peut cependant être considérée comme optimiste : la quête de Cody se trouve resituée dans l'éternité et la mort se présente sous la forme du soleil couchant. Dans sa monumentale biographie critique de Kerouac, Nicosia relie cette fin à celle de *Walden* :

« Les deux dernières phrases du livre reconnaissent la mort, mais il s'agit d'une mort semblable à un coucher de soleil. Le héros sourit car il sait que cela n'a rien d'irrévocable. L'aube point ailleurs, voilà tout. Cody, l'homme de l'Amérique, poursuit un voyage sans fin qui le mène à Dieu, a dios : "Adios, toi qui regardait à mes côtés le jour se lever, accoudé au parapet, souriant — Adios, Roi" » (143).

« Il s'agit peut-être », commente Nicosia, « de la fin la plus confiante de la littérature américaine depuis la conclusion de *Walden*, à laquelle elle mérite d'être comparée. Et Nicosia de conclure : « Avoir réinterprété la sensibilité de Thoreau selon les termes du vingtième siècle constituait un incroyable exploit » (144). Les résonnances orientales de cette conclusion nous rappellent d'ailleurs que ce fut la lecture de *Walden* qui orienta Kerouac vers certains textes hindous et chinois.

Mais le Thoreau contemporain doit être cherché en la personne de Gary Snyder, le héros des *Clochards célestes* qui s'impose comme l'élément le plus stable et sans doute le plus authentique issu du mouvement beat. Né en 1930 à San Francisco, Snyder a grandi en Oregon, au contact des montagnes et des forêts qui sont pour lui autant de présences vivantes. Très tôt préoccupé par la destruction de l'environnement, à la recherche d'une conscience écologique, il pratique divers métiers dont ceux de pêcheur, marin et garde-forestier, tout en prenant garde de conférer une assise intellectuelle à son expérience du dehors. Étudiant en ethnologie, il suit également des cours de japonais et de chinois et fréquente l'Académie des Études Asiatiques fondée par Alan Watts. Ce dernier vouait d'ailleurs à Snyder une profonde admiration : en écho à Kerouac déclarant dans *Les clochards* : « Le monde n'est pas si mauvais, puisqu'on peut y rencontrer des Japhy Ryder », Watts va jusqu'à constater dans ses mémoires qu'« un univers qui a permis l'apparition d'un Gary Snyder ne peut en aucun cas être considéré comme un échec » (145).

Ce personnage à la fois libre et discipliné, méditatif et dynamique, apte à pleinement incarner ce qu'il écrit, reconnaît, comme Thoreau et avant lui les Amérindiens auxquels il se réfère, la nécessité d'un isolement temporaire, d'où l'homme émerge transformé, prêt à prendre un nouveau départ :

« La plupart des cultures indiennes en Amérique exigent de chaque individu qu'il quitte la société au moins une fois dans sa vie, qu'il sorte du nexus humain, qu'il sorte « de sa tête ». Il revient de sa quête solitaire et visionnaire avec un nom secret, un esprit animal qui le protège, une chanson secrète. C'est son “pouvoir”. La culture honore l'homme qui a visité d'autres royaumes » (146).

« Je ne fais aucun cas des philosophies de l'univers dans lesquelles l'homme et les institutions occupent trop de place et absorbent trop l'attention », écrivait Thoreau (147) ; par delà une culture occidentale dont il connaissait et appréciait les classiques, l'auteur de *Walden* s'était tourné vers les Amérindiens et les spiritualités orientales. Ce sont ces mêmes pistes qu'emprunte Snyder. A l'instar des premiers habitants de l'Amérique, les orientaux voient l'homme comme une parcelle d'un vaste univers vivant et non comme un dominateur devant soumettre le monde à son appétit de puissance. Voilà pourquoi Snyder, tout en se documentant sur les Amérindiens et leur mode de vie, accomplit ce que Thoreau n'avait pu en son temps réaliser et séjourne longuement en Orient. Voyageant en Inde, il s'établit plusieurs années durant au Japon où il étudie sous la direction d'un authentique maître zen. Ainsi qu'il le déclare lui-même : « Je suis un poète. Mes maîtres sont d'autres poètes, des Indiens d'Amérique, et quelques prêtres bouddhistes du Japon » (148).

Ayant vécu et travaillé en pleine nature, Snyder constate le peu de cas que font des montagnes et des rivières les hommes crispés dans un recoin de leur cerveau où se bousculent des rêves de profit et de puissance illimitée. Thoreau se montrait indigné par le paysan uniquement préoccupé d'exploiter la nature sans jamais songer à communier avec elle ; Snyder va plus loin et plaide en termes politico-poétiques la cause du « non-humain ». A l'instar de Thoreau se nommant lui-même inspecteur des tempêtes, Snyder se fait le député de la nature :

« Je veux être le porte-parole d'un royaume qui n'a habituellement de délégués ni dans les salons intellectuels, ni dans les assemblées gouvernementales... Je pense à de nouvelles définitions de l'humanisme et de la démocratie qui incluraient le non-humain, accorderaient des représentants à "tout cela". C'est, je crois, ce que nous voulons dire quand nous parlons de conscience écologique » (149).

Ces nouvelles définitions, Snyder les cherche donc dans la

culture des Amérindiens et aspire à une Amérique archaïque, puisant dans ses racines pré-chrétiennes. Le Nouveau Monde du poète n'est aucunement celui du capitaliste puritain mais la terre du « Coyote ». L'un de ses recueils s'institule *Ile-Tortue*, « ancien/nouveau nom du continent employé dans de nombreuses cosmogénèses par les hommes qui ont vécu ici depuis des millénaires, et à nouveau utilisé récemment pour désigner l'"Amérique du Nord" » (150) ; « Un nom : pour que nous puissions mieux nous situer sur ce continent de bassins fluviaux et de communautés vivantes — régions boisées, provinces géographiques, zones cultivées : en suivant les frontières naturelles, alors que les frontières des "U.S.A.", de ses États et Comtés découpent arbitrairement et maladroitement le territoire réel (151).

Cette adhésion à un mode d'être radicalement autre constitue bien sûr une critique de l'héritage occidental pour lequel Snyder déclare sans ambages son peu de sympathie :

« Je n'aime pas la culture occidentale car elle contient à mon avis beaucoup d'erreurs qui sont à l'origine d'une crise de civilisation non pas récente, mais très ancienne : une crise qui dure depuis un millénaire. Cette culture a produit beaucoup de choses admirables, mais une tradition qui se coupe de ses propres racines — des lieux sauvages extérieurs (soit : la nature sauvage, les éco-systèmes sauvages, auto-régulés, auto-informés), et de cet autre lieu sauvage qu'est notre espace intérieur —, une telle culture est vouée à un comportement très destructeur, et peut-être, en fin de compte, à un comportement auto-destructeur » (152).

Le remède à cette omniprésence de l'homme sur-civilisé écrasant tout sur son passage réside dans la prise en compte de la multitude des êtres, sous peine de destruction :

« Nous devons donc trouver un moyen d'incorporer dans

les conseils de nos gouvernements les autres habitants — ceux que les Indiens Sioux appellent le peuple rampant, le peuple marchant, le peuple volant et le peuple nageant —, ce qui n'est pas aussi difficile qu'on le pense. Sinon, ils se révolteront contre nous. Ils nous soumettront des ultimatums concernant notre présence sur terre. Nous commençons déjà à recevoir des ultimatums en provenance de l'air, de l'eau et de la terre » (153).

Dans le sillage des Amérindiens, le poète compose des textes limpides, emplis de la grande présence du dehors. Il rend hommage à la totalité du monde, s'inspirant d'une prière Mohawk :

« Gratitude à notre Mère la Terre, voyageant nuit et jour —
et à son sol : riche, fertile et tendre
qu'il en soit ainsi dans nos esprits » (154).

Perçant sa vieille peau de citoyen des U.S.A., il aspire à retrouver l'homme rouge qui sommeille en lui et fait même preuve d'une certaine véhémence à l'égard de cette société blanche qu'il renie. Confronté à la guerre du Mexique et au problème de l'esclavage, Thoreau n'avait pas eu de mots assez durs pour sa nation. En une troublante incantation, Snyder fustige l'Amérique belliqueuse qui s'acharne contre les jaunes comme elle s'était autrefois appliquée à exterminer les Indiens. Aux États-Unis, le poète voudrait substituer la terre du Grand-Esprit. C'est ce que le critique américain Leslie Fiedler nomme « le retour du Peau Rouge », retour amorcé par Fenimore Cooper puis par Thoreau qui, à Walden Pond, habitait en un site indien et était fasciné par les récits d'Alexander Henry, trappeur métamorphosé en Peau-Rouge auquel il consacre un chapitre de son premier livre, *A Week on the Concord and Merrimack Rivers.*

« Maudits soient les hommes de Washington, Pentagone.

OM A KA TA TA PA YA SA SVAHA
Tandis que vous abattez filles et hommes du Viet-Nam
Incendiant et rasant
Dans leurs champs,
Empoisonnant et détruisant,
Moi, avec la même rage je traque l'homme blanc
    Dans mon cœur.
Le petit garçon de Seattle, les cheveux en brosse
L'adolescent de Portland qui travaillait pour United Press
    c'était moi.

Mais je ne le laisserai pas vivre. L'« Américain »,
je le détruirai. Le « chrétien », lui
    est déjà mort depuis longtemps.
Leur héritage ne passera pas à mes enfants.
Je leur transmettrai Joseph le chef indien, et les troupeaux
    de bisons,
Ishi, épervier, les sapins,
Buddah, et leur corps nu
nageant, dansant, chantant
  au lieu de tuer.

Comme je tue en moi
  l'"Américain"
  l'homme blanc
et retrouve la danse du grand esprit
pour faire revivre l'Amérique, les fleuves et l'herbe verte.

Pour piétiner votre crâne parmi ses rêves.

Je fais cet acte magique, et je donne cet amour
que mes enfants soient heureux

Et les vôtres ne survivront pas.
HI'NISWA'VITA'KI'NI » (155).

Snyder n'est cependant pas un naïf et il sait percevoir les limites de ce mouvement en tant que mode culturelle. Bien que l'auteur du *Retour des tribus* soit, dans l'esprit de ceux dont les goûts et les dégoûts dépendent de l'actualité, identifié à la vague hippie et aux années soixante, lui-même se moque des drogués sur le retour pétris de pseudo-hindouisme ou bouddhisme et adeptes d'un fallacieux « retour à la nature » : comme leurs ancêtres puritains, ils sont inaptes à assumer l'aspect sauvage et inquiétant du dehors qui reflète leurs propres abîmes.

« Venus des villes, les camés d'hier
Convertis au Guru ou au Swami,
Font pénitence, l'œil brillant
Et fixe, et ne mangent plus de viande.
Dans les forêts d'Amérique du Nord,
Au pays du Coyote et de l'Aigle,
Ils rêvent de l'Inde, des
paradis asexués de la béatitude éternelle,
Et dorment sous des dômes géodésiques
Chauffés à l'huile,
Plantés comme des verrues
Dans les bois.
Et ils enferment dehors le Coyote
    qui chante
    car ils craignent
    l'appel
    de la forêt » (156).

De même, ayant vécu en Orient, il se garde d'idéaliser le bouddhisme en tant que religion établie :

« Il est clairement apparu que la "vérité" du Bouddhisme et de l'Hindouisme ne dépend en aucun cas de la culture indienne ou chinoise ; et que "l'Inde" et "la Chine" — en tant que sociétés — sont aussi pesantes aux êtres humains que n'importe quelle société ; peut-être plus. Il est devenu évident que l'"Hindouisme" et le "Bouddhisme", en tant qu'institutions sociales, ont été depuis toujours complices des États dans leur entreprise d'écrasement et d'anéantissement des gens, au lieu de concourir à leur libération. De la même manière que les autres grandes religions » (157).

A l'instar de Thoreau, Snyder n'est pas un intellectuel citadin momentanément féru d'écologisme et d'orientalisme. Son rapport à la nature et aux spiritualités orientales se situe au-delà des modes et des divers courants. Poète estimé auquel sont consacrés thèses et mémoires, il vit aujourd'hui en compagnie de sa compagne japonaise et de leurs enfants dans une maison construite de ses propres mains sur les contreforts de la Sierra, en Californie, dans le Comté du Nevada. Doté — siècle oblige — d'une conscience nettement plus politique que celle de Thoreau, attachant, contrairement à l'auteur de *Walden*, une grande importance aux valeurs retrouvées de la tribu (encore que ce dernier ait été plus sociable et attaché à la communauté que ne le laisse croire sa légende), Snyder n'en a pas moins continué le travail de celui qui, sur son lit de mort, prononça le mot « indien ». Ainsi que l'écrit Kenneth White : « Depuis des années, loin du théâtre culturel, il / Gary Snyder / poursuit un travail sur lui-même qui consiste à "simplifier l'esprit — comme une lame qui s'affûte jusqu'à n'être plus rien", ce qui permet de "jouir de l'univers" comme "infiniment vide, ou blanc" *(infinitely blank)* » (158)...

Par delà l'Amérique et sa recherche d'identité, des

Européens travaillent eux aussi à dégager un nouvel espace de pensée et de vie et prêtent l'oreille à l'injonction de Thoreau : « Soyez un Christophe Colomb pour tous les nouveaux continents et nouveaux mondes en vous » (159). L'un d'eux, Kenneth White, nous rappelle que « le "nouveau monde" (le "champ ouvert") n'est pas une spécialité de New York ou de San Francisco » (160) et parle de cet « effort, essentiellement apatride, pour pénétrer jusqu'à des structures, ou à des protostructures, qui n'ont rien à voir avec un concept sociologique » (161).

Écossais vivant et écrivant en France depuis plus de vingt ans, White s'impose comme l'un des grands défricheurs de ce que lui-même nomme « le monde blanc ». Son essai capital, *La figure du dehors*, récapitule son parcours et pose les jalons d'une perspective neuve à la fois séduisante et exigeante. Tout en parvenant à faire entendre sa voix (il s'est vu décerner le Prix Médicis étranger et le Grand Prix du Rayonnement Français de l'Académie Française), cet extravagant Écossais installé en Bretagne demeure fondamentalement en dehors du théâtre culturel, dans la tradition de Thoreau et de Gary Snyder à propos duquel il a publié en Angleterre un bref et remarquable essai (162). Puisant ses références en Orient et en Amérique — sans pour autant oublier l'Europe —, praticien doué du haïku, White a cheminé, au propre comme au figuré, sur les traces de Basho, de Han Shan et des poètes zen. Les Upanishads, les écritures bouddhistes ou taoistes le sollicitent, au même titre que les textes des transcendantalistes américains et de leurs successeurs, explorateurs du champ ouvert. Au cœur de son espace intérieur, Tchouang-Tseu et Lao-Tseu frayent allègrement avec Whitman, Melville, Charles Olson ou Ezra Pound, sans parler, bien entendu, de Thoreau, présent dans toutes ses créations.

Si les romanciers américains tels qu'Hemingway, Faulkner ou Dos Passos ont exercé en France l'influence que l'on sait, Thoreau et ses compères n'étaient connus que de quelques élites (anglicistes ou écrivains, parmi lesquels Gide, Proust, Michaux) jusqu'à ce que White se réfère abondamment à eux, et plus particulièrement à l'auteur de *Walden*, auquel il a consacré un chapitre de *La figure du dehors* et dont on trouve le nom et quelques citations dans la plupart de ses écrits. Préfacier d'une traduction française d'extraits du *Journal*, White aura beaucoup contribué à inscrire l'homme de Walden dans notre paysage culturel. C'est une des raisons pour lesquelles j'ai cru bon de m'entretenir avec lui de ses rapports avec Thoreau. Notre dialogue figure en annexe au présent livre.

C'est d'ailleurs par un texte à bien des égards proche de *Walden* que l'auteur du *Grand rivage* (à mon sens l'un des poèmes majeurs issus en ce siècle de notre Europe fatiguée) a accédé en 1979 à un vaste public. Les *Lettres de Gourgounel* constituent elles aussi le compte rendu d'une expérience de vie ; elles sont le fruit d'un isolement temporaire dans les montagnes ardéchoises et doivent, de l'aveu même de White, beaucoup à Thoreau qu'il mentionne dans la préface. « J'avais cherché un lieu désert... où concentrer, du moins pour un temps, ma vie et ma pensée » note le poète « scotocosmologique » (163)... Qu'il soit en Bretagne, en Ardèche ou même à la Sorbonne animant un séminaire sur la « poétique du monde », c'est à partir d'un tel lieu que cet « horrible travailleur » pense, écrit et parle. Ainsi qu'il le remarque dans la préface à la nouvelle édition des *Lettres* : « Peut-être Gourgounel/ou Walden Pond, ajouterais-je/ est-il devenu un lieu de l'esprit, situé partout et nulle part » (164).

Européen, l'auteur de *La figure du dehors* s'abreuve

également à des sources encore vives de ce côté-ci de l'Atlantique : héritier de Nietzsche, de Heidegger comme de Rimbaud ou Pélage, celte à l'écoute de ses racines, compagnon de route de Victor Ségalen, White anime dans ses essais un réseau de penseurs, prosateurs et poètes présents au cœur de notre culture mais enfouis sous la médiocrité de « l'actualité » littéraire soumise à l'omnipotence du roman. Le Nouveau Monde qu'il esquisse n'est donc nullement un produit d'importation mais la conjonction de tentatives multiples jaillies des quatre coins de la planète, du « passé » (souvent plus actuel que la dernière historiette à la mode) comme du présent. Notons enfin que l'« horrible travailleur » s'efforce de mener à bien une œuvre complète et s'adonne avec un égal bonheur à trois types de livres qu'il classe lui-même comme suit : « Les pérégrinations où je m'expose, les recherches où j'explore, les poèmes où je présente des moments plus exacts que les autres » (165).

A la pointe de ces cheminements fusent tels des éclairs blancs des poèmes limpides, textes diamantins ou longues errances, qui toujours se révèlent à la fois simples et complexes. Comme Thoreau, White dépasse le champ de la seule littérature, et ses écrits stimulent divers publics habituellement peu réceptifs aux pesantes démonstrations des intellectuels jargonnant ou aux tortueuses élucubrations de ceux qui passent pour poètes. Snyder en Amérique, White en Europe peuvent donc aujourd'hui être tenus pour les héritiers de Thoreau, à l'écoute de cette aube qui continue de poindre. Sans parler des écrivains qui, quoique ne se réclamant pas de Thoreau et ne faisant donc pas à proprement parler partie de cette lignée, suivent leur chemin propre et croient en la beauté de leur voix exigeante et souvent solitaire. C'est ainsi qu'avant de conclure, je souhaiterais encore mentionner Le Clezio, lequel retrouve ici et là un sentiment de la nature aboutissant à une « extase matérielle » très proche de celle éprouvée par Thoreau. Livre peu connu mais capital, *L'inconnu sur la terre* donne à ressentir en une prose aussi limpide qu'éblouissante, habitée par une vibration intérieure, toute la beauté de ce dehors qui nous renvoie doucement à notre dedans. Les pages de Le Clezio sur la lumière du matin n'ont à mon sens rien à envier aux méditations aurorales de l'auteur de *Walden* :

« Je voudrais dire la très grande paix, la très grande clarté. La lumière belle du matin, pure, douce, lisse comme l'eau, la lumière fraîche qu'on respire, la lumière toute neuve et pleine de forces. Cet instant est sans doute immortel, c'est lui seul qui commande au temps. On regarde, on respire, et tout est comme au jour de la naissance, sans danger, sans haine, sans souffrance, mais seulement avec cette lumière, cet air.

Il n'y a pas de beauté étrangère. Il n'y a pas d'énigmes. A cet instant, on trouve ce qu'on cherche, on tient ce qu'on voit. Où est le savoir, où la raison ? C'est une émotion calme et sûre qui bat lentement, qui respire doucement, qui glisse souple et agile, chaque élément lié à l'autre par le fil de la vie.

Alors on n'est pas seul. Alors on n'est pas triste, il n'y a plus rien de lointain. On vit sur la terre, au milieu des plantes et des animaux, tout près des rochers, dans l'air, dans le vent, dans la lumière. Et on brille aussi, comme une pierre, plein de l'inexplicable rayonnement » (166).

Et le livre entier est de cette teneur...

A l'occasion d'un compte rendu publié dans le *Figaro*, Jean Chalon, lui-même amoureux des arbres, voit en Thoreau le prochain « maître à penser d'une certaine jeunesse qui est en train de redécouvrir ce qu'un Jean Giono avait appelé “les vraies richesses” »... Puisse le présent livre contribuer au rayonnement de cet écrivain décisif encore trop mal connu en France et, plus que tout, aider ceux qui le parcoureront à avancer vers ce qu'ils sont.

Angles sur l'Anglin, 3 août 1986.

Chapitre 9

La dernière aurore

« Quel fut le nom de mon meilleur ami ? Thoreau... Henry Thoreau ! »

Ralph Waldo Emerson, peu avant sa mort.

1862, Concord, Massachussetts
La Nouvelle Angleterre
s'en remet au printemps

Henry David Thoreau
inspecteur des tempêtes
arpenteur du territoire rouge
entame son ultime promenade

Il se lance sur la longue piste
la voie du cheval bai
du chien et de la tourterelle
aux confins de laquelle
s'ouvre l'autre frontière
où le convie le Grand Esprit

Une poignée de voyageurs
qui en leur temps entendirent
le chien et le pas du cheval
ou virent la tourterelle
s'évanouir sous un nuage
sont là pour l'aider à partir

Je n'ai jamais passé une heure
avec autant de satisfaction
jamais vu un homme mourir
avec un tel plaisir
et une telle paix

En vérité, Henry,
vous n'avez pas vécu en vain

Mais il chemine déjà loin
il pénètre en un paysage
peuplé de montagnes
et de fleuves sans fin
foule les hautes terres

Vous avez patiné sur la rivière
Peut-être vais-je aller
patiner sur quelque autre rivière

Il se peut que je m'en aille
vers l'intérieur du pays

Une existence
un cheminement

Tant de journées d'automne
ah oui, et d'hiver
passées hors de la ville
essayant d'entendre
ce que portait le vent
Une vie
vite enfuie
En sa courte existence
il avait épuisé
ce que le monde peut donner
mais dense
diamantine
vouée
à éprouver
la pleine fraîcheur
d'un univers
ouvert
la sève de la terre neuve
irriguant ses veines
en un matin de pluie
Ce qu'on appelle le génie
c'est une abondance de vie
Je ne me sens jamais inspiré
que mon corps ne le soit aussi

Langue rougie au contact
des myrtilles extatiques
festin de baies sauvages
au flanc de la colline
Lectures matinales
hautes études
Ces pages valent leur pesant d'aube

Cabane de planches, nette
nulles palabres en cette clairière
en présence du lac de lumière
Walden Pond,
grand cristal
à la surface de la terre
Narines dilatées
De toutes les ébriétés
qui ne préfère
s'enivrer d'air ?
Tête nue éclaboussée
par le rire du grand plongeon
(Colymbus glacialis)
l'oiseau fou de l'automne
Je souriais silencieusement
à mon incessante bonne fortune
L'Esprit de l'univers est pour moi
d'une mansuétude inexplicable
et j'ai peut-être plus
que ma part de bonheur

Échoué à présent
en une chambre claire
à l'orée du printemps
Henry David Thoreau
sourit encore
silencieusement

Je jouis de la vie
autant que jamais
et n'ai aucun regret

Aux heures vives du jour
il polit ses manuscrits
soucieux de léguer
un monde à ses amis
Sophia, Helen, Lidian
Harrison, Daniel, Bronson
Waldo, Franklin, Ellery
Ne vaut-il pas mieux
que finissent les choses ?

6 mai 1862
Le voici de plain pied
dans l'intérieur des terres
l'univers s'offre à lui
en un déluge
de blanche lumière

Toute appétence évanouie
Nulle âpreté, nul défi
Seulement s'unir
à cette force en lui
qui inspire
puis expire
dériver au fil de la vie
qui d'elle-même
doucement
se retire

La réelle moisson
de ma vie quotidienne
est en un sens aussi
intangible et indescriptible

que les nuances
du matin et du soir
C'est un peu
de poussière d'étoiles
qui a été saisi
un segment
de l'arc en ciel
que j'ai pu retenir
au passage

Orignal

. . . .

. . . .

. . . .

Indien

. . .

En guise de postface :

Un anarchiste de l'aurore : dialogue avec Kenneth White

A propos de Thoreau consacrant douze heures de sa vie à une conversation familière avec la grenouille tachetée, Kenneth White remarque que « seul un vieux taoiste chinois ou un chaman indien aurait compris de quoi il retournait et ri de connivence ». Bien que nous ne soyons, Ken et moi, ni chinois ni chaman, nous avons, je crois, beaucoup ri de connivence au cours de notre dialogue matinal sur Thoreau, en cette maison où l'auteur de *Walden* demeure particulièrement présent, davantage, peut-être, que dans les rues de Concord.

A la mort d'un grand homme, les bouddhistes tibétains se mettent, paraît-il, à la recherche de sa nouvelle incarnation. Je m'empresse de dire que je ne cherche pas en Kenneth White une quelconque réincarnation de Thoreau. Et cependant, je vois en lui, en dehors de toute explication inhabituelle et sans avoir besoin d'en appeler aux croyances bouddhistes, un « poète-penseur-existant » en lequel souffle aujourd'hui cet esprit de l'aurore qui habitait Thoreau.

Lorsque je me rends à Gwenved, pénètre en cet espace de

travail imprégné de grandes présences et où le dehors a sa place, il me semble éprouver un plaisir analogue à celui que durent ressentir les quelques visiteurs privilégiés qui, par un matin vif en Nouvelle-Angleterre, entraient dans les bois de Concord et prenaient le sentier menant à la cabane de Thoreau, sur la rive de Walden Pond.

Il a plu cette nuit, et je fais quelques pas dans les sentiers alentours, emplis de ces senteurs que l'averse fait rejaillir, avant de me présenter au seuil de la maison qui, je le sais, n'a pas de sonnette, attendant que Ken lève la tête et m'aperçoive par la baie vitrée de son atelier-bibliothèque donnant sur le jardin. La maison où vit et écrit Kenneth White est certes plus spacieuse que la cabane de Walden, et une présence féminine lui confère cette dimension qui, nous le constaterons, fait parfois défaut au monde de Thoreau, célibataire endurci.

De quoi devisaient-ils, ces compagnons de route transcendantalistes ? De leurs cheminements, de leurs auteurs favoris, de leurs promenades physiques et intellectuelles. Puis, ayant conversé tout leur soûl, ils retournaient à leurs « haricots » du moment, laissant Thoreau aux siens, à ses hautes études dont, en ours finalement bien léché, il goûtait d'autant mieux le silence et la densité après cet intermède.

En cette matinée sur les Côtes-du-Nord, nous ne célébrons pas le culte de Thoreau ni ne fondons une religion dont Ken serait le grand prêtre, détenteur jaloux de l'orthodoxie et investi de tous les sacrements. Le préfacier du *Journal* n'est pas même allé méditer sur le site de la cabane aujourd'hui disparue. Préserver les planches et les clous dont se servit Thoreau ne nous intéresse guère, encore que nous posions volontiers une pierre de Walden Pond sur notre table de travail. La cabane de Thoreau, comme l'ermitage de Gourgounel où vécut pour un temps Kenneth White en Ardèche est à présent un lieu de l'esprit, situé partout et nulle part.

Nous en avons recueilli, pour à notre tour bâtir notre demeure, les matériaux les plus fins : l'air, le vent, la lumière, la sensation fraîche du monde par un matin de pluie, hormis lesquels il ne reste à Walden qu'un tas de cailloux indiquant l'emplacement de ce qui fut un haut lieu.

Nous parlons de Thoreau, et, à travers lui, de nous-mêmes, et rions d'abondance. Puissent des bribes de ce rire et de cette brise vive qui soufflait sur nos propos subsister en ces pages, lesquelles forment, me semble-t-il, la meilleure des conclusions.

GILLES FARCET : Dans tes livres, tu aimes à faire vibrer, à travers de nombreuses citations, tout un réseau de penseurs, de poètes et de prosateurs « extravagants » que tu appelles aussi les « vieux fous » de la modernité. Ceux-ci, dis-tu, « dépassent, et de loin, l'art dit moderne et *existent*, car ce sont des existants, pas seulement des "artistes", dans un espace bien au-delà de la "scène culturelle contemporaine" ». Thoreau occupe, me semble-t-il, au sein de ce réseau une place toute particulière : non seulement tu le cites dans la plupart de tes livres, mais tu lui as également consacré un chapitre de *La figure du dehors* (« Marcher avec Thoreau »), tu as (brillamment) préfacé une traduction française d'extraits du *Journal* et prépares actuellement une sélection de ses textes encore inédits en français...

KENNETH WHITE : Thoreau est en effet pour moi une référence particulière et primordiale, primordiale par la profondeur de son impact comme d'un point de vue chronologique : c'est, avec Walt Whitman, l'un des premiers écrivains qui m'ait vraiment intéressé. Je les ai tous deux découverts aux alentours de mes quinze ou seize ans... J'habitais alors dans un village de la côte ouest de l'Écosse, qui pour moi n'était pas d'ailleurs sans ressembler à la côte est des États-Unis ; et dans ce même village vivait un vieux naturaliste et naturiste, grand admirateur de Thoreau et conférencier de la Thoreau Society. J'allais souvent chez lui et nous parlions donc de Thoreau, principalement de *Walden*. Thoreau m'est dès le départ apparu comme un écrivain alliant trois choses qui, malheureusement, sont souvent séparées : l'art, l'existence et la pensée. C'est un penseur vivant et un poète de l'existence. Il est, certes, américain. Mais contrairement à Whitman, on pourrait presque dire de Thoreau qu'il n'est *pas encore* Américain au sens de citoyen des États-Unis : il est solitaire dans un paysage qui pour lui n'est nullement celui des États-Unis auxquels il ne se réfère jamais, sinon par moquerie ou pour les dénoncer. Nous naissons tous dans un certain état de culture qui, la plupart du temps, ne répond pas à nos besoins. Au moment où, commençant à me séparer d'un héritage religieux et culturel, j'étais à la recherche de mon propre paysage, en quête de repères, Thoreau m'a, le premier, donné la sensation de suivre des pistes. C'est quelqu'un qui, en dehors de tous les cadres, suit des pistes et trouve des signes. Thoreau à Walden Pond, se promenant autour de l'étang, c'était pour moi une image... Je dis bien une image et non pas un modèle ! Peut-être suis-je d'un individualisme trop affirmé pour pouvoir accepter un modèle, quel qu'il soit, aussi n'en ai-je jamais cherché... Mais cette image de Thoreau sur la rive de Walden Pond me parlait très profondément, d'autant plus qu'il partait des mêmes bases que moi : c'est un protestant qui proteste contre le protestantisme. On trouve également en lui, sur le plan de ses origines, un mélange de

Français et d'Écossais, ce qui, dans le meilleur des cas — ces collectivités possèdent aussi leurs tares (rires) donne peut-être une combinaison d'énergie et de lucidité, de pensée claire et de force vive. Voilà ce que j'aime chez lui.

G. F. : L'essai capital dans lequel tu fais le point sur tes cheminements s'intitule *La figure du dehors*, et tu reviens sans cesse à la nécessité de *sortir* (« de la pesanteur du discours socio-moral, des idéologies bien-pensantes, de la médiocrité érigée en modèle, d'une pensée linéaire, d'une psychologie trop étroite, de tous les culs-de-sacs de la culture »). Cette notion de *figure du dehors*, ne l'as-tu pas trouvée en grande partie chez Thoreau, dont tu cites le passage suivant : « J'ai toujours peur que mon expression ne soit pas suffisamment extravagante, qu'elle ne s'écarte pas assez des limites étroites de mon expérience quotidienne pour être adéquate à la vérité qui m'a pénétré. Extravagance ! Tout dépend où vous établissez vos frontières... Je voudrais, moi, parler *hors* frontières, comme un homme éveillé parlant à d'autres hommes éveillés. »

K. W. : Le terme même de *figure du dehors* est issu de plusieurs contextes. J'ai toujours voulu sortir d'une intériorité pour trouver un dehors et la notion de « figure » m'intéresse dans la mesure où elle ne renvoie pas à une personne, à une identité sociale, mais plutôt à des lignes... Ce terme nageait donc dans ma tête. Il y a aussi une liaison — mais non une identité — avec « The figure of outward » de Charles Olson. Or, le concept est chez lui lié à des gens comme Melville — c'est la proue du navire — ou Thoreau. Bien qu'Olson n'ait guère parlé de l'auteur de *Walden*, ce dernier se trouve quand même, inévitablement, dans les parages. Et je considère effectivement Thoreau comme l'une des premières figures du dehors de notre culture. En fait, lorsque j'ai commencé à fréquenter Thoreau, je le voyais plutôt comme un anarchiste de l'aurore. C'est un anarchiste au sens propre du mot. Non qu'il veuille « casser la baraque » : il éprouve justement une telle indifférence à l'égard de toutes les baraques qu'il ne ressent aucun besoin de les casser ; mais il est an-archiste, en ce sens qu'il évolue en dehors de tous les ordres. Anarchiste de l'aurore, dans la mesure où il n'aboutit pas à un nihilisme, mais à un essor : il ouvre un champ de possible, et cela sans être aucunement optimiste. Il y a là une petite subtilité qu'il convient toujours de préciser : à ceux qui me demandent si je suis pessimiste ou optimiste, il m'est impossible de répondre. On ne peut être optimiste vis-à-vis de l'humanité et de la société qui, la plupart du temps, se montrent si bêtes, si médiocres ; mais on ne peut non plus se contenter d'une attitude tout à fait pessimiste, ce qui équivaudrait à baisser confortablement les bras. Il s'agit donc d'être possibiliste, tout en demeurant lucide : faire tout ce que l'on peut dans son champ immédiat. Si cela exerce une influence sur le reste, tant mieux ; sinon, c'est aussi bien. L'on aura au moins vécu une vie... exacte (du latin *exactus*, poussé jusqu'au bout, accompli). Ayant fait beaucoup de latin, j'ai toujours tendance à penser étymologiquement. L'adjectif « extravagant » me trottait donc aussi dans la tête (du latin *extra*, et *vagans*, participe présent du verbe *vagare*, « errer »), et je l'ai retrouvé chez Thoreau, lequel était un excellent latiniste...

G. F. : Dans *Une apocalypse tranquille*, tu écris : « S'isoler (plus ou moins) en vue d'une activité qui ne soit pas un activisme. Et en vue d'un monde qui ne soit ni mondain ni immonde. » Thoreau s'est, pour un temps, isolé à Walden Pond ; quant à toi, tu as à plusieurs reprises, passé des mois dans l'ermitage de Gourgounel, en Ardèche, et tu demeures aujourd'hui plus ou moins « isolé », ici, en pleine campagne bretonne. Il y a donc là un parallèle existentiel entre l'auteur de *Walden* et Kenneth White...

K. W.. Tout à fait. Tu aurais même pu ajouter un autre lieu, un appartement face aux Pyrénées qui lui aussi était, à sa manière, très isolé... Cela dit, il est vrai que les deux lieux se rapprochant le plus de Walden Pond sont cette maison en Ardèche et Gwenved, où nous dialoguons en ce moment. Je tiens encore une fois à préciser que mon isolement a toujours été temporaire ; je n'ai jamais recherché un ermitage total, ni voulu me faire moine... Encore que Schopenhauer ait utilisé une expression que je pourrais reprendre à mon compte : il parle de « moines naturels », en dehors de toute institution. Ce terme désigne donc des gens qui éprouvent bien des réticences vis-à-vis de la société, du contexte socio-culturel, et savent que le développement de leur être nécessite une certaine solitude. Ce besoin de solitude est d'ailleurs assez mal vu dans notre société si axée sur la collectivité... Ces « moines naturels » connaissent également l'importance d'un contact avec ce que Thoreau nommait la nature et que je préfère, pour ma part, appeler « le dehors ».

G. F. : La retraite de Thoreau à Walden n'est-elle pas le symbole par excellence de la condition inévitablement « asociale » du poète ? Thoreau n'est pas totalement coupé de la société, il continue d'y participer, se rend régulièrement au village mais il demeure sur le bord et s'occupe davantage du monde, du paysage, que des petites affaires humaines...

K. W. : Cela m'apparaît comme une nécessité. Toute société a besoin de figures du dehors. Il y a une figure du dehors dans chaque vrai poète. Toutefois, la poésie dans son ensemble ne représente pas, malheureusement, un espace du dehors. Elle n'est, la plupart du temps, qu'une lamentation, l'expression personnelle de gens qui se sentent mal à l'aise à l'intérieur, dans le dedans d'eux-mêmes. Ou sinon, l'on assiste à une technicisation à outrance de la poésie, à une sorte de retombée verbale de la technologie... Alors que pour moi, la poésie doit être non seulement une représentation, mais une véritable présence. Et c'est très difficile... Voilà notre grand problème culturel ! Ce qui nous manque, fondamentalement, c'est un mouvement... « culturel », ou « religieux » (en mettant ce dernier terme entre triples guillemets). Nous ne disposons pas encore des mots adéquats. Ce qui, jusqu'à présent, a cimenté l'Europe, pour parler de notre paysage, c'était le christianisme, seul espace de pensée et d'être dépassant les nations et leurs rivalités, leurs guerres, leurs querelles. Au Moyen-Age, l'Église chrétienne pouvait dire : « Vous n'appartenez pas à des nations, mais à la Chrétienté. » Ce concept englobant apportait une certaine paix, du moins à l'intérieur de l'Europe. Je crois, pour ma part, pouvoir dire qu'intellectuellement et viscéralement je ne suis pas chrétien. Il m'est donc impossible de me référer au christianisme, à l'exception de quelques marginaux que je situerais dans un autre espace, comme si, à la limite, ils avaient accepté un pis-aller. Alors, où se tourner ? Beaucoup se réfèrent à d'autres religions... Moi aussi, d'ailleurs, mais je ne suis ni hindou, ni bouddhiste, ni soufi. Il ne peut s'agir pour moi que de références, et m'identifier à tout cela serait totalement factice, relèverait encore du domaine du « théâtre ». Il y a donc un espace du dehors qui reste à trouver et à définir. Tant que nous n'y serons pas parvenus, nous irons vers un enfermement et une platitude grandissante, à l'intérieur de laquelle l'art ne sera qu'un reflet de la médiocrité. Cette complaisance à se montrer petit, étriqué, est aujourd'hui tout à fait évidente dans nombre de romans. Mon travail poétique fondamental consiste à découvrir cet espace du dehors ; et seuls peuvent, à mon avis, le faire, les poètes-penseurs-existants. On peut, en effet, être très bon philosophe sans posséder une présence, ou sans être poète ; les exemples ne manquent pas. Il s'agit donc d'avoir une pensée, de savoir l'exprimer par une parole vive (et donc poétique) tout en étant capable de l'incarner, par une présence vivante. Ce qui me ramène à Thoreau, qui répondait à ces exigences.

G. F. : Tu as sur Thoreau l'avantage d'être un excellent conférencier, alors que ce dernier n'était, paraît-il, qu'un piètre orateur...

K. W. : C'est exact, mais il avait beaucoup d'humour (voilà aussi ce que j'aime chez lui) et il se défendait en disant : « de toute manière, je ne veux pas être compris »... (rires).

G. F. : Thoreau ne te semble-t-il pas plus chrétien que toi ?

K. W. : Sûrement. Mais je crois qu'il était en train de sortir du christianisme, ce qui n'est certes pas facile : il désirait « s'indianiser », « se primitiviser », « se naturaliser »...

G. F. : L'expérience de Thoreau a suscité bien des attaques, non seulement de son vivant, mais également en ce siècle, chez une certaine critique. Nous avons, toi et moi (et nous sommes, certes, loin d'être les seuls) une vision positive du cheminement de Thoreau tel qu'il transparaît à travers ses écrits et sa biographie. Certains, cependant, voient les choses d'une manière tout à fait différente. Dans son étude intitulée *Tropes and Figures : A Psychological Study of Henri Thoreau*, Raymond Gozzi se livre à une analyse freudienne et arrive à des conclusions peu flatteuses...

K. W. : Que j'imagine sans peine !

G. F. : Citons-en quelques-unes : Thoreau n'avait — évidemment — pas résolu son complexe d'Œdipe, c'était un égoïste invétéré, il n'a jamais atteint sa maturité, était envahi d'obsessions. Les têtes de flèche et les arbres étaient pour lui des symboles phalliques inconscients, son amour de la nature une expression inconsciente de sa fixation sur sa mère, etc. Tu vois ce qui t'attend si ton œuvre survit. J'ose à peine imaginer ce que diront du « monde blanc » et du désir de « sortir » les critiques convertis à ce type d'analyse...

K. W. : Je ne l'imagine que trop ! (rires). Cela dit, il y a dans ces critiques une petite part de vrai. Il est presque certain que, pour des raisons diverses (héritage puritain, situation familiale), il y avait des bloquages au développement de la personnalité de Thoreau. Mais quant au reste, c'est du dernier ridicule. Ce n'est pas la personne qui compte, c'est la figure qu'on fait avec ce qu'on a (on peut faire flèche de tout moi), et l'espace que l'on ouvre. Nous sommes, heureusement, quelque peu sortis de cette critique psychanalytico-littéraire, de sorte que, si mes livres restent, je risque d'être un peu mieux servi que Thoreau. Mais ce genre de « lecture » a effectivement fait des ravages. Tu sais, je voue aux flèches le même amour que Thoreau, et il y a des photos de harpons épinglées au-dessus de ma table de travail ; mais cela n'a rien d'un symbolisme phallique ! C'est une prédilection pour le geste vif, aigu, qui tranche dans la réalité ; avancer dans la vie d'une manière exacte...

G. F. : Ici, je pense à ce passage de *Walden* : « Si vous vous placez en vis-à-vis et face à face avec un fait, vous verrez le soleil luire sur ses deux surfaces à la fois, comme si c'était un cimeterre, et vous sentirez son doux tranchant vous diviser par le cœur et la moelle... L'intellect est un couperet ; il discerne et ouvre un passage dans le secret des choses. »

K. W. : Voilà ! Personne ne nie l'apport de Freud, mais la critique psychanalytique n'a pas donné grand-chose en littérature... Elle reste dans la mythologie psychologique et dans un mécanisme simpliste. Elle n'entre jamais dans le champ intellectuel.

G. F. : Ce type de critique ne proviendrait-il pas de personnes ayant beaucoup de mal à supporter le défi lancé par Thoreau et la dénonciation implicite de leur mode de vie que constituent ses écrits ? Faire de l'auteur de *Walden* un raté ou un personnage troublé par de graves obsessions, c'est évacuer la remise en cause à laquelle il invite en lui ôtant tout crédit personnel, par une attaque *ad hominem*, en quelque sorte...

K. W. : Tu viens de formuler ce que je m'apprêtais à dire. C'était la mode à une certaine époque, et on a fait la même chose à propos de Whitman, lequel, à mon avis, se prête davantage à ce genre de critique, car il lui arrive d'en faire trop : « Je suis né d'une mère parfaite, je suis le plus heureux des hommes »... (rires). Ces proclamations sont assez fréquentes chez lui, et la tendance consistait à voir derrière la grande figure universelle du poète un être louche, furtif... Par un renversement fondé sur une part de vérité, on cherchait à neutraliser le défi lancé par ces créateurs à une société qui se complait de plus en plus dans le reflet d'elle-même : « Nous sommes tous ordinaires et contents de l'être »... C'est toute l'idéologie du « normal ». On se console comme on peut.

G. F. : Un problème subsiste tout de même, celui de la sexualité, que j'ai essayé d'aborder au chapitre VII de mon livre. Thoreau est un sensuel, un homme qui habite son corps et se pénètre amoureusement du dehors ; mais il n'a pas de vie sexuelle à proprement parler, et la sexualité tient très peu de place dans ses écrits. Il en va tout autrement des textes de Gary Snyder... ou de Kenneth White, pour citer deux contemporains très proches de l'auteur de *Walden*. Les relations sexuelles sont présentes dans vos livres, au même titre que d'autres aspects essentiels de l'existence. Quel est ton regard sur ce point délicat, car c'est par ce biais que certains critiques « piègent » évidemment Thoreau qui semble leur faire la part belle...

K. W. : Thoreau a, on le sait, connu dans sa jeunesse une déception amoureuse, tellement cuisante et radicale qu'il n'a probablement plus jamais tenté sa chance ; peut-être n'y avait-il guère de possibilités autour de lui, peut-être s'est-il totalement fermé... Je crois d'ailleurs avoir dit quelque part que si Thoreau avait rencontré dans les bois une petite Pocahontas, cela aurait encore ajouté une saveur à ses écrits... (rires). Je le pense très sérieusement. Cela dit — car c'est un fait et un aspect dont le manque se fait peut-être sentir — il me semble quand même qu'il ait trouvé le moyen de satisfaire, sans sublimation idéaliste, cette sensualité qui est en lui. Bachelard affirme quelque part que l'on cherche dans la jeune fille ce que l'on trouve dans le ruissellement de l'eau... Sans doute exagère-t-il (rires) ; mais il y a chez Thoreau, chez Bachelard ou chez John Cowper Powys, un cosmisme psycho-sensuel qui leur a, ma foi, donné de très grandes satisfactions. Ils ont ce que Alexandra David-Néel appelle « la grande sensualité... celle des Tout-cerveaux ». Admettons que l'on trouve parfois chez Thoreau des moments de sensualité exacerbée, indicatifs, peut-être, d'une certaine frustration. Je pense à l'épisode de la marmotte après laquelle il court pour la dévorer toute crue...

G. F. : « La genèse de la poésie », écris-tu, « suppose un rapport sensuel à la terre en même temps qu'un rapport sensuel au langage — une fusion de l'eros et du logos... Cette fusion fondamentale de l'eros et du logos en implique d'autres : fusion du moi avec le tout, du cognitif et de l'affectif, du plaisir et de la raison. ». Thoreau a-t-il, selon toi, réalisé cette fusion ?

K. W. : A « eros » et « logos », j'ai par la suite, comme tu le sais, ajouté « cosmos ». Ces trois mots grecs me paraissent tout résumer. L'eros a peut-être quelque peu manqué à Thoreau... mais si peu qu'il me semble vraiment représenter une « érotologie cosmique » (rires). Tu connais mon goût des mots extravagants !

G. F. : « Le poète n'est pas civilisé, mondain », écris-tu, « c'est un animal de l'esprit, et sa pensée est une pensée sauvage qui se développe selon ses modalités propres, si la chance lui en est donnée ». De même, Thoreau cultive chez lui ce côté sauvage, primitif ; il ne veut pas de la « poésie des visages pâles », suit la piste des Indiens et note qu'« en littérature, ce qui est sauvage seul nous attire... Ce qui nous ravit, c'est le non familier, le non civilisé, la pensée libre et vagabonde, ce qui n'a pas été appris à l'école, ni raffiné ni poli par l'art. Un vrai bon livre est quelque chose d'aussi ambrosiaque, d'aussi prolifique qu'un lichen ou un champignon ».

K. W : Voilà quelque chose de très chinois, exprimé avec cet humour que nous apprécions chez lui. Il faut qu'un livre ait une saveur et un parfum, que ce ne soit pas *seulement* une histoire de signifié et de signifiant.

G. F. : Comment situes-tu Thoreau vis-à-vis des autres grands transcendantalistes (je pense, bien sûr, à Emerson et à Whitman, encore que certains spécialistes ne classent pas ce dernier au nombre des membres du mouvement) ?

K. W. : Emerson est, bien sûr, plus clérical, moins sauvage et moins abrupt que Thoreau. Mais il n'est pas ce mélange d'eau et de lait que l'on voudrait quelquefois faire de lui. On trouve chez lui, dans son *Journal*, surtout, des passages fort vigoureux. Cela dit, s'il fallait choisir entre les deux écrivains, j'opterais bien entendu pour Thoreau, moins civilisé, moins amène. Quant à Whitman, il partage déjà beaucoup plus l'idéologie américaine, même s'il le fait d'une manière bien plus intelligente que ceux qui viendront après lui. On peut malgré tout déceler chez lui une idéologie à laquelle personne n'adhérera aujourd'hui, sinon les politiciens américains. En homme du XIXe siècle, il croit au progrès, à la marche de l'histoire. Il se montre donc nettement plus idéaliste que Thoreau qui, lui, fait preuve, non d'un « réalisme » étriqué mais d'une réelle lucidité. Whitman possède cependant un rythme, une respiration physico-cosmique que n'a pas toujours Thoreau. Ce dernier peut en effet sembler plus « littéraire » : il se réfère à la mythologie gréco-latine (ce que jamais Whitman ne fera), a un petit côté XVIIIe siècle, « Belles-Lettres », que l'auteur de *Feuilles d'herbe* a laissé derrière lui.

G. F. : Whitman est un autodidacte, au contraire de Thoreau, diplômé de Harvard...

K. W. : Exact. Mais on peut être diplomé et rester physico-cosmique, n'est-ce pas ? Enfin, pour répondre très simplement à ta question, s'il fallait, là encore, choisir, je crois que je préférerais Thoreau à Whitman. Sans doute est-ce la première fois que je dis cela, car Whitman a tout de même énormément compté pour moi, sur le plan poétique. Les poèmes de Thoreau, on le sait, ne valent pas grand chose, et Whitman possède une puissance poétique dont Thoreau est dépourvu, bien qu'il soit par ailleurs un merveilleux prosateur, lorsqu'il laisse de côté ses modèles littéraires. Si je dis que je préfère Thoreau, c'est qu'il est moins *gonflé*, et que ses pistes, si elles sont plus rocailleuses, sont aussi plus sûres.

G. F. : Parmi les écrivains vivants ayant atteint une certaine renommée, serais-tu d'accord pour considérer Gary Snyder et Kenneth White comme les descendants les plus directs de Thoreau ?

K. W. : (réfléchissant). Oui... Sans doute.

G. F. : Certains poèmes de White ressemblent beaucoup à ceux de Snyder, et vice-versa ; vois-tu entre vous deux des différences notables ?

K. W. : (souriant) Question très difficile... Un Américain a dit un jour que nous étions des frères de sang. Cela dit, essayons tout de même... Commençons d'abord par la vie, pour pouvoir ensuite s'approcher plus spécifiquement de la poésie. Peut-être Snyder a-t-il, à un moment donné du moins, davantage cherché un modèle que moi. S'il ne s'est jamais fait moine zen à proprement parler, il a tout de même vécu pour un temps à l'ombre d'un monastère au Japon et suivi l'enseignement d'un maître, ce que je ne pourrais personnellement jamais faire. Il lui arrive de se référer dans ses textes à des sesshins zen (périodes d'entraînement intensif au zazen) auxquels il assiste, chose inenvisageable pour moi. Il y a chez moi, pour diverses raisons, un refus viscéral de l'imitation, des modèles. Suivre un maître est pour moi une impossibilité.

G. F. : N'est-ce pas là un point commun d'importance entre toi et Thoreau ?

K. W. : C'est vrai, je ne peux imaginer Thoreau adepte de la moindre discipline, fût-ce la meilleure au monde. Le vieux type dont j'ai parlé au début de notre entretien me répétait souvent : « grow from your own stem » (« pousse sur ta propre tige »). D'autre part, Gary s'est attaché à l'idée d'une communauté, il pense un peu en termes de micro-sociétés. Il parle de « la tribu », tandis que ce qui compte, pour moi, c'est l'individu, l'isolé, dont les cheminements peuvent éventuellement changer le cours des choses. Je ne crois ni au maître modèle, ni à la communauté idéale. Cela me fait encore penser à Thoreau : on sait qu'il a fui la communauté de Brook Farm. Ces aspects existentiels se retrouvent évidemment dans la poésie. Dans certains textes, Gary se réfère à des dieux hindous ou bouddhistes, ce que je ne ferais jamais. Il n'y a, je crois, dans ce que j'écris, aucune référence religieuse patente. A l'opposé de ces allusions religieuses et culturelles, Snyder donne, dans des écrits récents, une sorte de photographie du quotidien : « On a pris la bagnole, on est allé au restaurant, mon fils Khai a dit qu'il faisait froid », cette sorte de remarques. Je me situerais peut-être entre les deux : ni au sein d'un quotidien raconté dans toute sa quotidienneté, ni dans de grandioses références religieuses (encore que Gary les utilise toujours assez familièrement), mais plutôt dans l'effort d'arriver à une expression diamantine, à une lumière sans référence à la Lumière.

G. F. : Son souci de la tribu amène d'ailleurs Snyder à une conscience plus « politique » que la tienne : il se veut le représentant des montagnes et des rivières...

K.W. : J'aime beaucoup la manière dont Gary le formule, et je comprends bien ce qu'il veut dire. Mais pour ma part, je ne veux surtout pas représenter qui ou quoi que ce soit. Les parents de Snyder étaient membres du I.W.W. Movement (Independant Worker of the World) ; il y a chez lui un côté « folk », un souci de la tribu et également cet aspect « representative », au sens gouvernemental, qui est finalement très américain. Moi, je suis un vieux Celte solitaire du Caucase... (rires).

G. F. : Thoreau a été lu et apprécié par Gide, Proust, Michaux ; il y a eu, en France, diverses tentatives pour le faire connaître : je pense aux livres de Léon Bazalgette, de Régis Michaud, plus récemment à l'excellente monographie de Micheline Flak, au numéro spécial de la revue *Europe*... Tu as, toi-même, beaucoup préparé le terrain, mais l'auteur de *Walden* demeure tout de même relativement peu connu du public francophone. Souhaitons que mon livre et le choix de traductions que tu prépares l'inscrivent davantage dans notre paysage.

K. W. : Je l'espère bien, car avec des figures comme celle de Thoreau, l'on aura vraiment une idée plus précise de ce travail poétique que nous avons tenté de définir : une activité qui dépasse de loin celle d'un « écrivain » ou d'un littérateur ; un espace du dehors, un nouveau paysage de l'esprit.

NOTES

Ce livre n'étant nullement réservé aux anglicistes, j'ai voulu, autant que possible, renvoyer le lecteur à des traductions françaises. En l'absence de celles-ci, j'ai moi-même traduit le passage et donné la référence américaine.

NOTES DE L'INTRODUCTION

(1) Henry David Thoreau, *Journal 1837-1861*, Extraits présentés par Kenneth White (Paris : Les Presses d'aujourd'hui, 1981 ; réédition Denoel, 1986), p. 130. Ci-après *J*.

(2) *J*, p. 118.

(3) *The Correspondence of Henry David Thoreau*, éd. Walter Harding and Carl Bode (New York : New York University Press, 1958 ; réédition Wesport : Greenwood Press, 1974), pp. 110-112.

(4) Ralph Waldo Emerson, « Portrait de Thoreau » in *H.D. Thoreau : Un philosophe dans les bois* (Paris : Boivin, 1930), pp. 1-2.

(5) Voir *J*, pp. 176-177.

(6) Henry David Thoreau, *Walden ou la vie dans les bois*, traduit de l'américain par Jeanne Chantal et Thierry Fournier (Lausanne : L'Age d'Homme, 1985), p. 280. Ci-après *W*.

(7) Walt Whitman, *Feuilles d'herbe*, Introduction, traduction et notes par Roger Asselineau (Paris : Aubier-Flammarion, 1972), p. 251.

(8) *J*, p. 121.

(9) *J*, p. 141.

(10) *J*, p. 143.
(11) Henry David Thoreau, *Slavery in Massachussetts*, in *The Writings of Henry D. Thoreau, vol. III, Reform Papers*, éd. Wendell Glick (Princeton : Princeton University Press, 1973), p. 98.
(12) Henry David Thoreau, *La désobéissance civile*, traduction de Micheline Flak (Paris : Jean-Jacques Pauvert, 1968).
(13) *La désobéissance*, p. 23.
(14) *La désobéissance*, p. 57.
(15) Voir Kenneth White, « Henry Thoreau, homme du dehors », in *J*, pp. 7-26.
(16) Henry David Thoreau, *Plaidoyer pour John Brown*, traduction de Christine Demorel et Laurence Vernet ; ce texte fait suite à *La désobéissance civile* dans le volume publié chez Jean-Jacques Pauvert — voir supra note (12).
(17) *W*, p. 67.
(18) Voir à ce sujet Mary Elkins Moller, *Thoreau in the Human Community* (Amherst, The University of Massachussetts Press, 1980).
(19) *J*, p. 96.
(20) *J*, p. 59.
(21) *J*, p. 97.
(22) *J*, p. 105.
(23) *J*, p. 157.
(24) *J*, p. 191.
(25) *J*, p. 191.
(26) *J*, p. 111.
(27) Emerson, « Portrait de Thoreau », p. 11.
(28) Emerson, « Portrait de Thoreau », p. 11.
(29) *A Choice of Blake's Verse*, Selected with an Introduction by Kathleen Raine (London : Faber and Faber, 1970), p. 31.
(30) *J*, p. 68.
(31) *J*, pp. 67-68.
(32) *J*, p. 115.
(33) *J*, p. 106.
(34) *J*, p. 46.
(35) *J*, p. 46.

(36) *J*, pp. 47-48.
(37) Emerson, « Portrait de Thoreau », p. 5.
(38) *J*, p. 75.
(39) *W*, pp. 188-189.
(40) *J*, p. 75.
(41) Emerson, « Thoreau », in *The Portable Emerson*, éd. Mark Van Doren (Penguin Books, 1977), p. 572. Le texte d'Emerson sur Thoreau n'a pas été traduit dans son intégralité. Plusieurs passages importants ont été omis, dont celui où figure cette phrase. C'est la raison pour laquelle je me réfère ici au texte anglais.
(42) *W*, p. 189.
(43) Emerson, « Portrait de Thoreau », p. 19.
(44) *W*, p.85.
(45) Walter Harding, *The Days of Henry Thoreau* (New York : Alfred A. Knopf, 1965 ; réédition, New York : Dover, 1982), p. 456.
(46) Harding, *The Days*, p. 457.
(47) Harding, *The Days*, p. 460.
(48) Harding, *The Days*, p. 462.
(49) Harding, *The Days*, p. 464.
(50) Harding, *The Days*, p. 465.
(51) Harding, *The Days*, p. 466.
(52) Harding, *The Days*, p. 200.
(53) *J*, p. 202.
(54) *J*, p. 76.
(55) *J*, p. 51.
(56) *J*, p. 197.
(57) *J*, p. 53.
(58) *J*, p. 59.
(59) Whitman, *Feuilles d'herbe*, p. 497.
(60) Emerson, « Portrait de Thoreau », p. 12.
(61) Harding, *The Days*, p. 466.
(62) *J*, p. 95.
(63) Emerson, « Thoreau », in *The Portable*, p. 576.
(64) Emerson, « Portrait de Thoreau », p. 7 et « Thoreau » in *The Portable*, p. 576. La traduction française s'arrête à « ... donnait parfois » et omet ensuite tout un paragraphe.

(65) Kenneth White, « Marcher avec Thoreau », in *La figure du dehors* (Paris : Grasset, 1982), p. 85.
(66) White, *La figure*, p. 87.

NOTES DU CHAPITRE 1

(1) « To H.G.O. Blake, Nov. 20 th 1849 », *The Correspondence of Henry David Thoreau*, edited by Walter Harding and Carl Bode (New York : New York University Press, 1958 ; réédition, Westport : Greenwood Press, 1974), p. 251.
(2) Arthur Christy, *The Orient in American Transcendentalism* (New York : Columbia University Press, 1932), p. 207.
(3) Shreekrishna Sarma, « A Short Study of the Oriental Influence upon Henry David Thoreau with Special Reference to his *Walden* », *Jachbuch für Amerikastudien*, I (1956), pp. 76-92.
(4) Kamala Bhatia, *The Mysticism of Thoreau and its Affinity with Indian Thought* (1966).
(5) *American Transcendental Quarterly*, XI (1971), p. 2.
(6) *W*, p. 87.
(7) Walter Harding, *The Days of Henry Thoreau* (New York : Alfred A. Knopf, 1965 ; réédition, New York : Dover, 1932), p. 130.
(8) *The Transmigration of the Seven Brahmans*, edited by Arthur Christy (New York : 1931).
(9) Harding, *The Days*, p. 347.
(10) « To Thomas Cholmondeley, Nov. 8 th 1855 », *Correspondence*, pp. 398-399.
(11) « To Daniel Ricketson, Dec. 25 th 1855 », *Correspondence*, p. 403.
(12) Harding, *The Days*, p. 348.
(13) Maharishi Mahesh Yogi, « Vedic Study and the Science of Creative Intelligence » (M.I.U., Fairfield, Iowa, 52556, U.S.A.), p. 4.
(14) « Pandit : Lettré qui connaît un certain nombre d'écritures sacrées et de textes classiques. » Définition donnée par Jean Herbert in « Glossaire », *L'enseignement de Ramakrishna* (Paris : Albin Michel, collection « Spiritualités vivantes », 1972), p. 546.

(15) Les Hindous n'ayant jamais attaché d'importance à la chronologie, la tâche des historiens soucieux d'établir des dates s'avère particulièrement difficle. Tous diffèrent dans leurs conclusions, parfois de plusieurs millénaires... A ce sujet, voir Jean Herbert, *Spiritualité hindoue*, pp. 35-40.
(16) *W*, p. 279.
(17) Voir Parahamsa Yogananda, *Autobiographie d'un yogi* (Paris : Adyar, 1977), Swami Ramdas, *Carnet de pélerinage* (Paris : Albin Michel, 1973).
(18) *Les Upanishads*, traductions et commentaires de Alistair Shearer et Peter Russell, traduits de l'anglais et préfacés par Gilles Farcet (Vouvray : A.I.F.A.I., 1985), volume I, pp. 43-44.
(19) *J*, p. 60.
(20) *The Heart of Thoreau's Journals*, Edited by Odell Shepard (New York : Dover, 1961), p. 129.
(21) *W*, pp. 88-89.
(22) *W*, p. 91.
(23) *Upanishads*, volume II, p. 63.
(24) *J*, p. 182.
(25) *J*, pp. 108-109.
(26) Ralph Waldo Emerson, « Le poète » in *Sept essais d'Emerson*, traduit par I. Will, préface de Maurice Maeterlinck (Bruxelles : Paul Lacomblez, 1907), p.
(27) *W*, p. 78.
(28) Harding, *The Days*, p. 373.
(29) Shreekrishna Sarma, p. 76.
(30) *W*, p. 8.
(31) Herbert, *Spiritualité hindoue*, p. 30.
(32) Herbert, *Spiritualité hindoue*, p. 31.
(33) Voir Herbert, *Spiritualité hindoue*, pp. 30-45
(34) Herbert, *Spiritualité hindoue*, p. 43.
(35) Perry Miller, *The Transcendentalists : An Anthology* (Cambridge, Mass., Harvard University Press, 1950), p. 2.

NOTES DU CHAPITRE 2

(1) *W*, p. 7.
(2) *W*, p. 147.
(3) *W*, p. 123.
(4) *W*, p. 280.
(5) *W*, p. 7.
(6) Voir J. Lyndon Shanley, *The Making of Walden* (Chicago : University of Chicago Press, 1957).
(7) *W*, p. 79.
(8) Voir R. Srinivasan, *Entretiens avec Svami Prajnanpad* (Paris : L'Originel, 1984), pp. 82-87.
(9) *W*, p. 44.
(10) Arnaud Desjardins, *Au-delà du moi* (Paris : La Table Ronde, 1979), p. 230.
(11) *W*, p. 81.
(12) *W*, p. 288.
(13) Swami Ramdas, *Présence de Ram* (Paris : Albin Michel, 1956), p. 21.
(14) *W*, p. 80.
(15) *W*, p. 7.
(16) *Les Upanishads*, traductions et commentaires de Alistair Shearer et Peter Russell, traduits de l'anglais et préfacés par Gilles Farcet (Vouvray : A.I.F.A.I., 1985), volume I, pp. 39-40.
(17) *Upanishads*, volume I, p. 44.
(18) *Upanishads*, volume I, p. 45.
(19) Arnaud Desjardins, *Les chemins de la Sagesse* (Paris : La Table Ronde, 1972), volume I, p. 90.
(20) *Upanishads*, volume II, pp. 37-38.
(21) *W*, p. 191.
(22) *W*, p. 78.
(23) *W*, p. 17.
(24) *Upanishads*, volume I, p. 55.
(25) *Upanishads*, volume I, pp. 43-44.
(26) *W*, p. 17.

(27) Arnaud Desjardins, *Les chemins*, volume I, p. 90.
(28) *W*, p. 84.
(29) *W*, p. 143.
(30) *W*, p. 140.
(31) *Upanishads*, volume I, p. 45.
(32) *Upanishads*, volume I, pp. 20-21.
(33) *W*, p. 282.
(34) *W*, p. 283.

NOTES DU CHAPITRE 3

(1) *W*, p. 13.
(2) *W*, p. 287.
(3) *W*, p. 12.
(4) *W*, p. 12.
(5) *W*, p. 83.
(6) *W*, p. 12.
(7) *W*; p. 11.
(8) R. Srinivasan, *Entretiens avec Svami Prajnanpad* (Paris, L'originel, 1984), p. 15.
(9) *Sept essais d'Emerson* (Bruxelles : Paul Lacomblez, 1907), p. 7.
(10) *Les Upanishads*, traductions et commentaires de Alistair Shearer et Peter Russell, traduits de l'anglais et préfacés par Gilles Farcet (Vouvray : A.I.F.A.I., 1985), volume I, p. 62.
(11) Arnaud Desjardins, *Les chemins de la Sagesse* (Paris : La Table Ronde, 1972), volume I, p. 35.
(12) Jean Herbert, *Spiritualité hindoue* (Paris : Albin Michel, 1972), p. 84.
(13) *W*, p. 280.
(14) Desjardins, *Les chemins*, p. 125.
(15) *W*, pp. 18-19.
(16) *W*, p. 18.
(17) *W*, p. 191.
(18) *W*, p. 273.

(19) *W*, p. 288.
(20) *W*, p. 289.
(21) Ralph Waldo Emerson, « Portrait de Thoreau » in *H.D. Thoreau. Un philosophe dans les bois* (Paris : Boivin, 1932), p. 3.
(22) *Upanishads*, volume I, p. 76.
(23) *W*, p. 11.
(24) *W*, p. 9.
(25) *W*, p. 8.
(26) *W*, p. 11.
(27) Véronique Loiseleur, *Anthologie de la non-dualité* (Paris : La Table Ronde, 1981), p. 109.
(28) Loiseleur, *Anthologie*, p. 109.
(29) *W*, p. 8.
(30) Herbert, *Spiritualité*, pp. 143-144.
(31) *W*, p. 16.
(32) *W*, pp. 10-11.
(33) Arnaud Desjardins, *Pour une vie réussie* (Paris : La Table Ronde, 1985), pp. 20-21.
(34) *W*, p. 11.
(35) Herbert, *Spiritualité*, p. 83.
(36) Herbert, *Spiritualité*, p. 85.
(37) *W*. p. 83.
(38) *W*, p. 11.
(39) *W*, p. 83.
(40) *W*, p. 83.
(41) Arnaud Desjardins, *Tu es Cela* (Paris : La Table Ronde, 1980), p. 19.
(42) *W*, p. 83.
(43) *Upanishads*, volume I, p. 52.
(44) *L'enseignement de Mâ Ananda Moyî* (Paris : Albin Michel, 1974), p. 185.
(45) *W*, p. 83.
(46) *W*, p. 31.
(47) Srinivasan, *Entretiens*, p. 83.
(48) Srinivasan, *Entretiens*, pp. 88-89.
(49) *W*, p. 144.

(50) Mâ Ananda Moyî, p. 337.
(51) Herbert, *Spiritualité*, p. 483.
(52) *W*, p. 138.
(53) *W*, p. 145.
(54) *W*, p. 143.
(55) *Upanishads*, volume II, p. 66.
(56) *W*, p. 8.
(57) *W*, p. 14.
(58) *W*, p. 285.
(59) *W*, p. 81.
(60) *W*, p. 81.
(61) *W*, p. 282.
(62) Alain Danielou, *La fantaisie des Dieux et l'aventure humaine* (Paris : Éditions du Rocher, 1985), pp. 31-32 ; traduction du Vishnu Purânä.
(63) Arnaud Desjardins, *Monde moderne et Sagesse ancienne* (Paris : La Table *Ronde*, 1973), pp. 64-66.
(64) *W*, pp. 9-10.
(65) *W*, p. 9.
(66) Desjardins, *Monde moderne*, p. 103.
(67) *W*, p. 30.
(68) *W*, pp. 79-80.
(69) Arlette Jacknovitz, « Henry David Thoreau, philosophe américain — et yogin ? » (Mémoire de fin d'études, École française de Yoga), pp. 22-27.
(70) *W*, p. 16.
(71) *W*, p. 282.

NOTES DU CHAPITRE 4

(1) R. Srinivasan, *Entretiens avec Svami Prajnanpad* (Paris : L'Originel, 1984), pp. 95-96.

(2) Ralph Waldo Emerson, *The Journals and Miscellaneous Notebooks of Ralph Waldo Emerson* (Cambridge, Mass. : Harvard University Press, 1966-1972), V, p. 161.

(3) Arnaud Desjardins, *Le Vedanta et l'inconscient* (Paris : La Table Ronde, 1978), p. 37.
(4) *W*, p. 83.
(5) *W*, p. 281.
(6) *W*, p. 78.
(7) *W*, p. 78.
(8) Desjardins, *Le Vedanta*, p. 45.
(9) *W*, p. 78.
(10) *W*, p. 78.
(11) *Les Upanishads*, traduction et commentaires de Alistair Shearer et Peter Russell, traduits de l'anglais et préfacés par Gilles Farcet (Vouvray : A.I.F.A.I., 1985), volume II, p. 37.
(12) Desjardins, *Le Vedanta*, p. 40.
(13) *W*, p. 77.
(14) *W*, p. 74.
(15) *W*, p. 88.
(16) *W*, p. 90.
(17) *W*, p. 34.
(18) *W*, p. 270.
(19) *W*, p. 271.
(20) *W*, p. 77.
(21) *W*, p. 271.
(22) *W*, p. 77.
(23) *W*, pp. 77-78.
(24) *L'enseignement de Mâ Ananda Moyî* (Paris : Albin Michel, 1974), pp. 264-265.
(25) *W*, p. 271.
(26) *W*, p. 271.
(27) *W*, p. 77.
(28) *W*, p. 78.
(29) Rig Veda, 5, 80.
(30) *W*, p. 77.
(31) Jean Le Mée, *Hymns From the Rig-Veda* (New York : Alfred A. Knopf, 1975), p. 68.
(32) *W*, p. 78.
(33) *W*, p. 78.

(34) *W*, p. 78.
(35) *W*, p. 78.
(36) *W*, p. 74.
(37) *W*, p. 21.
(38) *W*, p. 18.
(39) *W*, p. 18.
(40) *W*, p. 18.
(41) *W*, p. 18.
(42) Mâ Ananda Moyî, p. 67.
(43) *W*, p. 19.
(44) *W*, pp. 188-189.
(45) Desjardins, *Le Vedanta*, pp. 142-143.
(46) Desjardins, *Le Vedanta*, p. 144.
(47) Srinivasan, *Entretiens*, p. 45.
(48) *W*, p. 97.
(49) *Collected Poems of Henry Thoreau* (Baltimore : Johns Hopkins University Press, 1964, rpt. Johns Hopkins Paperback, 1979), p. 165.
(50) Srinivasan, *Entretiens*, p. 45.
(51) *W*, p. 271.
(52) Cité par Véronique Loiseleur, *Anthologie de la non-dualité* (Paris : La Table Ronde, 1981), p. 165.
(53) *W*, pp. 83-84.
(54) Srinivasan, *Entretiens*, p. 29.
(55) *W*, p. 84.
(56) Desjardins, *Le Vedanta*, pp. 145-146.
(57) Srinivasan, *Entretiens*, p. 74.
(58) *W*, p. 85.
(59) Desjardins, *A la recherche du Soi* (Paris : La Table Ronde, 1977), p. 291.
(60) *W*, p. 78.
(61) Desjardins, *Le Vedanta*, p. 150.
(62) *W*, p. 85.
(63) Desjardins, *Au-delà du moi* (Paris : La Table Ronde, 1979), p. 73.
(64) *W*, p. 85.
(65) *W*, p. 85.

(66) *Sept essais d'Emerson* (Bruxelles : Paul Lacomblez, 1907), p. 2.
(67) Srinivasan, *Entretiens*, p. 15.
(68) Srinivasan, *Entretiens*, p. 16.
(69) *W*, p. 11.
(70) *W*, p. 84.
(71) Srinivasan, *Entretiens*, p. 15.
(72) Srinivasan, *Entretiens*, p. 18.
(73) *W*, pp. 84-85.
(74) « La vigilance » in *Au-delà du moi*, pp. 103-139.
(75) Desjardins, *Au-delà du moi*, p. 111.
(76) Desjardins, *Le Vedanta*, p. 32.
(77) *W*, p. 97.
(78) *W*, p. 78.
(79) *W*, pp. 78-79.
(80) *W*, p. 79.
(81) Srinivasan, *Entretiens*, p. 84.
(82) *W*, p. 84.
(83) Voir Desjardins, *Le Vedanta*, pp. 121-178.
(84) Srinivasan, *Entretiens*, p. 28.
(85) Desjardins, *Le Vedanta*, p. 87.
(86) *W*, p. 85.
(87) *W*, p. 85.

NOTES DU CHAPITRE 5

(1) Voir Gilles Farcet, *L'utopie conjuguée au présent poétique* (Paris : Argel, 1985).
(2) Kenneth White, « La maison des marées » in *Atlantica* (Paris : Grasset, 1986), pp. 123-131.
(3) *W*, p. 22.
(4) Arnaud Desjardins, *Ashrams* (Paris : Albin Michel, 1982), p. 33.
(5) Rig Veda, X-1-9.
(6) *W*, p. 76.
(7) Desjardins, *Ashrams*, pp. 33-34.

(8) Jean Herbert, *Spiritualité hindoue* (Paris : Albin Michel, 1972), p. 145.
(9) *W*, p. 77.
(10) Gaston Bachelard, *L'eau et les rêves* (Paris : José Corti, 1942), p. 197.
(11) *W*, p. 77.
(12) Bachelard, *L'eau*, p. 198.
(13) Bachelard, *L'eau*, p. 199.
(14) Rig-Veda, X-1-9.
(15) Rig-Veda, X-1-9.
(16) *W*, p. 77.
(17) Bachelard, *L'eau*, p. 200.
(18) *W*, p. 257.
(19) Maharishi Mahesh Yogi, *La Bhagavad-Gita* (Paris : Éditions de l'Age de l'Illumination, 1981), p. 324.
(20) *W*, p. 168.
(21) *W*, p. 257.
(22) Jean Herbert, *L'enseignement de Ramakrishna* (Paris : Albin Michel, 1972), pp. 163-164.
(23) Rig-Veda, X-1-9.
(24) Rig-Veda, X-1-9.
(25) *W*, p. 257.
(26) *W*, p. 174.
(27) Bachelard, *L'eau*, p. 203.
(28) *W*, p. 165.
(29) *W*, p. 75.
(30) *W*, p. 85.
(31) *W*, p. 155.
(32) *W*, p. 246.
(33) *W*, p. 166.
(34) *W*, p. 166.
(35) *W*, p. 156.
(36) *W*, p. 155.
(37) *W*, p. 156.
(38) *W*, p. 247.
(39) *W*, p. 273.

(40) *W*, p. 246.
(41) *W*, pp. 156-157.
(42) *W*, p. 155.
(43) *W*, p. 248.
(44) *W*, p. 165.
(45) *W*, p. 174.
(46) *W*, p. 174.
(47) *W*, p. 165.
(48) *W*, p. 163.
(49) *W*, p. 163.
(50) *W*, p. 172.
(51) *W*, p. 174.
(52) Bachelard, *L'eau*, p. 186.
(53) *W*, p. 168.
(54) *W*, p. 257.
(55) *W*, p. 163.
(56) *W*, p. 170.
(57) *W*, p. 171.
(58) *W*, p. 171.
(59) *W*, p. 172.
(60) Bachelard, *L'eau*, p. 186.
(61) *W*, p. 171.
(62) *W*, p. 155.
(63) Bachelard, *L'eau*, p. 46.
(64) *W*, p. 158.
(65) Herbert, *Spiritualité*, p. 408.
(66) *W*, p. 158.
(67) *W*, pp. 165-166.
(68) *W*, p. 113.
(69) *W*, p. 161.
(70) *W*, p. 169.
(71) *W*, p. 174.

(72) Jean Herbert, « Glossaire » in *L'enseignement de Ma Ananda Moyi* (Paris : Albin Michel, 1974), p. 363.
(73) Herbert, *Ramakrishna*, p. 163.
(74) *W*, pp. 169-170.
(75) Herbert, *Spiritualité*, p. 447.
(76) *W*, pp. 163-164.
(77) Bachelard, *L'eau*, pp. 44-45.
(78) Bachelard, *L'eau*, p. 45.
(79) Bachelard, *L'eau*, p. 41.
(80) *W*, p. 164.
(81) Bachelard, *L'eau*, pp. 44-45.
(82) *W*, p. 170.
(83) *W*, p. 165.
(84) Robert Frost, « For Once, Then, Something », *The Complete Poems of Robert Frost* (New York : Halt, Rinehard and Winston, 1949), p. 276.
(85) *W*, p. 169.
(86) Bachelard, *L'eau*, p. 42.

NOTES DU CHAPITRE 6

(1) Muharishi Mahesh Yogi, *La Bhagavad-Gita* (Paris : Éditions de l'Age de l'Illumination, 1981), p. 421.
(2) *W*, p. 123.
(3) Walter Harding, *The Days of Henry Thoreau* (New York : Alfred A. Knopf, 1965 ; réédition New York : Dover, 1982).
(4) Mary Elkins Moller, *Thoreau in the Human Community* (Amherst : The University of Massachusetts Press, 1980).
(5) *W*, p. 7.
(6) *W*, p. 118.
(7) *W*, p. 118.
(8) Parahamsa Yogananda, *Spiritual Diary* (Los Angeles : Self Realization Fellowship, 1977), December 3.
(9) *J*, pp. 143-144.

(10) *W*, p. 119.
(11) *W*, p. 118.
(12) *W*, p. 119.
(13) *W*, p. 123.
(14) *W*, p. 116.
(15) Jean Herbert, *Spiritualité hindoue* (Paris : Albin Michel, 1972), p. 146.
(16) *W*, pp. 123-124.
(17) *W*, p. 124.
(18) *W*, p. 124.
(19) *W*, p. 124.
(20) *W*, p. 124.
(21) *W*, p. 124.
(22) Mahesh Yogi, *Gita*, p. 422.
(23) *W*, p. 196.
(24) *W*, p. 196.
(25) Swami Rama, *Living with the Himalayan Masters* (Honesdale, Pennsylvania, Himalayan International Institute of Yoga Science and Philosophy, 1978), p. 59.
(26) *W*, p. 118.
(27) Yogananda, *Diary*, December 2.
(28) *W*, pp. 116-117.
(29) Yogananda, *Diary*, December 2.
(30) *W*, p. 118.
(31) Swami Rama, *Living*, p. 59.
(32) *W*, p. 117.
(33) Swami Rama, *Living*, p. 58.
(34) *W*, p. 119.
(35) *J*, p. 59.
(36) Emerson, *Pages choisies*, Traduction inédite et introduction par M. Dugard (Paris, Armand Colin, 1908 ; réédition Astra, 1976), p. 346.
(37) *W*, p. 116.
(38) *W*, pp. 119-120.
(39) Emerson, *Pages choisies*, p. 346.

(40) Swami Ramdas, *Entretiens de Hadeyah* (Paris : Albin Michel, 1957), p. 186.
(41) Emerson, *Pages choisies*, p. 345.
(42) *W*, p. 115.
(43) Swami Rama, *Living*, p. 5.
(44) Emerson, *Pages choisies*, p. 366.
(45) *W*, pp. 115-116.
(46) *W*, p. 115.
(47) Emerson, *Pages choisies*, p. 345.
(48) Emerson, *Pages choisies*, p. 346.
(49) *W*, pp. 97-98.
(50) *W*, p. 98.
(51) *W*, p. 168.
(52) *J*, p. 33.
(53) Emily Dickinson, *Poèmes*, Édition bilingue, Introduction et traduction de Guy Jean Forgue (Paris : Aubier-Flammarion, 1970), p. 77.
(54) *J*, p. 76.
(55) Dickinson, *Poèmes*, p. 77.
(56) *W*, p. 115.
(57) *W*, p. 118.
(58) *The Variorum Walden*, Annotated with an Introduction by Walter Harding (New York : Twayne Publishers, 1962 ; édition de poche Washington Square Press, 1968), p. 288.
(59) Cité in Justin Kaplan, *Walt Whitman : A Life* (New York : Bantam Books, 1982), p. 188.
(60) Walt Whitman, *Feuilles d'herbe*, Édition bilingue, Introduction, traduction et notes par Roger Asselineau (Paris : Aubier-Flammarion, 1972), pp. 75-77.
(61) Whitman, *Feuilles*, p. 77.
(62) Whitman, *Feuilles*, p. 77.
(63) Whitman, *Feuilles*, p. 12.
(64) Alphonse Daudet, *Notes sur la vie* (Paris : Librairie de France, 1929), p. 1.

(65) William James, *The Varieties of Religious Experience* (1902 ; réédition New York : New American Library, Mentor Books, 1958), p. 141.
(66) Kaplan, *Whitman*, p. 200.
(67) *The Spiritual Teaching of Ramana Maharshi* (Boulder : Shanbala, 1972), p. 69.
(68) Mahesh Yogi, *Gita*, pp. 358-359.
(69) Mahesh Yogi, *Gita*, p. 380.
(70) Mahesh Yogi, *Gita*, p. 359.
(71) *Les Upanishads*, Traductions et commentaires de Alistair Shearer et Peter Russell, traduits de l'anglais et préfacés par Gilles Farcet (Vouvray : A.I.F.A.I., vol. II, pp. 72-73).
(72) *Upanishads*, vol. II, p. 71.
(73) Mahesh Yogi, *Gita*, p. 154.
(74) Mahesh Yogi, *Gita*, p. 323.
(75) *Upanishads*, vol. I, p. 52.
(76) *Upanishads*, vol. I, p. 53.
(77) *Upanishads*, vol. I, p. 29.
(78) *Ramana Maharshi*, p. 98.
(79) Mahesh Yogi, *Gita*, pp. 333-334.
(80) *Upanishads*, vol. I, p. 28.
(81) Cité in Herbert, *Spiritualité*, pp. 131-132.
(82) *W*, p. 113.
(83) William Wordsworth, *Choix de poésies*, Texte anglais et traduction en vers par Émile Legouis (Paris : Les Belles-Lettres, 1928), p. 201.
(84) *J*, pp. 63-64.
(85) *J*, p. 120.
(86) *W*, p. 97.
(87) *J*, p. 122.
(88) *W*, p. 98.
(89) *W*, p. 118.

NOTES DU CHAPITRE 7

(1) *W*, p. 8.
(2) « Confiance en soi-même » in *Sept essais d'Emerson*, traduits par I. Will, préface de Maurice Maeterlinck (Bruxelles : Paul Lacomblez, 1907), p. 15.
(3) Walt Whitman, *Feuilles d'herbe*, Édition bilingue, Introduction, traduction et notes par Roger Asselineau (Paris : Aubier-Flammarion, 1972), p. 177.
(4) *W*, p. 191.
(5) *W*, p. 183.
(6) *J*, p. 39.
(7) *W*, p. 183.
(8) *The Heart of Thoreau's Journals*, Edited by Odell Shepard (New York : Dover, 1961), p. 34. Ce passage ne figure pas parmi les extraits du *Journal* publiés en français.
(9) *The Heart of Thoreau's Journals*, p. 68. Même remarque.
(10) Arnaud Desjardins, *Les chemins de la sagesse* (Paris : La Table Ronde, 1972), vol. III, p. 112.
(11) Desjardins, *Les chemins*, III, p. 111.
(12) *W*, p. 13.
(13) Swami Ramdas, *Entretiens de Hadeyah* (Paris : Albin Michel, 1957), p. 187.
(14) Maharishi Mahesh Yogi, *La Bhagavad-Gita* (Paris : Éditions de l'Age de l'Illumination, 1981), p. 144.
(15) Whitman, *Feuilles d'herbe*, p. 97.
(16) Jean Herbert, *L'enseignement de Ramakrishna* (Paris : Albin Michel, 1972), p. 409.
(17) *W*, p. 286.
(18) *W*, p. 184.
(19) *W*, p. 188.
(20) Desjardins, *Les chemins*, vol. II, pp. 199-200.
(21) *W*, p. 282.
(22) *W*, p. 81.

(23) Desjardins, *Monde moderne et sagesse ancienne* (Paris : La Table Ronde, 1973), pp. 103-104.
(24) *W*, p. 47.
(25) *W*, pp. 81-82.
(26) Desjardins, *Monde moderne*, p. 105.
(27) *W*, p. 92.
(28) *W*, p. 93.
(29) *W*, p. 94.
(30) *W*, p. 82.
(31) *W*, p. 82.
(32) *The Heart of Thoreau's Journals*, p. 29. Ne figure pas dans l'édition française.
(33) *J*, p. 49.
(34) *W*, p. 183.
(35) *The Heart of Thoreau's Journals*, p. 43. Ne figure pas dans l'édition française.
(36) *W*, p. 79.
(37) R. Srinivasan, *Entretiens avec Svami Prajnanpad* (Paris : l'Originel, 1984), p. 71.
(38) Desjardins, *Le vedanta et l'inconscient* (Paris : La Table Ronde, 1978), p. 301.
(39) Mahesh Yogi, *Gita*, p. 461.
(40) *W*, pp. 192-193.
(41) *J*, p. 39.
(42) *W*, p. 192.
(43) *W*, pp. 191-192.
(44) *W*, p. 189.
(45) Desjardins, *A la recherche du Soi* (Paris : La Table Ronde, 1977), pp. 197-198.
(46) *W*, pp. 189-190.
(47) *W*, p. 190.
(48) Desjardins, *Au-delà du moi* (Paris : La Table Ronde, 1977), p. 240.
(49) *W*, p. 190.
(50) Alexandra David-Néel, *Journal de voyage* (Paris : Plon, 1975), vol. I, p. 113.

(51) *W*, p. 189.
(52) Cité par Desjardins in *Recherche*, p. 285.
(53) *W*, pp. 188-189.
(54) Mahesh Yogi, *Gita*, p. 513.
(55) Mahesh Yogi, *Gita*, pp. 429-430.
(56) *W*, p. 191.
(57) Desjardins, *Recherche*, p. 188.
(58) *Les Upanishads*, traductions et commentaires de Alistair Shearer et Peter Russell, traduits de l'anglais et préfacés par Gilles Farcet (Vouvray : A.I.F.A.I., 1985), volume I, p. 76.
(59) *W*, p. 188.

NOTES DU CHAPITRE 8

(1) Ralph Waldo Emerson, « L'intellectuel américain », traduit par Sylvie Chaput avec la collaboration de Danielle Chaput, *La Petite Revue de Philosophie* (Montréal : vol. 6, numéro 2, 1985), pp. 29-32.
(2) Emerson, « L'intellectuel », p. 32.
(3) *W*, p. 74.
(4) Maharishi Mahesh Yogi, *La Bhagavad-Gita* (Paris : Éditions de l'Age de l'Illumination, 1981), p. 198.
(5) *W*, p. 280.
(6) *W*, p. 11.
(7) *W*, p. 282.
(8) Mahesh Yogi, *Gita*, p. 199.
(9) Henri Michaux, *Un barbare en Asie* (Paris : Gallimard, 1933 ; nouvelle édition 1967), pp. 156-157.
(10) Donald N. Koster, *Transcendentalism in America* (Boston : Twayne Publishers, 1975), p. 48.
(11) Ralph Waldo Emerson, « Portrait de Thoreau » in *H.D. Thoreau : Un philosophe dans les bois* (Paris : Boivin, 1930), pp. 3-4.
(12) Arnaud Desjardins, *Le Vedanta et l'inconscient* (Paris : La Table Ronde, 1978), pp. 326-327.

(13) *W*, pp. 283-284.
(14) *W*, pp. 277-278.
(15) *W*, p. 278.
(16) Desjardins, *Au-delà du moi* (Paris : La Table Ronde, 1979), p. 312.
(17) Desjardins, *Au-delà*, p. 306.
(18) *Les Upanishads*, traductions et commentaires de Alistair Shearer et Peter Russell, traduits de l'anglais et préfacés par Gilles Farcet (Vouvray : A.I.F.A.I., 1985), volume II, p. 38.
(19) *W*, pp. 278-279.
(20) *W*, p. 278.
(21) *W*, p. 279.
(22) Emily Dickinson, *Poèmes*, Introduction et traduction de Guy Jean Forgue (Paris : Aubier-Flammarion, 1970), p. 187.
(23) *W*, p. 279.
(24) Jean Herbert, *L'enseignement de Ramâkrishna* (Paris, Albin Michel, 1972), p. 165.
(25) Walt Whitman, *Feuilles d'herbe*, Introduction, traduction et notes par Roger Asselineau (Paris, Aubier-Flammarion, 1972), p. 77.
(26) Swami Ramdas, *Carnet de pélerinage* (Paris : Albin Michel, 1973), pp. 137-138.
(27) *J*, p. 55.
(28) Whitman, *Feuilles*, p. 259.
(29) *W*, p. 289.
(30) Henry Van Etten, *George Fox et les Quakers* (Paris, Seuil, collection « Maîtres spirituels », 1956), p. 46.
(31) Cité par Van Etten in *George Fox*, p. 99.
(32) Cité par Van Etten in *George Fox*, p. 99.
(33) Voir Pierre Brodin, *Les Quakers en Amérique du Nord*, 1935. Réédition Paris : Derry, collection « Nouveau Monde », 1985.
(34) Emily Dickinson, *Poèmes*, p. 167.
(35) Emily Dickinson, *Poèmes*, p. 175.
(36) Emily Dickinson, *Poèmes*, p. 77.
(37) Emily Dickinson, *Poèmes*, p. 87.
(38) *W*, p. 189.

(39) *Les cent plus belles pages d'Emily Dickinson*, traduites et présentées par Alain Bosquet (Paris : Belfond, 1984), p. 35.
(40) *J*, p. 39.
(41) *Selected Poems and Letters of Emily Dickinson* (New York : Doubleday Anchor Books, 1959), pp. 19-20.
(42) *Les cent plus belles pages*, p. 122.
(43) Emily Dickinson, *Poèmes*, p. 197.
(44) *Les cent plus belles pages*, p. 19.
(45) *Les cent plus belles pages*, p. 19.
(46) *Les cent plus belles pages*, p. 27.
(47) Emily Dickinson, *Poèmes*, p. 101.
(48) Emily Dickinson, *Poèmes*, p. 55.
(49) *W*, p. 284.
(50) *J*, p. 51.
(51) Cité dans Walter Harding, *The Days of Henry Thoreau* (New York : Dover, 1982), pp. XV-XVI.
(52) Michel Terrier, *Le roman américain : 1914-1945* (Paris : Presses Universitaires de France, 1979), p. 95.
(53) *Roland Barthes par Roland Barthes* (Paris : Seuil, 1975), p. 51.
(54) Terrier, *Le roman*, p. 94.
(55) Terrier, *Le roman*, p. 97.
(56) Cité dans Harding, *The Days*, p. xv.
(57) *Thoreau : A Century of Criticism*, edited by Walter Harding (Dallas : Southern Methodist University Press, 1954).
(58) *W*, pp. 7-8.
(59) Terrier, *Le roman*, p. 162.
(60) Cité dans F.J. Temple, *Henry Miller* (Paris : Éditions universitaires, 1965), 104.
(61) *W*, p. 9.
(62) Henry Miller, *Tropique du capricorne*, traduction de Georges Belmont (Paris : Éditions du Chêne, 1952 ; réédition en Livre de Poche), pp. 18-19.
(63) *W*, p. 79.
(64) Miller, *Capricorne*, p. 63.
(65) T.S. Eliot, *Poésie*, traduction de Pierre Leyris (Paris : Seuil, 1947), p. 61.

(66) Eliot, *Poésie*, p. 93.
(67) Miller, *Capricorne*, p. 70.
(68) *J*, p. 191.
(69) *The Paris Review Interviews*, 2nd Series, edited by George Plimpton (Penguin Books, 1977), p. 185.
(70) *Paris Review Interviews*, p. 185.
(71) *W*, p. 85.
(72) Temple, *Miller*, p. 76.
(73) Temple, *Miller*, p. 87.
(74) Temple, *Miller*, p. 76.
(75) Temple, *Miller*, p. 79.
(76) *W*, p. 85.
(77) *Paris Review Interviews*, p. 189.
(78) Miller, *Capricorne*, p. 343.
(79) *W*, p. 84.
(80) *W*, p. 85.
(81) Miller, *Capricorne*, p. 339.
(82) Miller, *Capricorne*, p. 46.
(83) Temple, *Miller*, p. 95.
(84) Temple, *Miller*, p. 96.
(85) Temple, *Miller*, p. 95.
(86) Henry Miller, *Flash-Back : Entretiens de Pacific Palisades avec Christian de Bartillat* (Paris : Stock, Chêne, 1976), p. 161.
(87) Temple, *Miller*, p. 95.
(88) Thomas Merton, *Réflexions d'un spectateur coupable*, traduit de l'américain par Marie Tadié (Paris : Albin Michel, 1970), p. 283.
(89) *J*, p. 76.
(90) Thomas Merton, *Le signe de Jonas*, traduit de l'américain par Marie Tadié (Paris : Albin Michel, 1955).
(91) Merton, *Le signe*, p. 329.
(92) *W*, p. 18.
(93) *W*, p. 271.
(94) *W*, p. 271.
(95) Merton, *Réflexions*, pp. 149-150.

(96) Thomas Merton, *Ishi Means Man, Essays on Native Americans*, Foreword by Dorothy Day (Greensboro, N.C., Unicorn Press, 1976).
(97) *The Asia Journal of Thomas Merton* (New York : New Directions, 1973), p. 305.
(98) « Sagesse et vacuité : Dialogue entre Daisetz T. Susuki et le R.P. Thomas Merton » in Thomas Merton, *Zen, Tao et Nirvâna*, traduction de F. Ledoux (Paris : Fayard, 1970), pp. 105-145.
(99) Merton, *Zen*, p. 147. [Le livre *Zen, Tao et Nirvâna*, traduction française de *Zen and the Birds of Appetite* comprend également des extraits de *The Way of Chuang Tzu* (New York : New Directions, 1970)].
(100) Merton, *Zen*, p. 147.
(101) *J*, p. 55.
(102) Merton, *Zen*, p. 65.
(103) *Asian Journal*, p. 308.
(104) Merton, *Réflexions*, p. 97.
(105) Miller, *Flash Back*, p. 153.
(106) Merton, *Le signe*, p. 67.
(107) J.D. Salinger, *L'attrape-cœurs*, traduit de l'américain par Jean-Baptiste Rossi (Paris : Robert Laffont, 1953 ; livre de poche).
(108) Salinger, *L'attrape-cœurs*, p. 23.
(109) Salinger, *L'attrape-cœurs*, p. 18 ; Rossi traduit l'adjectif anglais « grand » par « respectable ».
(110) Salinger, *L'attrape-cœurs*, p. 26.
(111) Jack Kerouac, *Visions de Gérard*, traduit de l'anglais par Jean Autret (Paris : Gallimard, 1972).
(112) Salinger, *L'attrape-cœurs*, p. 119.
(113) Salinger, *L'attrape-cœurs*, p. 22.
(114) Salinger, *L'attrape-cœurs*, pp. 21-22.
(115) Salinger, *L'attrape-cœurs*, pp. 263-264.
(116) Allen Ginsberg, *Howl, Kaddish*, traduit de l'américain par Robert Cordier et Jean-Jacques Lebel (Paris, Christian Bourgois, 1976), p. 11.
(117) Cité par Jacqueline Starer in *Les écrivains Beat et le voyage* (Paris, Didier, 1977), p. 13.

(118) Roger Asselineau, « Dreaming in the Grass ou la constante transcendantaliste de la littérature américaine », *Études Anglaises*, XXIX, numéro 3 (1976), pp. 331-340.
(119) Jack Kerouac, *Les clochards célestes*, traduit de l'anglais par Marc Saporta (Paris : Gallimard, 1963), pp. 17-19.
(120) Gary Snyder, *Riprap* (Ashland, Massachusetts, Origin Press, 1959).
(121) *The Portable Walt Whitman* (Penguin Books, 1973), pp. 7-10.
(122) Kenneth Rexroth, *An Autobiographical Novel* (New York : Doubleday, 1966).
(123) Alan Watts, *In my own way* (New York, Random House, Vintage Books, 1973), p. 284.
(124) Voir Norman Mailer, *Advertisements for Myself* (New York, New American Library, Signet Books, 1959).
(125) Starer, *Les écrivains*, p. 24.
(126) Emerson, *Pages choisies*, traduction et introduction de Maurice Dugard (Paris : Astra, 1976), p. 51.
(127) Ginsberg, *Howl, Kaddish*, p. 55.
(128) Emerson, *Pages choisies*, p. 93.
(129) Ginsberg, *Howl, Kaddish*, pp. 27-29.
(130) Ginsberg, *Howl, Kaddish*, p. 35.
(131) D.T. Susuki, *Essais sur le bouddhisme zen*, 3 volumes (Paris : Albin Michel).
(132) Cité dans Hal Bridges, *American Mysticism, From William James to Zen* (Lakemont, Georgia, C.S.A. Press, 1970), p. 113.
(133) Alan Watts, *Beat Zen, Square Zen, and Zen* (San Francisco : City Light Books, 1959), pp. 24-25.
(134) Entretien avec Ginsberg in Christine Tysh, *Allen Ginsberg* (Paris, Seghers, 1974, collection « Poètes d'aujourd'hui »), p.88.
(135) Cité in Jane Kramer, *Allen Ginsberg en situation* (Paris : Union Générale d'Éditions, 10/18, 1973), pp. 132-135.
(136) Gerald Nicosia, *Memory Babe, A Critical Biography of Jack Kerouac* (New York : Grove Press, 1983), p. 75.
(137) Jack Kerouac, *Le vagabond solitaire*, traduit de l'anglais par Jean Autret (Paris : Gallimard, 1969), p. 179.
(138) Kerouac, *Les clochards*, p. 57.

(139) Jack Kerouac, *Desolation Angels* (New York, Bantam Books, 1966), pp. 46-48.
(140) Kerouac, *Desolation Angels*, p. 230.
(141) Kerouac, *Le vagabond*, p. 248.
(142) Cité par Nicosia in *Memory Babe*, p. 383.
(143) Nicosia, *Memory Babe*, pp. 386-387.
(144) Nicosia, *Memory Babe*, p. 387.
(145) Watts, *In My Own Way*, p. 309.
(146) Gary Snyder, *Le retour des tribus* (Paris : Christian Bourgois, 1972), p. 170.
(147) *J*, p. 96.
(148) Gary Snyder, *L'arrière-pays, suivi de Amérique : Ile-Tortue*, traduction et présentation de Brice Mathieussant (Paris : Pierre Jean Oswald, 1977), p. 425.
(149) Snyder, *L'arrière-pays*, p. 425.
(150) Snyder, *L'arrière-pays*, p. 243.
(151) Snyder, *L'arrière-pays*, p. 243.
(152) Snyder, *L'arrière-pays*, p. 425.
(153) Snyder, *L'arrière-pays*, p. 428.
(154) Snyder, *L'arrière-pays*, p. 285.
(155) Snyder, *Le retour des tribus*.
(156) Snyder, *L'arrière-pays*, p. 281.
(157) Snyder, *Le retour des tribus*, p. 184.
(158) Kenneth White, *La figure du dehors* (Paris : Grasset, 1982), pp. 96-97.
(159) *W*, p. 278.
(160) White, *La figure*, p. 89.
(161) White, *La figure*, p. 89.
(162) Kenneth White, *The Tribal Dharma, An Essay on the Work of Gary Snyder* (Lanfynydd, Carmathen, Dyfed SA32 7TT : Unicorn Bookshop, 1975).
(163) Kenneth White, *Lettres de Gourgounel* (édition revue et augmentée, Paris : Grasset, 1986), p. 16.
(164) White, *Gourgounel*, p. 20.
(165) Kenneth White, *Terre de diamant* (Paris : Grasset, 1983), p. 9.
(166) J.M.G. Le Clezio, *L'inconnu sur la terre* (Paris : Gallimard, 1978), p. 83.

BIBLIOGRAPHIE

(établie par Gilles Farcet et Roland de Miller)

I – OUVRAGES DE RÉFÉRENCE

HARDING Walter and MEYER Michael, *The New Thoreau Handbook*, New York, New York University Press, 1980.

LEARY Lewis, « Thoreau », in *Eight American Authors : A Review of Research and Criticism*, edited by James Woodress, New York, W.W. ; Norton, 1971, pp. 129-171.

Voir l'important chapitre intitulé — « The Subversive Science : Thoreau's Romantic Ecology », pp. 57-111, in Donald WORSTER, *Nature's Economy the Roots of Ecology*, San Francisco, Sierra Club Books, 1977, 140 p., Rééd. Cambridge University Press.

II – ŒUVRES DE THOREAU

a) Éditions américaines :

The Writings of Henry David Thoreau (The Standard Walden Edition), Boston, New York, Houghton Mifflin, 1906.

Cette édition des « œuvres complètes », présente les textes de la manière suivante :

I. *A Week on The Concord and Merrimack Rivers.*
II. *Walden.*
III. *The Maine Woods.*
IV. *Cape Cod and Miscellanies.*
V. *Excursions — Translations — Poems.*
VI. Familiar Letters.
VII à XX. *Journal.*

Collected Poems of Henry David Thoreau, edited by Carl Bode, Baltimore, London, The Johns Hopkins University Press, 1964.

The Correspondence of Henry David Thoreau, edited by Walter Harding and Carl Bode, New York, New York University Press, 1958 ; 2e édition Wesport, Greenwood Press, 1974.

Une édition des œuvres complètes destinée à supplanter les précédentes est actuellement en cours à Princeton. Elle présente les textes de la manière suivante :

I. *Walden.*
II. *The Maine Woods.*
III. *Reform Papers.*
IV. *Cape Cod.*
V. *Miscellanies.*
VI. *Excursions and Other Natural History Essays.*
VII. *A Week on the Concord and Merrimack Rivers.*
VIII. *Translations.*
IX. *Poems.*
X. *Correspondence.*
XI. *Notes on Fruits and Seeds.*
XII. *Journal.*

b) Traductions françaises :

Désobéir, préface et traduction de Léon Balzalgette, Paris, Rieder, 1921 (épuisé). Contient les chapitres : La vie sans principe, Désobéir aux lois, L'esclavage chez nous, Pour John Brown, Ses derniers moments, Marcher, L'hôte.

Walden ou la vie dans les bois, traduction de Louis Fabulet, Paris, Gallimard, 1921. Réimpression en 1967 (épuisé).

Un philosophe dans les bois (extraits du *Journal*), traduction de Régis Michaud et S. David, Paris, Boivin, 1930 (épuisé) ; réimpression : Paris, Seghers, collection « Vent d'Ouest », 1967, avec une préface de Roger Asselineau et un « Portrait de Henry David Thoreau » par Ralph Waldo Emerson (épuisé).

Un Yankee au Canada, traduit de l'américain par Adrien Thério, Montréal, Les Éditions de l'Homme, 1962 (épuisé).

Journal d'un homme libre (extraits de *Walden* suivis de *Du devoir de désobéissance civique*), traduction de Geneviève Braillon Zeude, introduction d'Oscar Cargill, Paris, Seghers, collection « Nouveaux Horizons », 1965 (épuisé).

Walden ou la vie dans les bois, introduction, traduction et notes par Germaine Landré-Augier, Paris, Aubier-Montaigne, 1967 ; réimpressions en 1976 et 1978. Cette édition présente l'avantage d'être bilingue, mais la traduction, gauche et lourde, n'est guère satisfaisante et ne rend pas justice au grand prosateur qu'était Thoreau.

La désobéissance civile, avec une « Biographie de Henry David Thoreau » par Louis Simon et une préface de Micheline Flak ; traduction de Micheline Flak, suivie de « Plaidoyer pour John Brown », traduction de Christine Demorel et Laurence Vernet ; Paris, Jean Jacques Pauvert, collection « Libertés nouvelles », 1963 ; réimpression en 1978. Le texte capital de Thoreau, après *Walden*, dans une très satisfaisante traduction.

Plaidoyer pour John Brown, traduit de l'américain, Montréal, éditions de la Presse, 1973.

Du devoir de désobéissance civique, éditions Litovie, 64-260 Lys, 1981.

Journal (1837-1861), extraits choisis et traduits par R. Michaud et S. David, présentation de Kenneth White, Paris, Les Presses d'Aujourd'hui, 1981 ; réimpression Denoël, 1986. Sélection judicieuse, belle traduction, vigoureuse préface : un livre essentiel.

La désobéissance civile, traduction de Sylvie Chaput ; comporte également une traduction du chapitre « Visiteurs » de *Walden* et un essai de Marc Chabot intitulé « Désobéir, c'est avoir des idées » ; introduction et chronologie par Sylvie Chaput ; Montréal, Éditions Balises, 1982.

Walden ou la vie dans les bois, traduit de l'américain par Jeanne-Chantal et Thierry Fournier, Lausanne, L'Age d'Homme, 1985 ; la meilleure traduction disponible à ce jour du livre-clef de Thoreau.

Jeanne Chantal et Thierry Fournier prévoient de traduire d'autres textes, moins connus, de Thoreau. Le volume II de la revue *Filigrane* (Argel, 7 rue Chaudron, 75010 Paris), à paraître en juin 1987, comprendra une traduction de l'essai « A winter walk ».

III – OUVRAGES ET ARTICLES TRAITANT DES RAPPORTS DE THOREAU AVEC L'HINDOUISME

a) Ouvrages :

BHATIA Kamala, *The Mysticism of Thoreau and Its Affinity with Indian Thought*, New Delhi, 1966.

CHRISTY Arthur E., *The Orient in American Transcendentalism : A Study of Emerson, Thoreau and Alcott*, New York, Columbia University Press, 1932 ; réimpression New York, Octagon, 1963.

FLAK Micheline, *Thoreau et l'Orient*, fascicule de la Société des Amis de Thoreau (épuisé).

PILLAI, A.K.B., *Transcendental Self : A Comparative Study of Thoreau and the Psycho-Philosophy of Hinduism and Buddhism*, Lanham, Maryland, University Press of America, 1985.

b) Articles :

BHATIA Kamala, « Thoreau and India », in *Henry David Thoreau : Studies and Commentaries*, edited by Walter Harding, George Brenner and Paul A. Doyle, Cranbury, New Jersey, Associated University Presses, 1972, pp. 117-132.

CARPENTER Frederic Ives, « American Transcendentalism in India », *Emerson Society Quaterly*, XXXI (1963), pp. 59-62.

FARCET Gilles, « L'éthique immoraliste de Thoreau à la lumière de l'hindouisme », *Études Anglaises*, XXXVII (1984), pp. 399-411.

FLETCHER Frances, « Henry Thoreau, Oriental », *Open Court*, XLIV (1939), pp. 510-512.

GATES Michael, « *Walden* : Yantra above Yantras », *Emerson Society Quarterly*, XXII (1976), pp. 14-23.

HENDRICK George, « The Influence of Thoreau's Civil Disobedience on Gandhi's Satyagrapha », *New England Quarterly*, XXIX (1956), pp. 462-471.

LEIDECKER Kurt, « That Sad Pagan Thoreau », *Visva-Bharati Quaterly* (1951), pp. 218-259.

MACSHANE Frank, « *Walden* and Yoga », *New England Quaterly*, XXVII (1964), pp. 322-342.

OLIVER E.S., « Thoreau Finds the Dawn in Asia », *Korean Survey*, II (1953), pp. 6-20.

SARMA Sreekrishna, « A Short Study of the Oriental Influence upon Henry David Thoreau with Special Reference to his *Walden* », *Jachbuch für Amerikastudien*, I (1956), pp. 76-92.

SHARMA Monan Lal, « Cholmondeley's Gift for Thoreau : An Indian Pearl to the United States », *Journal of the Ohio Folklore Society*, III (1968), pp. 61-89.

STEIN William Bysshe, « Thoreau's *Walden* and the Bhagavad Gita », *Topic*, III, pp. 38-55.

— « Thoreau's First Book : A Spoor of Yoga », *Emerson Society Quarterly*, XLI (1965), pp. 4-15.

— « A Bibliography of Hindu and Buddhist Literature Available to Thoreau through 1854 », *Emerson Society Quarterly*, XLVII (1967), pp. 52-56.

— « The Hindu Matrix of *Walden* : The King's Son », *Contemporary Literature*, XXII (1970), pp. 303-319.

— « The Yoga of Reading in *Walden* », *Texas Studies in Literature and Language*, XIII (1971), pp. 485-495.

— « Thoreau's *A Week* and Om Cosmography », *American Transcendental Quarterly*, XI (1971), pp. 15-37.

STRACHNER S.D., « Thoreau's Orientalism : A Preliminary Reconsideration », *Thoreau Journal Quarterly*, VI (1974), pp. 14-17.

c) Travaux non publiés (thèses, mémoires)

HOCH David G., « Annals and Perennials : A Study of Cosmogonic Imagery in Thoreau », Kent State University, Ph. D., 1969.

JACKNOVITZ Arlette, « Henry David Thoreau, philosophe américain — et yogin ? », Mémoire de fin d'études, École française de Yoga.

JESWINE Miriam A., « Henry David Thoreau : Apprentice to the Hindu Sages », University of Oregon, Ph. D., 1971.

LI WANG, « The Orient in Henry David Thoreau », Ohio University, M.A., 1949.

SNYDER H.A., « Thoreau's Philosophy of Life, with Special Consideration of the Influence of Hindoo Philosophy », Heidelberg, Ph. D., 1900.

La recherche étant, par définition, en perpétuel mouvement, cette liste de travaux ne prétend pas être exhaustive, mais indiquer des pistes aux éventuels explorateurs. La Thoreau Society (The Thoreau Lyceum, 156 Belknap Street, Concord, Mass. 01742, U.S.A.) publie dans chaque numéro du *Thoreau Society Bulletin* une bibliographie « courante ».

IV – ÉTUDES EN FRANÇAIS

(ARTICLES, OUVRAGES, REVUES, CHAPITRES D'OUVRAGES PAR ORDRE CHRONOLOGIQUE DE PARUTION)

BAZALGETTE Léon, *Henry Thoreau, sauvage*, Paris, F. Rieder et Cie, 1re édition 1921, 2e édition 1924, 320 p., collection prosateurs français contemporains (épuisé).

FABULET Louis, « Henri David Thoreau », *Revue de Paris*, Paris, 1921, 28e année, tome II, pp. 47-55.

MICHAUD Régis, « Henry David Thoreau », *Vie des Peuples*, Paris, 1924, tome XIV, pp. 27-44.

MICHAUD Régis, *Autour d'Emerson*, La pensée américaine, Paris, 1924, Bossard, 250 p., pp. 107-128 (épuisé).

BRUEL Andrée, *Emerson et Thoreau*, thèse d'Université, Paris, 1929, « Les Belles Lettres », 217 p. (épuisé).

CESTRE Charles, « Thoreau et Emerson », *Revue Anglo-Américaine*, février 1930, pp. 215-230.

BRODIN Pierre, *Les maîtres de la littérature américaine*, Paris : Horizons de France, 1948 (épuisé), pp. 191-218, avec une bibliographie.

Revue L'UNIQUE, n° 135-138, Orléans, janvier 1959, consacré tout entier à H.D.T., 40 p. Articles de E. Armand, John C. Scott et Jo Ann Wheeler, Aimé Bailly, Joseph Wood Krutch, Analysis, Benjamin de Cassérès, Louisa Alcott, Léonard D. Abbott, Stephen Mac Say et H.D.T.

BLIVEN Bruce, « Thoreau ermite et philosophe », *Selection du Reader's Digest*, mars 1964, pp. 165-177.

LEMAITRE Renée, « Les transcendentalistes. Une version américaine du romantisme », *Informations et Documents*, n° 204, 15 septembre-1er octobre 1964, pp. 32-37 (épuisé).

FLAK Micheline, *Thoreau et l'Orient*, Fascicule de la Société des Amis de Thoreau, Paris (épuisé).

FLAK Micheline, *Thoreau ou l'homme révolté*, Paris, 1965, éd. La Ruche Ouvrière, 38 p. (épuisé).

Revue EUROPE, n° 459-460, juillet-août 1967, Paris, numéro spécial consacré à C.F. RAMUZ et Henry David THOREAU. Contient des articles sur Thoreau par Roger Asselineau, Micheline Flak, Walter Harding, Jean Normand, Henry Miller, Louis Simon, J.P. Raudnitz et Laurence Vernet, ainsi que des extraits de l'œuvre de Henry David THOREAU.

FLAK Micheline, « Thoreau et les Français », *Informations et Documents*, Services Culturels Américains à Paris, numéro 254 (15 décembre 1967), pp. 20-25.

LAS VERGNAS Raymond, « Le triomphe de Thoreau », *Les Nouvelles Littéraires*, 26 février 1968.

VERNET Laurence, « Actualité de Thoreau », *France-Amérique*, New York, 3e trimestre 1968.

FLAK Micheline, « Henry David Thoreau, le désobéissant », *Planète*, n° 40, mai-juin 1968, pp. 64-77.

VAN WYCK BROOKES, *L'Age d'Or de la Nouvelle Angleterre*, Paris, 1968, Seghers, coll. « Vents d'Ouest » (épuisé).

ANONYME, « Actualité du philosophe Henry David Thoreau », Paris. *Humanisme*, n° 73, mars-avril 1969, pp. 5-16.

FLAK Micheline, « Un village inspiré (Concord) », *Planète*, n° 21, mars 1971.

FIEDLER Leslie, *Le retour du Peau-Rouge*, traduit de l'américain par Georges Renard, Paris, Le Seuil, 1971, pp. 48-108. Bien qu'il soit loin d'être entièrement consacré à Thoreau, ce chapitre, intitulé « Mythes fondamentaux » apporte un éclairage très intéressant sur la fascination éprouvée par l'auteur de *Walden* à l'égard des Indiens d'Amérique (pp. 96-99 et 100-108). L'auteur replace la démarche de Thoreau dans l'imaginaire américain.

Revue CHAMAN, ancienne série, numéro spécial, décembre 1972 (épuisé).

FLAK Micheline, *Thoreau ou la sagesse au service de l'action*, Paris, Seghers, collection « Philosophes de tous les temps », 1973, 190 p. Bibliographie importante (épuisé en libraire ; en vente chez Roland de Miller, Centre de Documentation Eco-Philosophique, Le Château, Sigoyer, 04200 Sisteron).

Il est significatif que Micheline Flak, après avoir soutenu une thèse de doctorat ès lettres sur Thoreau — dont cette version remaniée demeure l'un des meilleurs ouvrages sur lui —, après avoir assuré la présidence de l'Association française des Amis de Thoreau pendant plusieurs années (association qui n'existe plus) soit devenue, outre son professorat d'anglais dans un lycée parisien, professeur de yoga, auteur de plusieurs ouvrages sur le yoga Midra et secrétaire générale du réseau Recherches sur le Yoga à l'École. Elle travaille ainsi à adapter les méthodes du yoga millénaire à l'apprentissage et au mieux-être à l'école.

GONNAUD Maurice et BERANGER Jean, *La littérature américaine jusqu'en 1865*, Paris, Armand Colin, collection U2, 1974, pp. 171-184. Le chapitre dans lequel figure cette section sur Thoreau est intitulé « Le romantisme américain : essai de définition ». Il donne une vision d'ensemble très complète du transcendantalisme (pp. 133-184).

GUNDELWEIN Françoise et LEGRAND-GUNDELWEIN Geneviève, « Henry D. Thoreau et son actualité », BT2 numéro 70 (juin 1975), 38 p. Institut Coopératif de l'École Moderne, Pédagogie Freinet, C.E.L., B.P. 282 06403 Cannes.

JOURDAN Michel, « Henry David Thoreau », *Le Sauvage*, numéro 22 (octobre 1975), pp. 71-73.

Revue CHAMAN, Nouvelle série n° 9, 1978, L'expérience poétique et l'illumination : Han Shan et H.D. Thoreau, 63 p. (épuisé).

GERBAUD Colette, « Thoreau et la nourriture dans le *Journal* », *Études Anglaises*, XXXII (1979), pp. 303-311.

PEROTIN Claude, *Les écrivains anti-esclavagistes aux États-Unis de 1808 à 1861*, Paris, Presses Universitaires de France, 1979, pp. 356-381.

SIMON Louis, « Pour Henry David Thoreau, bilan de cinq années », *Europe*, numéro 58 (octobre 1980), pp. 190-194.

TISSOT Roland, « Les douze échos d'économie dans *Walden* », *Études Anglaises*, XXXIV (1981), pp. 32-43.

FLAK Micheline, « Thoreau, les arbres et nous », *Énergie Vitale*, Le Courrier du Livre, n° 6, mai-juin 1981, pp. 6-7-31.

LABEYRIE Daniel, « Henry David Thoreau, homme », *Tripot*, 64260 Lys, n° 39, été 1981, p. 13-30 (épuisé).

WHITE Kenneth, *La figure du dehors*, Paris, Grasset, 1982, pp. 82-88 (« Marcher avec Thoreau »).

GERBAUD Colette, « Le sens de l'harmonie dans *Walden* », *Visages de l'harmonie dans la littérature anglo-américaine*. Publication du Centre de Recherches sur l'Imaginaire dans les Littératures de Langue Anglaise, Université de Reims, 1982, pp. 99-111.

GRANGER Michel, « Walden ou l'autographie de Henry D. Thoreau », *Revue Française d'Études Américaines*, VII (1982), pp. 199-210.

Maître-Assistant à l'Université Lyon II, Michel Granger termine actuellement une thèse d'État sur Thoreau.

JORDIS Christine, « *Henry David Thoreau*, Journal 1837-1861 » (Les Presses d'Aujourd'hui 1981). Compte rendu de lecture, *La Nouvelle Revue Française*, numéro 356 (septembre 1982), pp. 150-152.

FLAK Micheline, « La recherche de l'équilibre dans la vie quotidienne : que penser du yoga ? » pp. 218-225 in : Roland de Miller (sous la direction de) *Les Noces avec la Terre* ; la mutation du Nouvel Age, Éditions Scriba, 1982 et chez l'auteur, 304 p.

FARCET Gilles, « L'éthique immoraliste de Thoreau à la lumière de l'hindouisme », *Études Anglaises*, XXXVII, numéro 4 (1984), pp. 399-411.

TAYLOR John, « Henry David Thoreau », *Le Fou parle*, numéro 27 (mars 1984), pp. 56-59.

MELANCON Charlotte, « Lire, voir et marcher : *Walden or Life in the Woods* », *Liberté*, Montréal, 165 (juin 1986), pp. 71-74.

« *Spiritualités vivantes* »
Collection fondée par Jean Herbert
au format de poche

1. *La Bhagavad-Gitâ*, de Shrî AUROBINDO.
2. *Le Guide du Yoga*, de Shrî AUROBINDO.
3. *Les Yogas pratiques (Karma, Bhakti, Râja)*, de Swâmi VIVEKÂNANDA.
4. *La Pratique de la méditation*, de Swâmi SIVANANDA SARASVATI.
5. *Lettres à l'Ashram*, de GANDHI.
6. *Sâdhanâ*, de Rabindranâth TAGORE.
7. *Trois Upanishads (Ishâ, Kena, Mundaka)*, de Shrî AUROBINDO.
8. *Spiritualité hindoue*, de Jean HERBERT.
9. *Essais sur le Bouddhisme Zen*, première série, de Daizetz Teitaro SUSUKI.
10. — *Id.*, deuxième série.
11. — *Id.*, troisième série.
12. *Jnâna-Yoga*, de Swâmi VIVEKÂNANDA.
13. *L'Enseignement de Râmakrishna*, paroles groupées et annotées par Jean HERBERT.
14. *La Vie divine*, tome I, de Shrî AUROBINDO.
15. — *Id.*, tome II.
16. — *Id.*, tome III.
17. — *Id.*, tome IV.
18. *Carnet de pèlerinage*, de Swâmi RAMDAS.
19. *La Sagesse des Prophètes*, de Muhyi-d-dîn IBN 'ARABÎ.
20. *Le Chemin des Nuages blancs*, d'ANAGARIKA GOVINDA.
21. *Les Fondements de la mystique tibétaine*, d'ANAGARIKA GOVINDA.
22. *De la Grèce à l'Inde*, de Shrî AUROBINDO.
23. *La Mythologie hindoue, son message*, de Jean HERBERT.
24. *L'Enseignement de Mâ Ananda Moyî*, traduit par Josette HERBERT.

Nouvelles séries dirigées par Marc de Smedt

25. *La Pratique du Zen*, de Taisen DESHIMARU.
26. *Bardo-Thödol. Le Livre tibétain des morts*, présenté par Lama ANAGARIKA GOVINDA.
27. *Macumba. Forces noires du Brésil*, de Serge BRAMLY.
28. *Carlos Castaneda. Ombres et lumières*, présenté par Daniel C. NOËL.
29. *Ashrams. Grands Maîtres de l'Inde*, d'Arnaud DESJARDINS.
30. *L'Aube du Tantra*, de Chogyam TRUNGPA et H. V. GUENTHER.
31. *Yi King*, adapté par Sam REIFLER.
32. *La Voie de la perfection. L'enseignement secret d'un maître kurde en Iran*, de BAHRÂM ELÂHI.
33. *Le Fou divin. Yogi tantrique tibétain au XVIe siècle*, de Drukga KUNLEY.
34. *Santana, l'enseignement de Maître Goenka en Inde*, de Dominique GODRÈCHE.
35. *Dialogues avec Lanza del Vasto*, par René DOUMERC.
36. *Techniques de méditation et pratiques d'éveil*, de Marc de SMEDT.
37. *Le Livre des secrets*, de BHAGWAN SHREE RAJNEESH.
38. *Zen et arts martiaux*, de Taisen DESHIMARU.
39. *Traité des Cinq Roues (Gorin-no-Sho)*, de Miyamato MUSASHI.
40. *La Vie dans la vie. Pratique de la philosophie du sâmkhya d'après l'enseignement de Shrî Anirvân*, de Lizelle REYMOND.
41. *Satori. Dix ans d'expérience avec un Maître Zen*, de Jacques BROSSE.
42. *Discours et sermons*, de HOUEÏ-NÊNG, traduit par Lucien HOULNÉ.
43. *Tao Te King*, de LAO TSEU.
44. *Questions à un Maître Zen*, de Taisen DESHIMARU.

45. *Les Contes des arts martiaux*, recueillis par Pascal FAULIOT et présentés par Michel RANDOM.
46. *Essais sur les mystiques orientales*, de Daniel ODIER et Marc de SMEDT.
47. *Zen et vie quotidienne*, de Taisen DESHIMARU.
48. *Le Désert intérieur*, de Marie-Madeleine DAVY.
49. *La Sagesse de l'éveil*, textes présentés par Marc de SMEDT.
50. *L'Esprit guide, entretiens avec Karlfried Durckheim*, par Frantz WOERLY.
51. *Les Appeleurs d'âmes. L'Univers chamanique des Indiens des Andes*, de Sabine HARGOUS.
52. *Le Chemin de la Lumière, la Voie de Nur Ali Elâhi*, par BAHRÂM ELÂHI.
53. *L'Art de la réalisation*, de CHANDRA SWAMI.
54. *Le Trésor du Zen*, de Maître DOGEN, traduit et commenté par Taisen DESHIMARU.
55. *Aphorismes*, de TCHOUANG TSEU, présentés par Marc de SMEDT.
56. *L'Esprit caché de la liberté*, de Tarthang TULKU.
57. *Métanoia. Phénomènes physiques du mysticisme*, d'Aimé MICHEL.
58. *L'Enseignement de Ramana Maharshi*, traduit par A. DUPUIS, A. PERRELI et J. HERBERT.
59. *Le Bol et le Bâton*, cent vingt contes Zen racontés par Maître Taisen DESHIMARU.
60. *Traité de l'amour*, d'Ibn 'ARABÎ, introduction, traduction de l'arabe et notes de Maurice GLOTON.
61. *L'Évangile de Thomas*, traduit et commenté par Jean-Yves LELOUP.
62. *L'Enseignement du Dalaï-Lama*, de Tenzin GYATSO, traduit par G. TULKU, G. DREYFUS et A. ANSERMET.
63. *La Montagne vide, anthologie de la poésie chinoise*, traduction de Patrick CARRÉ et Zéno BIANU.
64. *Mystères de la sagesse immobile*, de Maître TAKUAN, traduction et présentation de Maryse et Masumi SHIBATA.
65. *La Sagesse du désert, aphorismes des Pères du désert*, de Thomas MERTON, traduction de Marie TADIÉ.
66. *La Pratique du yoga intégral*, de Shrî AUROBINDO, textes groupés, traduits et préfacés par Jean HERBERT.
67. *L'Autre Rive*, textes fondamentaux du Zen commentés par Maître Taisen DESHIMARU. Présentation par Evelyn de SMEDT.
68. *Méditation et santé selon les traditions et médecines chinoises*, de Gérard EDDE.
69. *Métaphysique et psychologie*, de Shrî AUROBINDO.
70. *Le Mesnevi, 150 contes soufis*, de DJÂLAL AL-DÎN RÛMÎ.
71. *Initiation et sagesse des contes de fées*, de Dennis BOYES.
72. *Initiation aux Livres des Morts égyptiens*, de Fernand SCHWARZ.
73. *Ivre de Tao. Li Po, voyageur, poète et philosophe, en Chine, au VIIIe siècle*, textes réunis et présentés par Daniel GIRAUD.
74. *Futuwah, traité de chevalerie soufie*, traduit et introduit par Faouzi SKALI.
75. *Qui suis-je ? La quête sacrée*, par Jean KLEIN.
76. *L'Évangile de Jean*, traduit et commenté par Jean-Yves LELOUP.
77. *Les Secrets du Soi*, suivi par *Les Mystères du Non-Moi*, de Mohammad IQBAL.
78. *L'Arbre de Vie. Introduction à la Cabale*, de Z'ev Ben Shimon HALEVI.
79. *Le Livre des œuvres divines (Visions)*, de Hildegarde de BINGEN, présenté et traduit par Bernard GORCEIX.
80. *Instructions fondamentales. Introduction au bouddhisme Vajrayana*, de Kalou RINPOTCHE.
81. *Le Prophète*, de Khalil GIBRAN.
82. *La Paix monastique*, de Thomas MERTON.
83. *Le Fou et le Créateur*, de Daniel PONS.
84. *Zen et christianisme*, d'Evelyn de SMEDT.
85. *Le Livre divin*, de Fariddune ATTAR.

86. *Écrits sur l'hésychasme*, de Jean-Yves LELOUP.
87. *Le Sable et l'écume*, de Khalil GIBRAN.

Album « *Spiritualités vivantes* »

Offrande, texte et photos de Daniel PONS.

« *Espaces libres* »
Collection dirigée par Marc de Smedt
au format de poche

1. *Éloge du Silence*, de Marc de SMEDT.
2. *L'Érotisme et le Sacré*, de Philippe CAMBY.
3. *L'Aura. Le corps de lumière*, de David TANSLEY.
4. *La mort est une autre naissance*, collectif avec une préface de Marc ORAISON.
5. *La Magie des plantes*, de Jacques BROSSE.
6. *L'Esprit des jeux*, de Marc de SMEDT, Jean-Michel VARENNE et Zéno BIANU.
7. *Sourates*, de Jacques LACARRIÈRE.
8. *Les Âges de la vie*, de Christiane SINGER.
9. *Je m'appelle toi*, de Jacques SALOMÉ.
10. *Henry Thoreau, l'éveillé du Nouveau Monde*, de Gilles FARCET.

« *L'Expérience intérieure* »
Collection dirigée par Marc de Smedt

Traversée en solitaire, de M.-M. DAVY.
Le Jeu de l'amour et de la sagesse, de Denise DESJARDINS.
Sur la barque du temps, de Jean E. CHARON.
A la recherche du christianisme perdu, de Jacob NEEDLEMANN.
Journal d'une guérison spirituelle, de Nancy AMPHOUX.
Le Maître d'Ame, de Christian CHARRIÈRE.

Série « *Vécu* »

L'Enseignement de l'Arbre-Maître, de M. MERCIER.
Les Chemins de l'Esprit, de M. MERCIER.
Écrits de Sénanque, de E. MUHEIM.
Le Corps du Méditant, de M. RANDOM.
Le Rire du Tigre, de M. de SMEDT.
Gurdjieff et A. R. Orage en Amérique, de Louise WELCH.

Hors collection

Revivre nos vies antérieures, de J.-L. SIEMONS.
Mourir pour renaître, de J.-L. SIEMONS.
Cimes. Extase et sport de l'extrême, de R. SCHULTHEIS.
Le Dernier Tableau de Wang Wei, de A. BUISSET.
Musique et extase. L'audition mystique dans la tradition soufie, de Jean DURING.

Rien qu'un sac de peau. Le Zen et l'Art de Hakuin, de maître HAKUIN.
La Planète bleue, de M.-J. GROJEAN.
Enseignements essentiels, du DALAÏ-LAMA, Prix Nobel de la Paix.
Les Arts martiaux et l'art du management, de Robert PATER.
Thomas Merton, un trappiste en Orient, de Gilles FARCET.
L'Église et les religions, du Père Jacques VIDAL.
L'Homéopathie : un combat scientifique, de Christian BOIRON et Jean RÉMY.
Votre bébé est le plus beau des mammifères, de Michel ODENT.

Revue « *Question de* »

60. *Alexandra David Neel.*
61. *Tibet. Une culture en exil.*
62. *Astrologies indienne, arabe, chinoise et occidentales.*
63. *Racines et secrets de la franc-maçonnerie.*
64. *Psychologies transpersonnelles.*
65. *L'Esprit des hauts lieux.*
66. *Les Ermites.*
67. *La Méditation.*
68. *L'Apocalypse de Jean.*
69. *La Prière.*
70. *Les Demeures du sacré. Pour une architecture initiatique.*
71. *La Mort et ses destins.*
72. *La Structure Absolue. Raymond Abellio.*
73. *Le Lieu du Temple. Géographie sacrée et initiation.*
74. *Prophètes d'aujourd'hui.*
75. *Méditer et agir.*
76. *Nouvelles émergences.*
77. *Anthologie de l'extase.*
78. *Le Maître de Nô. Armen Godel.*
79. *L'Enracinement et l'ouverture. Jean-Yves Leloup.*
80. *Le Sacrement de l'Instant. Présence de Jean Sulivan.*
81. *Karlfried Graf Durckheim.*
82. *L'Esprit visionnaire.*
83. *Khalil Gibran, le poète de la sagesse.*

La reproduction photomécanique et l'impression de ce livre ont été effectuées par l'imprimerie Bussière pour les Éditions Albin Michel

Achevé d'imprimer en août 1990
N° d'édition 11324. N° d'impression 1967. Dépôt légal : septembre 1990